U0736683

视频直播环境下的外语课堂多模态话语研究

吴玲娟　著

中国海洋大学出版社
·青岛·

图书在版编目（CIP）数据

视频直播环境下的外语课堂多模态话语研究／吴玲娟著 . -- 青岛:中国海洋大学出版社,2025. 8.

ISBN 978-7-5670-4249-0

Ⅰ. H09

中国国家版本馆 CIP 数据核字第 2025BU0181 号

出版发行	中国海洋大学出版社		
社　　址	青岛市香港东路 23 号	邮政编码	266071
出 版 人	刘文菁		
网　　址	http://pub.ouc.edu.cn		
订购电话	0532-82032573（传真）		
责任编辑	邵成军　刘怡婕	电　　话	0532-85901092
印　　制	日照日报印务中心		
版　　次	2025 年 8 月第 1 版		
印　　次	2025 年 8 月第 1 次印刷		
成品尺寸	170 mm × 240 mm		
印　　张	14		
字　　数	230 千		
印　　数	1—1 000		
定　　价	69. 00 元		

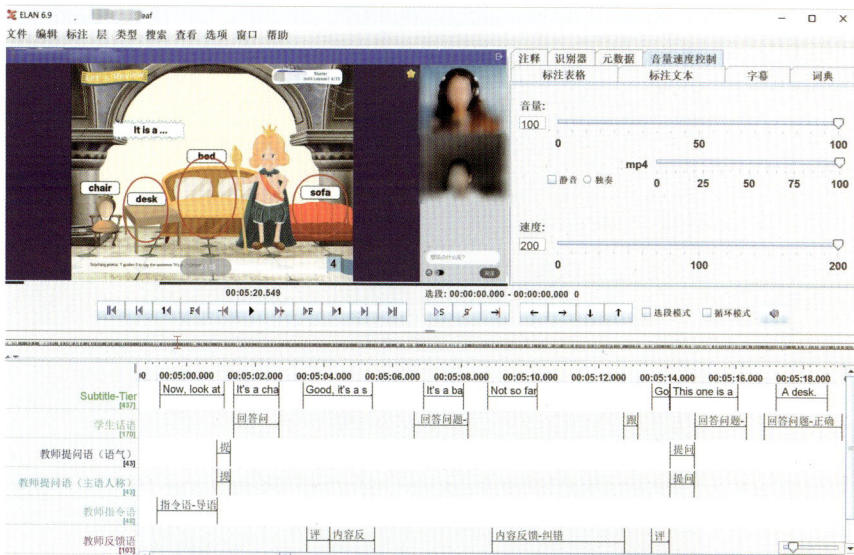

图 4.13　多模态视频标注软件 ELAN 标注界面

图 5.1　视频直播环境下的外语课堂教学课件示例

图 6.1　问候意义建构的"口语 + 身体动作"模态组合

图 6.2　问候意义建构的"口语 + 身体动作 + 文字"模态组合

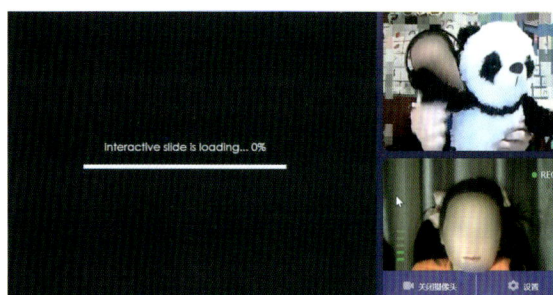

图 6.3　问候意义建构的"口语 + 身体动作 + 实物教具"模态组合

图 6.4　主题介绍意义建构"口语 + 文字 + 图像"模态组合

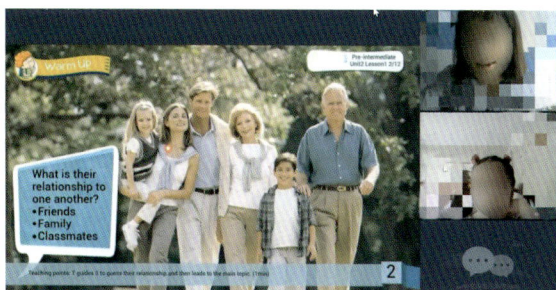

图 6.5　提问意义建构的"口语 + 图像"模态组合

图 6.6　提问意义建构的"口语 + 文字 + 图像"模态组合

图 6.7　提问意义建构的"口语 + 身体动作"模态组合

图 6.8　提问意义建构的"口语 + 文字"模态组合

图 6.9　纯手势教学指令

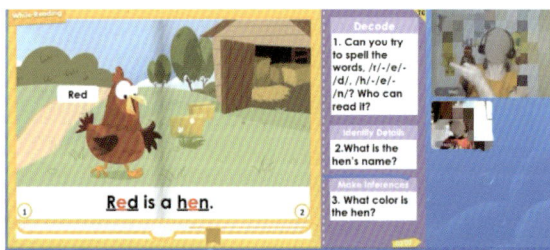

图 6.10　指令意义建构的"口语 + 身体动作"模态组合

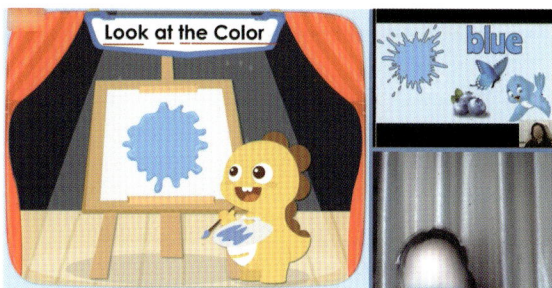

图 6.11 讲解意义建构的"口语 + 文字 + 图像"模态组合

图 6.12 讲解意义建构的"口语 + 文字 + 图像 + 身体动作"模态组合

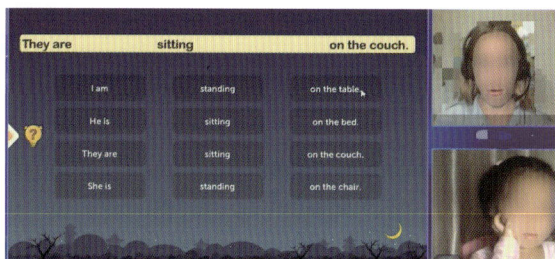

图 6.13 讲解意义建构的"口语 + 文字"模态组合

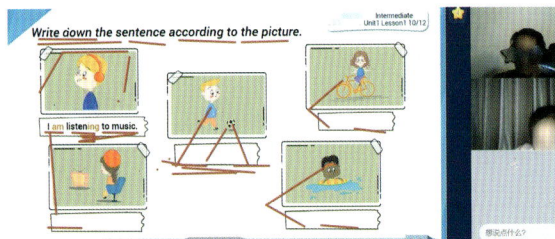

图 6.14　讲解意义建构的"口语 + 图像"模态组合

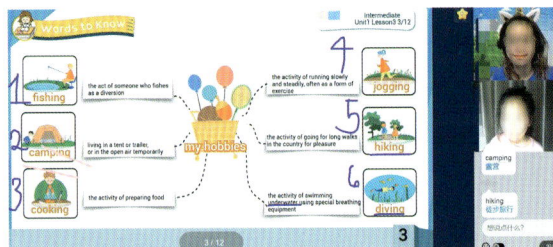

图 6.15　拓展反馈意义建构的"口语 + 文字 + 图像"模态组合

图 6.16　拓展反馈意义建构的"口语 + 图像 + 身体动作"模态组合

图 6.17　拓展反馈意义建构的"口语 + 文字 + 图像 + 身体动作"模态组合

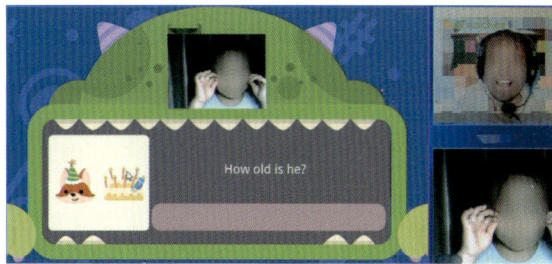

图 6.18　引导反馈意义建构的"口语 + 图像"模态组合

图 6.19　引导反馈意义建构的"口语 + 文字"模态组合

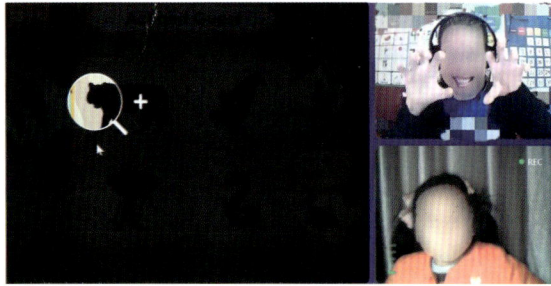

图 6.20　引导反馈意义建构的"口语 + 身体动作 + 图像"模态组合

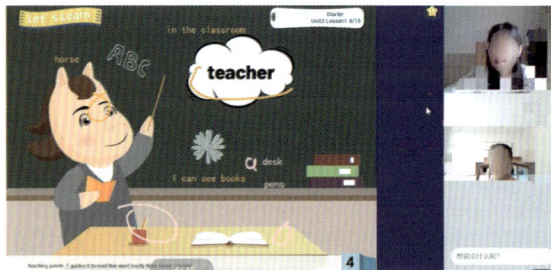

图 6.21　纠错反馈意义建构的"口语 + 图像"模态组合

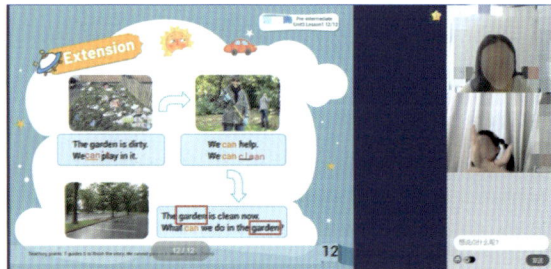

图 6.22　纠错反馈意义建构的"口语 + 文字"模态组合

目　录 •••••

第 1 章

导　论

1.1　研究背景

人类主要通过眼、耳、鼻、舌、皮肤这五大感觉器官,来接收文字、图像、颜色、语言、音律、气味、身体动作等多种模态传递的信息与意义,由此可见,人类交际在本质上具有多模态属性。随着互联网技术的快速发展、智能终端设备的日渐普及以及各类先进通信工具的不断涌现,人类交际活动所呈现出的多模态特征愈发显著。

根据张德禄(2009a)的观点,多模态话语是指运用听觉、视觉、触觉等多种感觉,通过语言、图像、声音、动作等多种手段和符号资源进行交际的现象。多模态话语聚集多种模态的供用特征的优势,使信息传递更加快捷、精确、全面,有助于提高意义表达的综合性和系统性(张德禄,2015)。多模态话语分析是指对混合使用多种符号资源的话语进行系统分析(顾曰国,2015),是对交际符号的多种模态、各模态之间的关系、它们所构成的整体意义及其特征和功能的分析(代树兰,2013)。多模态话语研究关注社会情境中多种模态资源的设计、制作和分配(van Leeuwen,2008)以及各模态随着社会实践的进程而重新组合的过程(Iedema,2003)。

Barthes(1977)对图像与语言在表意方面相互作用的探讨被视作多模态话语研究方面最早的尝试,具有开创性意义。但是作为一个学术术语,多模态最初由社会符号学派提出,自此多模态话语分析领域的学术化进程得以开启。历经多年发展,多模态话语研究在国外得到了蓬勃发展,目前处于繁荣发展阶段(康佳萍;姜占好,2020),研究视野开阔、研究方法多元且成果丰硕。在我国,自2003年李战子将"视觉语法"理论引入国内后,从事多模态话语研究的学者们便积极与国际前沿研究接轨,在理论层面不断深入挖掘与探索,在实际应用方面持续拓展与创新。经过二十多年的发展,我国的多模态话语研究也同样获得了较为丰富且具有价值的研究成果,在多模态话语研究领域逐步站稳脚跟。

多模态话语研究历经多年发展,在众多学者的努力下形成了丰富多样的研究范式与路径。黄立鹤和张德禄(2019)将多模态研究的基本思路视为一种"多核整合、多线并行"的研究范式,在这个研究范式下存在多个不同的路径方法,可以运用到N个不同的具体领域。根据Bateman和Schmidt(2012)和Jewitt(2014)的观点,多模态话语研究的主要路径为社会功能视角下的社会符号学研究路径、系统功能语法研究路径和互动分析研究路径。Jewitt、Bezemer和O'Halloran(2016)后来又增加了地理符号学、互动分析、民族志、语料库分析和感知分析这五种研究路径。潘艳艳和李战子(2017)总结出了我国多模态话语研究的四条路径,即以系统功能语言学和社会符号学为理论基础的多模态话语分析、多模态隐喻分析、多模态语料库分析和多模态互动分析。黄立鹤和张德禄(2019)将多模态话语研究的诸多路径和领域概括为三类:符号学属性的多模态研究;多模态语料库研究;神经科学、人机交互与学习科学中的研究等。

在多模态话语研究的众多路径里,基于系统功能语言学理论的研究路径,尤其是依托其符号学思想和三大元功能思想所展开的系统功能语言学多模态话语分析路径,成为该领域的主流研究路径之一,对多模态话语研究的发展起到了核心推动作用。该研究路径注重描述不同符号资源的意义系统以及符号之间的互动所产生的意义。一方面,研究者为描述视觉图像(Kress & van Leeuwen,1996;2006;Painter,Martin & Unsworth,2013)、展览艺术品(O'Toole,1994)、手势(Martinec,2000)、音乐(van Leeuwen,1999)、颜色(Kress & van Leeuwen,2002)、印刷版式(van Leeuwen,2006)、数学符号(O'Halloran,1998;1999;2005;2015)和电影(Bateman & Schmidt,2012)等符号建立了语法语义系统;另一方面,研究者为阐释不同模态复杂关系提出了不同的理论框架,如图文关系理论框架(Martinec & Salway,2005)、模态关系框架(张德禄,2009a)。

就研究方法而言,多模态领域的研究方法展现出丰富多样的特点,既包含如经验性描写、个案分析等传统的定性手段,也不乏语料库分析、实验研究、问卷调查等注重量化的方法,而且多学科的交叉与融合更是为研究提供了创新视角,各方法相互补充、协同发展,共同推动着多模态研究的进步。

一方面,由于多模态话语涉及多种模态的协同和配合,定性分析有助于我们深入认识语篇特点并检验理论的合理性和适用性,故定性分析仍然是多模态话语分析的基本方法。但是目前多模态话语定性分析多为案例分析,缺乏体系性,容易出现分析过程主观性过强、研究结果代表性不强的问题。此外,由于多模态话语分析的研究目标不仅仅是个体语篇的价值,多模态语篇的普遍规律和原则也需要得到关注,因此,只有积累足够数量的定性分析样本,才能总结和归纳出某个语类多模态语篇的符号特征与普遍规律,进而为此类语篇的创作和解读提供借鉴。当然也要承认,对大量语料进行标注加工比较费时耗力,可以运用 ELAN、Praat 等软件进行多模态协同和配合的分析及数据分析。此外,在多模态话语研究中,我们不仅需要从创作者的角度考察多模态语篇的设计过程与语篇特征,也要从受众的角度考察多模态语篇的复杂性、吸引力等维度(Holsanova,2009)。因此,除了通过定性和定量分析结合的方法研究多模态话语意义建构特征及模态协同关系外,还可通过访谈、问卷的方法来了解多模态话语对于话语接受者的效果,提高研究结果的可信度(程瑞兰,张德禄,2017)。

另一方面,多模态研究具有天然的跨学科性(O'Halloran & Smith,2011),允许从不同的层面与角度进行研究(冯德正,张德禄,O'Halloran,2014)。朱永生(2007)也指出多模态话语分析仅仅依靠语言学是远远不够的,只有其他学科的学者共同参与,多模态话语的意义才能得到更加全面和正确的解读。总体来看,国外多模态领域的研究虽然主要以系统功能语言学和社会符号学为理论背景,但同时也引入了认知语言学、翻译学、语用学、诗学、叙事学、文体学等其他语言学理论并融入了教育学、心理学、新闻学、社会学、传播学等多个学科理论,相关研究呈现明显的跨学科交叉融合趋势。在国内,尽管语言学各流派之间的融合有所加强,但是和教育学、新闻学、传播学、影视艺术理论、社会学、心理学等学科的融合还不够,这在一定程度上束缚了多模态话语分析跨学科研究的进一步发展。因此,未来国内的多模态话语研究需要更多地融合除语言学之外的其他学科理论。

在全球化进程不断加速以及科技日新月异的当下,无论是国内还是国外,多模态研究的应用领域都呈现出愈发广泛的趋势。国外多模态话语研究热点包括了会话分析、语篇分析、言语交际、课堂教学、读写能力、儿童言语行为、认知感知、演讲等,涉及系统功能语言学、语用学、认知语言学、教育学、社会学、传播学等多种学科(康佳萍,姜占好,2020)。在国内,近十年的多模态研究热点主要集中在多模态隐喻、教学、写作、意义建构、图文关系、视觉语法、社会符号学、语料库建设等方面,其中多模态在教学中的应用研究成了近三年国内多模态话语研究学者关注最多的议题(刘玉梅,王晓峰,2021)。由此可见,相对来说,国际学界的研究领域比国内学界更为广泛(陈风华,弗朗西斯科·韦洛索,2017),但同时国内外都把教育话题作为多模态话语研究的热点之一(陈风华,弗朗西斯科·韦洛索,2018)。

随着网络科技的发展与进步,网络多模态话语成为当前人类话语实践的一种主要形式与主流趋势(Martin & Tyner,2012;史兴松,徐文娟,2020),网络多模态话语研究也成了多模态研究的一个重要发展方向,尤其是网络多模态话语与传统媒体话语的共性、差异与特征值得引起国内外学术界的充分重视(史兴松,徐文娟,2020)。国际上,网络多模态话语研究内容丰富,涉及网络语言教学、网络语篇与语用分析等多个研究主题,同时,在国内,近七成的网络多模式话语研究围绕网络语言教学来展开(史兴松,徐文娟,2020)。由此可见,网络语言教学成了国内外网络多模态话语研究学界共同关注的主题。

近年来,随着网络技术的飞速发展与日益成熟,在线直播教育迎来爆发式增长。视频直播课程凭借突破时空壁垒、深度还原线下教学场景、实现即时互动的独特优势,成为教育领域的新兴主流模式。它不仅能让学习者跨越地域界限参与学习,还通过实时音视频交互、多样化教学工具等,为学生带来身临其境的学习体验,因此备受教育市场和广大学习者的青睐。与此同时,外语尤其是英语,作为全球化进程中至关重要的交流工具,在升学、职业规划等诸多领域发挥着举足轻重的作用,对于提升全民外语素养具有非凡意义。在这样的大背景下,视频直播外语课程应运而生,凭借其独特优势为学生开辟了更为丰富多元、灵活便捷的学习路径,不仅有助于提升学生的英语综合素养,而且能够为我国教育和科技战略的深入实施筑牢坚实根基,助力国家在全球竞争中占据更有利地位。

从模态角度看,视频直播环境下的外语课堂具有鲜明的多模态特征,表现为视频技术能投射师生手势、面部表情等肢体动作和各种实物教具,虚拟贴纸、动画、音频、视频等数字技术模态简便易用,课件图文并茂且色彩丰富,多种符号资源协同能激发学习者的听觉、视觉及触觉等感官,给教学增添了生动感和趣味性。同时,当前此类在线课程大多采用一对一或小班化教学模式,学生在中教或外教打造的浸润式全外语环境中锻炼外语口语交际能力。由于中外文化底蕴天差地别,中外教师教学理念和教学习惯也大为不同,他们在课堂多模态话语的运用上,尤其是挑选和组合不同模态以构建课堂意义方面也呈现出显著的差异。

那么,视频直播环境下外语课堂的多模态话语具有哪些特色?尤其是教师、学生、课件制作者建构课堂多模态话语意义时在模态选择方面呈现何种特征?教师在建构不同环节话语意义时采用的模态配置方式具有哪些规律?课堂多模态话语教学效果如何?尤其是教师选择的各种模态以及教师的模态配置方式效果如何?外教视频直播外语课堂和中教视频直播外语课堂在多模态话语方面存在哪些共性和特性?视频直播环境下的外语课堂为达成更优教学效果,应遵循哪些模态选择与配置原则?这些问题值得多模态话语研究者进行深入探索。

1.2　研究目标

基于此,本书对视频直播环境下外语课堂的多模态话语展开深入研究,具体的研究目标包括以下几方面。

(1)剖析视频直播环境下的外语课堂多模态话语特征,聚焦教师、学生以及课件制作者在构建课堂多模态话语意义时模态选择的规律性以及教师在构建不同教学环节话语意义时模态配置方式的独特特征,助力精准把握外语视频直播课堂意义建构规律。

(2)多维评估视频直播环境下的外语课堂多模态话语的效果,聚焦教师和学生在建构课堂整体多模态话语意义时模态选择以及教师模态配置方式的教学效果、各种模态在共建不同环节教学意义过程中的互动关系,为理解视频直播环境下外语课堂多模态话语构建机制提供微观层面的依据。

(3)系统对比视频直播环境下的中教外语课堂的外教外语课堂在教师的模态选择和模态配置、学生的模态选择以及课堂师生言语互动性和课堂模式等方面的异同之处,并从多个视角探寻其成因,为教师精准优化多模态教学策略提供多维视角。

(4)归纳总结视频直播环境下的外语课堂为达成更优教学效果所应遵循的模态选择与配置原则,形成具有实践指导价值的理论框架,助力视频直播环境下的外语教学质量的提升。

1.3 研究方法

本书秉持定性研究与定量分析相结合的思路,综合运用文献分析法、多模态标注法、定量分析法、社会调查法、定性描述法以及理论推理法展开研究。

(1)文献分析法。对国内外有关教学多模态话语意义建构的研究现状予以细致梳理、归纳与评价,指出当前相关研究存在的问题,以此明确本书的研究方向。同时,简要介绍系统功能语言学语境、元功能、小句关系等核心概念,以及多模态话语分析相关概念与理论,包括模态、供用特征、选择、配置、符际关系等,为构建本书的理论框架筑牢根基。

(2)多模态标注法、定量分析法与社会调查法。采用多模态标注法、定量分析法与社会调查法来收集外语视频直播课堂多模态话语相关数据以及专家、学员和家长对课堂多模态话语教学效果的观点和态度。首先,借助多模态音视频标注工具 ELAN,对教学视频中师生的有声话语、身体动作、教师选用的教学工具等模态以及教师在各教学环节的模态配置方式进行切分与同步分层标注,同时运用传统人工手动分析方式对课件中的文字组成结构、文字样式、图像及版面布局等模态展开标注与分析。其次,统计师生有声语言和身体动作、实物教具、物理教学环境、课件文字、图像、版面布局等模态的详细类型、频率、时长与占比以及各教学环节教师模态配置方式频率和占比等数据;接着,运用 SPSS(22.0)对视频直播课堂上各类模态以及模态配置方式的频率、占比等数据与教学效果各个维度数据进行相关性分析并对中教课堂和外教课堂的多模态话语数据进行差异分析。此外,针对视频直播外语课程教学效果评价专家、课程学员及其家长开展半结构式访谈,借此深入了解他们对课堂教学效果、教师课堂模态选择与配置等方面的态度与观点。

(3)定性描述法。深入细致地描述、解读视频直播环境下外语课堂多模态话语的制约因素、标注体系、特征、协同机制与教学有效性。首先,详细描述外语视频直播课堂的文化语境、情景语境以及有声话语、身体动作、文字、图像、版面布局、教学工具、教学物理环境等课堂主要符号资源系统;其次,依据多模态标注所获定量分析数据结果,深入阐述优质一对一视频直播少儿英语课堂中教师、学生和课件制作者的模态选择,以及教师在不同教学环节意义建构时模态配置方面呈现出的规律性特征;再次,从多个维度解读优质一对一视频直播少儿英语课堂上教师和学生模态选择的效果,同时结合不同教学环节意义建构的主要模态配置实例,深入剖析教师的模态配置机制,尤其是口语、图像、文字、手势、虚拟贴纸、实物教具等模态在共同建构意义过程中呈现的互动关系,综合推导出教师在建构各教学环节意义时效果较好的模态配置方式;最后,详细描述中教课堂和外教课堂在师生多模态话语方面的共性特征和差异化表现及其成因。

(4)理论推理法。基于定量分析数据、定性描述结论并参考专家、学员及家长的访谈结果,以多模态话语分析理论为基础,融合二语习得、多媒体学习、认知心理学等其他学科理论,综合提炼出视频直播环境下外语课堂多模态话语有效建构所需遵循的一系列模态选择与配置原则。

1.4　章节安排

本书分为 9 章,整体结构安排如下。

第 1 章主要介绍本书的选题背景、研究目标、研究方法以及结构安排等内容。

第 2 章主要对国内外教学多模态话语研究的现状进行综述和评价,归纳既有研究的不足并指出未来的研究方向。

第 3 章介绍系统功能语言学的语境、元功能、小句关系等基本概念以及模态、媒体、供用特征、选择、配置、符际关系等多模态话语分析相关概念和理论。

第 4 章描述外语视频直播课堂的语境、可及符号资源系统等多模态话语制约因素以及本书的研究语料和多模态标注方法。

第 5 章基于视频语料和课件语料的标注和统计结果,详细分析一对一视频直播少儿英语课堂上教师、学生和课件制作者在建构多模态话语意义过程中模态资源选择呈现的特征,教师在课堂主要环节意义建构中的口语、文字、图像、手势、实物教具等模态的配置特点,以及课堂互动率和教师多模态活动率特征。

第6章从多个维度解析一对一视频直播少儿英语课堂上教师和学生在建构课堂整体多模态话语意义时模态选择以及教师模态配置方式的教学效果,深入剖析教师选择的诸多模态在共建不同环节教学意义过程中的互动关系,综合推导出各教学环节效果较好的模态配置方式。

第7章对比中教授课的外语视频直播课堂与外教授课的外语视频直播课堂在教师的模态选择和模态配置、学生的模态选择以及课堂师生言语互动性和教学模式等方面的共性特征和差异化表现。

第8章基于一对一视频直播少儿英语课堂多模态话语特点和教学效果以及中教课堂和外教课堂多模态话语异同之处的研究结论,融合二语习得、多媒体学习理论、认知心理学等学科理论,建构视频直播环境下的外语课堂多模态话语有效建构所需遵循的模态选择与配置原则。

第9章总结本书的贡献、不足之处以及未来的研究方向等。

第2章

教学多模态话语研究现状

课堂教学话语是典型的多模态话语,由多种模态来共同完成,包括空间、手势、凝视、身势移动、声音、腔调、音乐、三维事物、口语、书面语、图形、表格、图画、动画等(Jewitt,2009)。目前教学领域的多模态话语研究大多以系统功能语言学和社会符号学为理论依托,致力于探索教学中诸多共同参与信息传递和意义建构的语言模态和图像、色彩、手势等非语言模态的意义、表现形式及各种模态之间如何协同、配合以实现教学目标。学界在这方面已收获颇为丰硕的成果,研究范畴广泛,既涵盖传统课堂,也涉及网络课堂,具体包含对教师多模态话语运用、学生多模态话语表达以及教材、课件多模态语篇分析等多个维度。

2.1 教师多模态话语研究

在教育场域中,教师承担着知识讲授、活动组织、学习引导以及促进学生发展等重要职责,是教育体系中不可或缺的核心要素。教师多模态话语分析既有助于全面、准确地理解教师话语本身,也能揭示教师综合使用多种模态而实现教学目标的微观机制(杨伊,陈昌来,2022)。因此,教师的课堂多模态话语得到了国内外多模态话语研究者的重点关注。研究者以系统功能语言学、社会符号学、多模态互动、会话分析以及生态学等理论为依托,运用多种定性与定量研究方法,针对传统面授课堂和网络课堂上的教师多模态话语展开深入剖析,聚焦于教师如何选择与配置语言、文字、图像、声音、色彩以及肢体动作等各类模态,从而实现意义的综合建构。

2.1.1 传统课堂教师综合多模态话语研究

在国外,越来越多的学者关注传统面授课堂的教师综合多模态话语(de Silva Joyce & Feez, 2018),涉及高等教育、中等教育、初等教育以及学前教育阶段等各个学段的语言、科学、数学等多种学科的传统面授课堂中教师使用的话语、图像、文字、目光注视、手势、教室空间等模态的综合表意机制及协同关系。比较有代表性的研究有以下几个:一是在多模态协同与课堂互动意义建构方面,Bourne和 Jewitt(2003)探究了多种模态在课堂辩论互动情境构建中的协同作用,发现教师运用多种模态资源如语言、手势等来引导学生参与辩论与合作,完成互动情境的搭建;Bourne、Franks 和 Hardcastle 等学者(2004)关注了英语课堂中的口语、书面语、图像、手势、目光、动作和空间组织等在教学中具有重要作用的表征和交流模式,阐述了多模态符号学作为一种理解课堂互动的新方法;Morell(2018)研究了全英文课堂对子活动不同环节中教师对模态的选择与组合,阐释了教师用于实现特定教学功能的符号资源的意义构建潜力;Amundrud(2022)研究了英语作为外语课堂中教师如何通过空间、手势、语言等多种模态开展教学活动,发现教师在运用多种模态资源构建累积性知识方面,存在一些稳定的、具有社会导向和目标导向的方式;Sung、Stephens 和 Torres 等学者(2024)发现幼儿园教师使用了与数学等价性紧密相关的四类语言以及两类手势以引导学生理解数学等式两边相等的概念,展现了多模态互动在幼儿课堂中的意义建构功能。二是多模态协同与学科知识意义建构方面,Bezemer 和 Kress(2008)研究了科学、数学和英语课堂上多种模态之间的相互转译和联通过程,深入分析了不同模态转换的机制,帮助学生更好地理解不同学科知识;Airey 和 Linder(2009)分析了大学物理课堂上多种模态如何协同表征物理知识及增强话语流利度,探讨了模态协同对学科知识表征和学习的作用,说明多模态能助力学生对物理知识的理解;Jaipal(2010)分析了中学生物学教师教学中多种模态的使用顺序及互动关系,发现模态协同能促进学生对复杂概念的理解,明确了不同模态在意义建构中的配合方式,为生物学教学中的多模态应用提供了参考;He 和 Forey(2018)聚焦中学生物课堂教师语言、手势和动画的协同关系及意义建构方式,为多模态意义分析提供了具体框架,有助于深入理解生物学科知识在多模态教学中的传递和理解机制;Fernandez-Fontecha、O'Halloran 和 Wignell 等学者(2020)探讨了多模态策略在知识呈现和理解方面的作用,强调了多模态在跨学科知识表征中的重要性,指出视觉思维产物是多模态复合体,通过再符号化过程降低专业学科话语抽象性;Lannin、Juergensen 和 Harper 等学者(2020)研究了教师在科学课堂中使用多模态文本集的教学实践,通过将文学元素融入其中,吸引学生参与科学学习,帮助学生构建科学知识体系,理解复杂的科学文本,进而促进学生批判性思维等多方面能力的发展。这些研究表明,无论是在课堂辩论、学科知识讲解还是教学活动组织中,语言、图像、手势、身体动作等多种模态相互配合、协同表意,共同促进了知识的传递、学生间的互动合作以及概念意义的理解。教师的多模态能力对于教学效果影响深远,其对模态的选择需基于教学目的、重点及实际情况进行合理考量。此外,多模态策略能有效降低专业学科话语的抽象性,提升知识的可理解性。这些研究为深入理解教师综合多模态话语在教学中的作用与机制,以及推动教学实践的优化与发展提供了坚实的理论基础和实践指导。

国内学者围绕高校传统外语课堂教师综合多模态话语展开了多维度研究,成果丰硕,从微观机制到理论架构,从教学适配到实践特征均有深入探索。代表性成果如下。一是多模态话语表意与协同的微观机制研究,如张德禄和王璐(2010)深入大学英语教学比赛课堂,解析了口语、书面语、伴随语言特征、身体动作、情景和工具等不同模态的协同路径,明确口头话语的主模态地位以及其他模态的补充强化作用;朱金兰和陈新仁(2015)从语用顺应论出发分析了两位优秀大学英语教师的课堂多模态话语,发现优秀教师能巧用口语、体势、PPT 组合及情境等模态,顺应文化、社会和认知,各模态协同配合实现最佳教学效果;应洁琼和谢朝群(2024)聚焦英语专业课堂,揭示语言模态高频使用,配合手势等非语言模态执行支架策略,身体姿势和表情变化服务于课堂氛围营造的微观特征;Qin 和 Wang(2021)探讨获奖英语教师课堂导入环节的多模态组合策略,发现教师的高多模态能力在课堂导入环节起着决定性作用,不同的导入策略会影响交际模式的不同编排。二是多模态话语与教学适配性研究,尤其关注多模态话语与教学各要素的适配,如张德禄和李玉香(2012)通过对高校英语课堂的多模态话语分析,指出同一模态在不同教学阶段的功能也不尽相同,模态选择需紧密契合教学目标;丰玉芳和沈丰丹(2018)认为课堂模态选择受交际目的与教学设计目标的驱动,凸显多模态话语与教学目标、交际需求的适配关系。三是多模态话语分析的理论架构搭建研究,如张德禄和瞿桃(2015)提出多模态话语转译理论框架,深入剖析模态间联通及转译机制,为理解多模态话语转换过程提供理论支撑;张德禄和王正(2016)建立了多层次多模态互动分析综合框架,增强理论在教学实践中的操作性,助力教师分析课堂多模态互动现象。四是多模态话语教学实践的特征与规律研究,如张立新(2012)总结了课堂上教师构建概念再现、人际互动和组篇意义时,视觉和口头模态的运用特征;宁建花(2019)分析了获奖英语教师多模态话语特征,揭示模态选择与教学任务的关联规律;雷茜和张春蕾(2022)提出英语课堂多模态文体分析路径,分析了优秀教师的模态和模态间关系前景化特征及其效应,为教学实践提供新的分析视角;孙鑫、王平平和洪雅妮(2020)描述了内容语言融合型课堂中,英语教师支架的语言及非语言符号资源在意义建构中的特征与协同关系。这些研究在理论上深化了对教学中多模态话语表意与协同机制的认识,同时创新了多模态话语分析框架。在实践方面,这些研究成果揭示了教学实践特征规律,如教师不同的模态运用策略,同时强调多模态话语与教学目标、阶段需求适配,为教师优化教学提供参考。

除了高校外语学科,我国初等教育和中等教育阶段英语课堂上的教师多模态话语也开始受到少量但不容忽视的关注。就初等教育阶段的外语课堂多模态话语而言,张锁红(2021)、陈丽萍(2021)、张亚婷(2021)、张爱莲(2021)和王可欣(2023)等人在其硕士学位论文中分析了小学优质线下英语课堂的多模态话语,重点关注了小学英语课堂教学观摩大赛获奖教师的口语、肢体动作等模态的分布特征、教师如何在课堂教学中选择不同的模态来实现再现意义、互动意义和谋篇意义或者是在建构课堂多模态话语意义时优秀教师偏向于选择哪些特定模态。在中学教学领域,相关研究着眼于中学英语课堂的不同教学环节里教师所运用的主要模态符号以及这些模态在教学过程中的配合机制(姚顺利,朱晓东,2013;窦琳,2014;陶玥,2015;李美玉,2022;沈慧慧,2023;汪晶晶,2024)。这些研究覆盖了听、说、读、写等各类英语课型,研究结果表明,多模态协同能显著提升教学效果,激发学生兴趣,增强学习参与度。总体而言,国内初等与中等教育阶段英语课堂的多模态话语研究起步稍晚,其研究的数量和质量都有待提升,特别是存在研究范围局限、深度不足等问题,未来可拓展至更多教学场景,运用更先进的技术深入挖掘多模态话语的内在机制,以更好地服务于中小学英语教学实践,助力学生语言能力的全面提升。

2.1.2 网络课堂教师综合多模态话语研究

随着科技的发展与进步,网络多模态话语成为当前人类话语实践的一种主要形式与主流趋势(史兴松,徐文娟,2020;Martin & Tyner,2012)。Hampel 和 Hauck 早在 2006 年就指出,探究在电子数字环境中意义如何借由多样化的模态及媒体得以实现是一项重要课题。Sindoni(2013)也强调,在网络数字教学的大环境下,符号资源正以一种前所未有的形式进行组合,进而催生出全新的互动模式,因此,我们需要对网络教学中的多模态话语进行重新解读。冯德正(2017)进一步指出,新媒体教学是未来多模态研究的对象之一。因此,多模态话语研究者们将社会符号学和系统功能语言学理论从传统的多模态语篇分析拓展到网络课堂教学等领域(Bezemer 和 Kress,2016)。国际上,网络多模态话语研究内容丰富,涉及网络语言教学、网络语篇与语用分析等多个研究主题,同时,在国内,近七成的网络多模式话语研究围绕网络语言教学来展开(史兴松,徐文娟,2020)。由此可见,网络语言教学成了国内外网络多模态话语研究学界共同关注的主题。

国外学者基本沿用了线下课堂多模态话语研究的研究路径,主要采用录像观察、语篇分析的方法从多模态社会符号学、多模态互动、生态学角度出发研究慕课、3D 虚拟课堂、音视频会议及社交通讯软件支持的网络教学场景,剖析摄像头、对话框、手势、口语等模态的应用特征与协同关系,也关注发布教学指令、词汇教学等环节中目光注视、面部表情等模态及其与口语的协同。国外网络课堂教师多模态话语研究方面比较有代表性的成果涉及以下几个方面。一是技术场景与模态协同研究,如 Hampel 和 Hauck(2006)分析了音频会议系统支持的大学二语课堂中目光注视、面部表情等模态与口语模态的协同互动机制,强调虚拟学习空间需关注多模式意义构建;Tan、O'Halloran 和 Wignell(2016)剖析 3D 虚拟世界支持的高校外语学习,指出虚拟化身模态的不协调及空间模糊对有效沟通的挑战。二是教学环节中的模态协同与应用研究,如 Hampel 和 Stickler(2012)研究了视频会议软件支持的英国开放大学语言课堂中教师在问候道别、任务协商等环节中语言与书面文字模态的运用,以及师生如何通过多模态实现意义表达;Wigham(2017)聚焦高校同步在线二语课堂的词汇教学,揭示了实习教师口语、文字、手势等符号资源在词汇讲解、共识达成中的协同表义机制以及目光和距离对互动管理的作用;Bernad-Mecho(2015)针对慕课不同环节分析了教师通过连接词等元话语元素,搭配语音语调、手势表情等非语言手段,引导学生理解课程内容的多模态交际策略。三是教学效果与互动机制研究,如 Ding、Glazewski 和 Pawan(2022)研究了语言教师在视频课堂运用多模态教学手段的效果,证实其能提升学生的学习兴趣与参与度,并强调教师反思对优化教学的关键作用;Querol-Julián(2023)探究了英语媒介教学(EMI)讲师在网络直播中与国际学生的多模态互动,揭示了课堂互动复杂性、等待时间重要性及各阶段模态功能特征。这些研究对网络多模态教学有一定的启示,在技术层面,需重视不同技术场景下多模态协同的特性,优化虚拟学习环境;在教学实践中,教师应深入挖掘各教学环节多模态话语的应用策略,增强教学效果;在教学效果方面,应关注教师多模态话语对师生互动和学习体验的影响,鼓励教师反思多模态教学实践,以提升网络课堂教学质量和学生学习成效。

在我国,研究者对新媒体教学多模态话语的关注主要集中于外语微课、慕课或基于社交媒体的在线课程的多模态话语。微课多模态话语分析方面的代表性成果如下:张青妹(2015)以图文关系理论和声画关系理论为基础,梳理了多模态微课的符号间关系,特别是视觉模态符号间以及听觉与视觉符号间的关系;彭圆(2016)研究了优质大学英语微课在多模态意义构建上的特点,分析了微课制作教师的图像语法能力和多模态意义构建能力;吴婷(2017)对外语微课大赛获奖视频里视觉模态中的图像和文本符号关系进行了探讨,归纳了不同题材、体裁及阶段中视觉符号的作用和效果;张媛军(2019)分析了优秀外语微课中多种模态符号及符号间的协同配合;张青妹(2019)研究了技术多模态语境下微课视频语篇的整体意义建构,涉及低密度和高密度语篇中多种符号系统的互动与协同关系。在慕课多模态话语分析方面,曲迪(2017)对大学英语阅读慕课进行多模态话语分析,关注教师运用视觉文本实现教学功能的方式;郝小斐(2017)、梁静(2019)和轩雅莉(2019)分析口语、手势、文字、图像、音韵特征、教师空间布局等模态在英语慕课中的分布特征、关系及功能。此外,Ho 和 Feng(2022)从多模态和超语角度出发,以 YouTube 上的英语课程视频为例,分析网络英语课程中教师如何在不同教学阶段和语步中协同使用各种模态来建构意义,强调网络课堂多模态话语设计的重要性。这些研究在理论层面打破传统多模态话语分析聚焦实体课堂的局限,将应用场景延伸至新媒体教学领域,深化了对符号系统互动机制的认知,从图文、声画关系到超语视角下的模态协同,不断丰富多模态话语分析的内涵,推动理论框架向数字化、网络化方向迭代升级。在实践层面,这些研究为外语微课设计指明符号资源整合方向,助力慕课优化模态分布与功能实现,指导社交媒体课程构建更高效的意义传递模式,切实提升新媒体教学的质量与学习效果。

在当下,网络技术的日臻成熟有力推动了在线直播教育的蓬勃兴起,视频直播课程凭借其打破时空限制、高度模拟线下课堂场景、提供真实互动体验的显著优势,深受广大学习者青睐。作为全球化进程中至关重要的交流工具,外语尤其是英语,在升学、职业规划等诸多领域发挥着举足轻重的作用,对于提升全民外语素养具有非凡意义。在这种背景下,视频直播外语课程应运而生,凭借其独特优势为学生开辟了更为丰富多元、灵活便捷的学习路径,不仅有助于提升学生的英语综合素养,而且能够为我国教育和科技战略的深入实施筑牢坚实根基,助力国家在全球竞争中占据更有利地位。

从模态角度看,视频直播环境下的外语课堂具有鲜明的多模态特征,表现在视频技术能投射师生手势、面部表情等肢体动作和各种实物教具,虚拟贴纸、动画、音频、视频等数字技术模态简便易用,课件图文并茂且颜色丰富,多种符号资源协同能激发学习者的听觉、视觉及触觉等感官,给教学增添了生动感和趣味性。同时,随着国际文化交流日益紧密,视频直播外语教育也吸引了大批母语为所授外语的外籍教师参与教学。然而,由于中外文化底蕴天差地别,教学理念和教学习惯也大相径庭,中外教师在课堂多模态话语的运用上,尤其是挑选和组合不同模态以构建课堂意义方面呈现出显著的差异。

然而,这种新型在线课程的教师多模态话语目前尚未得到研究者足够的重视,无论是研究深度还是研究广度都存在一定的进步空间。当前少数相关研究有如下几个。吴玲娟(2022)从教学行为视角研究了此类课堂上外教的言语、身体动作和技术应用等多模态教学行为的规律性特征,并从教学模式、言语互动及多模态协同视角考察了此类课堂中多模态教学行为的实际教学效果,是对视频直播课堂多模态话语特征的初步探索,但该研究未能结合具体实例解析师生的语言、肢体动作和技术行为如何协同、配合来建构不同环节的教学意义;吴玲娟

（2024）建构了外语视频直播课堂的模态设计分析框架,并分析了 30 节优质外教视频直播少儿英语课程的模态设计,聚焦课堂参与者如教师、学生和课件设计者的模态选择和配置特征,进而提出了外语视频直播课堂模态设计原则。现有研究虽已初步涉足视频直播环境下的外教多模态教学行为规律,但在教师模态配置中模态协同的微观机制解析、具体教学场景的深度诠释、跨模态意义建构的系统性理论整合、教师多模态话语的质量以及中外教师多模态行为的异同等方面仍需进一步拓展。

2.2 学生多模态话语研究

在有效课堂中,学生作为课堂的中心,既是知识的汲取者与探索者,又是教学互动的参与者及学习环境的共同塑造者。同时,课堂是通过师生互动来展开的,师生互动是课堂活力的催化剂,在激发学生兴趣、促进知识传递、增进情感交流、提升课堂成效等方面发挥着不可或缺的作用。因此,课堂多模态话语分析也要将学生多模态话语囊括在内。

国外学者比较重视学生的课堂多模态表现,他们从系统功能语言学、社会符号学、多模态互动、会话分析和生态学等多个角度出发并采用多种定性和定量研究方法来分析高等教育、中等教育、初等教育以及学前教育阶段的语言、科学、数学等多种学科的面授课堂中学生的多模态表现以及学生多模态语篇的特色,重点关注学生如何选择和配置口语、图像、文字、目光注视、手势、学习设备等符号资源来协同建构课堂多模态话语意义。学生课堂多模态话语分析方面比较有代表性的研究如下。一是科学学科相关的学生多模态话语分析研究,如 Jewitt、Kress 和 Ogborn 等学者（2001）研究了科学课堂上学生运用语言、图表、手势等多种符号资源表达和理解科学知识的情况,发现学习是通过视觉、动作和语言交际之间的互动来实现的,不同的交流模式对学生有不同的认知和表征要求；Taylor（2014）对小学科学面对面课堂中生生互动进行多模态话语分析,聚焦儿童合作建构知识过程中手势、身体姿势、面部表情、目光和触觉等非语言模态的协同,发现学生可通过手势和姿势实现意义建构和互文指涉；Taylor（2019）研究了学习者结对合作建构科学语篇过程中如何通过具身资源进行个人声音和学术声音的协商,指出课堂结对互动包含多元声音、多模态介入和模态协同三个方面；Samuelsson（2019）研究了学前科学课堂中儿童通过多模态交互方式（如语言交流、手势运用、观察实验现象），借助外部工具（如科学实验器材、模型、图片）促进科学概念的发展，以及幼儿如何通过语言、文字和身体动作进行多模态互动来表征意义的情况；Kajamaa 和 Kumpulainen（2021）分析了话语、数字和其他"手动操作"材料、身体动作以及物理空间及其布置是如何帮助小学生进行 STEAM 知识实践的，确定了四种多模态知识实践类型，即定向、解释、具体化和扩展知识，来引导并促进学生围绕共享认知对象进行创造，完成人工制品制作，进而实现集体学习的目标。二是数学学科相关的学生多模态话语分析研究，Tang、Tan 和 Yeo（2011）分析了一组学生在数学课上整合图表、手势和数学符号等模态进行小组讨论的情况，揭示了多模态整合在数学学习交流中的具体机制与作用；Chen 和 Herbst（2013）发现学生在进行几何推理时，会灵活运用手势、语言和图表等符号资源，它们相互补充、促进，帮助学生理解几何概念、构建推理过程以及表达数学思维。三是早期教育及语言学习相关的学生多模态话语分析研究，如 Flewitt（2005）对儿童在家庭和学前游戏小组环境中通过言语、身体动作、面部表情和目光等多模态方式进行交流及意义表达展开探究，揭示了儿童交流策略模式及早期教育重言语倾向的问题；Flewitt（2006）揭示了幼儿在家庭及幼儿园利用物质与身体资源构建意义的方式，挑战了重语言的课堂互动研究方法，为早期教育研究中被忽视的交际行为提供新见解；Bezemer（2008）发现学生在英语喜剧课堂中会运用目光方向、身体姿势、手势等多模态方式来对教师指令做出反应。这些研究对于课堂教学有一定的启示意义：首先，除口语之外，图像、手势等符号资源也是学生意义建构的重要符号资源，应该鼓励学生进行多模态表达；其次，要关注学生个体差异，不同学生对多模态符号的选择和配置可能不同，教学中要因材施教，满足多样化学习需求；最后，要加强学生多模态理解能力的培养，同时对学生的评价也不能局限于口语或书面语模态，而要考虑学生课堂表现的多模态属性。

与此同时，也有少数学者关注了网络教学环境中学生的多模态课堂表现，比较有代表性的研究主要聚焦在以下方面。一是学生在网络教学环境中的模态运用与互动机制，如 Scheffel-Dunand（2006）着眼于高校直播课程，深入探究了学生音频和文本模态的运用及切换情况，发现这些模态的切换策略对课堂对话质量有着显著影响,不同的切换方式会导致对话的流畅性、深度产生差异;Ciekanski和 Chanier(2008)分析了在音频图像会议场景下,学生在完成写作任务协作过程中如何进行模态转换,揭示了多种模态交替使用对任务完成效率和质量的作用机制。二是学生课堂参与和互动模式,如 Berglund(2009)以桌面视频会议为研究对象,考察了大学生在其中的多模态参与方式,包括面部表情、肢体动作等非语言模态与语言模态的配合,以及他们在互动过程中的反馈策略,发现多样化的参与方式能有效提升课堂互动效果;Gibson(2014)剖析了研究生在线课程的多模态讨论的交互结构,探索了不同模态如何协同构建讨论框架,促进学术观点的交流与碰撞;三是语言学习与技术融合,如 Austin、Hampel 和 Kukulska-Hulme(2017)关注了小学生通过 Skype 进行口语练习的过程,探讨多模态融合,如语音语调、表情神态、即时文字反馈等对二语学习的促进作用,证实多模态的协同运用能够激发学生的学习兴趣,显著提升语言学习效果。这些研究表明:学习是通过视觉、动作和语言模态的互动来实现的,同时是一个受学生兴趣和学习语境影响驱动的选择、调整和转化过程,模态的选择对于教学知识的建构以及学生的知识获取都非常重要。在网络教学中,教师需深入了解不同模态对互动质量、学习效果的影响,引导学生根据学习任务灵活切换和整合模态,优化课堂对话与协作效率。同时,要关注学生在网络课堂中的多模态参与方式,创新教学互动模式,增强学生的学习投入度。此外,要积极探索技术与语言学习的深度融合路径,利用多模态手段为学生创造更真实、更多元的语言学习环境,注重个性化教学与反馈,助力学生提升语言能力,为网络教学的多模态实践与创新提供重要参考。

尽管学生在课堂的主体地位和重要价值已不言而喻,然而,当前国内多模态话语研究的重心多集中于教师如何通过选择、配置口语、肢体动作、教学工具等多元模态资源构建教学意义,对学生在课堂中的多模态表现与作用挖掘尚显不足。为数不多的相关研究包括:刘芹和潘鸣威(2010b)从语音、词汇、句法等多个维度构建理工科大学生英语口语多模态语料库,系统剖析学生口语交际中非语言交际符号资源的运用特征;孙鑫和张丹(2018)聚焦不同语言类型及英语水平学习者,深入考察其手势频率、类型,以及手势与语言表达的协同关系;洪炜、何文华和黄忆雯(2019)则围绕"手势 + 视听跟读"的多模态训练模式,探究其对提升学生声调感知与产出准确性的积极作用。这些研究具有一定的启示意义:在理论层面,推动多模态语料库构建与分析框架完善,深化对非语言符号功能的认知;在实践层面,为口语教学提供多模态分析范式,有助于把握语言与非语言表达协同规律。然而,这些研究偏重学生的非语言模态,未能从整体角度出发来综合描述学生的口语、身体动作等多种模态的特点以及学生的整体多模态学习表现。吴玲娟(2022;2024)的研究为这方面的不足提供了补充,其围绕视频直播外语课堂中学生口语、身体动作与信息技术模态的运用特征展开分析,总结了在线场景下学生多模态学习行为的规律。不过,研究对具体模态的量化分析仍有待进一步深化。

2.3　课堂非语言模态研究

在课堂教学中,语言模态凭借清晰、系统的语音符号体系,无疑是传递知识、讲解内容的主要承载方式。教师通过抑扬顿挫的口语表达,将复杂概念、理论有条不紊地传授给学生,引导课堂节奏与知识讲解的推进。然而,课堂上许多话语意义是由非语言模态体现的,非语言模态在课堂意义构建中也发挥举足轻重的作用。相较于依赖语音符号的语言模态,非语言模态借助多种形式传递信息。例如手势,通过手部动作的伸展、指向、比画等,能够直观地补充或强调口语所表达的内容;触摸,像教师轻拍学生肩膀传递鼓励,蕴含着情感关怀与人际互动意义;笑声,或爽朗,或羞涩,能营造氛围、表达态度;目光交流,教师与学生间的对视,可实现注意力引导与情感沟通;教学空间的布局,桌椅的摆放、讲台的位置等,影响着师生互动模式与教学氛围;教学工具如黑板、多媒体设备,其运用方式及展示内容也承载着特定的教学意图。这些非语言模态在课堂情境中,与语言模态协同配合,共同构建全面且细致的课堂话语意义,成为理解课堂教学过程不可或缺的部分。

因此,要全面理解课堂语境中意义的构建,非语言模态也要被纳入教学多模态话语研究视域。可喜的是,国内外多模态话语研究者已经关注了课堂中的身体动作如手势、触摸、笑声和目光、教学空间、教学工具等非语言符号资源的表义功能,以及与其他模态,特别是口语模态的协同关系,其中手势的意义潜势及手势和语言的互动关系得到了特别的重视。

在国外,课堂中教师手势与语言的意义协同研究得到了研究者的特别关注,这方面的代表性研究如下:Lazaraton(2004)分析了大学英语词汇教学时象似手势、隐喻手势、指示手势和节拍手势在词汇解释中和语言的配合情况以及手势在其中所起的作用,其结果表明,手势及其他非言语行为是第二语言习得研究中不可忽视的显著因素;Lim(2019)从系统功能语言学角度出发对教师在课堂中使用的手势进行形式和功能分类,并通过真实课堂语料库中的实例对分类进行了扩展,旨在构建用于注释和分析教师课堂手势的理论工具;Hood(2011)探究了传统面授课堂上教师话语与手势如何协同表征人际和语篇意义,发现教师在运用话语传递知识信息的同时会借助各种手势来强化人际互动,并利用特定手势辅助构建语篇结构,使教学内容的逻辑关系更加清晰,帮助学生更好地理解知识;Lim(2021)进一步探究了课堂师生互动中教师的手势与口头语言的意义协同,并提出"结构化的非正式性"这一概念,为教师如何利用多模态资源设计有效的学习体验提供了新的思考方向;Bowcher 和 Zhang(2020)将目光投向中国小学语文课堂,研究教师的指示手势如何与口语和书面文字协同表义,如在讲解课文时,教师通过指示手势指向相关文字内容,帮助学生建立口语、书面文字与具体所指之间的联系,促进学生对知识的理解和掌握。Şimşek Tontuş 和 Kuru Gönen(2025)阐释了教师手势在在线课堂互动中的作用,特别是大学英语视频直播课堂上教师如何通过手势来促使学生参与课堂,揭示了不同互动环境的优势与限制如何影响手势的使用方式。这些研究在理论上深化了手势与语言协同机制认知,在实践方面为不同学科、教学场景提供教学策略,助力教师优化课堂互动,通过手势强化意义建构,提升学生知识理解与参与度。

国外多模态话语研究者的目光并未仅仅停留在手势这一身体模态上,而是广泛涉猎其他多种非语言模态。例如在触摸模态的研究中,Bezemer 和 Kress(2014)指出,教师与学生之间的触摸行为,像轻拍肩膀、握手等,绝非随意之举,而是蕴含特定情感与意图。在课堂情境下,轻轻的一次触摸可能传递出鼓励、安慰或是肯定的情绪,巧妙地拉近师生间的心理距离,对课堂氛围的营造以及师生互动质量的提升有着微妙却显著的影响,进而深度参与课堂多模态话语意义的建构;在笑声模态方面,Matsumoto(2018)的研究成果表明,课堂中的笑声来源多样,既可能源于教师幽默风趣的讲解,引发学生群体的欢笑,也可能是学生在互动过程中因有趣观点碰撞而产生的笑声。不同类型、时机的笑声,在课堂话语体系里承担着独特功能,或是打破僵局、缓解紧张,或是强化师生间的情感共鸣,是课堂多模态意义构建中不可忽视的一环;就课堂交际者的目光而言,Amundrud(2018)指出,教师在授课过程中,与学生适时、恰当的目光交流,能够精准引导学生注意力,聚焦重点知识内容。当学生回答问题时,教师专注且鼓励的目光,能给予学生自信与支持。这种目光的运用,与语言讲解、肢体动作等其他模态协同配合,共同塑造课堂话语的意义流向。此外,Bannink 和 van Dam(2013)探讨了课堂上声音、笑容和笑声等非语言元素在语言学习和教学过程中的作用和意义,发现这些非语言信号能够传达丰富的信息,对营造积极的学习氛围、促进师生间的沟通以及对语言学习效果有着重要的影响。这些研究给了我们一定的启示:触摸、笑声、目光等非语言模态在课堂多模态话语意义建构中不可或缺,它们或调节情感,或优化互动,或引导注意,与语言模态协同配合来提升课堂教学效果。

此外,国外有不少学者针对视频直播课堂中摄像头投射的肢体动作特征及其信息传递、形象呈现功能展开研究,代表性的研究涉及以下几个方面。一是摄像头运用与情感表达,如 Develotte、Guichon 和 Vincent(2010)探究了实习教师在 Skype 支持的外语视频课堂里摄像头定框的五种类别,着重阐述人像屏幕上面部表情、微笑等模态具备的情感功能;Guichon 和 Wigham(2015)研究了教学互动中摄像头的意义潜势,以及二语实习教师怎样借助摄像头创造非语言线索增进双方理解,强调实习教师需强化符号批判意识,以更好地发挥摄像头的作用。二是目光运用与互动效果,如 Satar(2013)聚焦桌面视频会议技术支撑下的语言学习场景,区分出师生互动过程中固定目光、自由目光、策略性目光、躲避目光和引导性目光这五个目光类别,研究了眼神接触和凝视对社会存在感产生的影响,同时描述了语言和目光协同表义的过程;Satar 和 Wigham(2017)研究了外语实习教师在视频会议平台 VISU 上如何运用重音、目光、手势、与摄像头的距离、文本框等非语言符号资源来标记教学指令的不同阶段,如分配角色、引入关键词汇。三是多模态互动与学习影响,如 Codreanu 和 Combe Celik(2013)研究了远程视频语言课程中的多模态互动对互动学习的影响,重点关注师生对摄像头、手势的使用以及礼貌策略,指出学生应留意自身在网络课程中的形象;Lee、

Hampel 和 Kukulska-Hulme（2019）的研究表明，在手机 Skype 视频通讯软件支持的二语口语练习场景中，手势发挥着重要作用，其中图示和指示手势尤为关键，它们不仅能够有效吸引交流双方的注意力，还能辅助进行词汇意义协商，为实现相互理解搭建有力的支撑框架。这些研究揭示了视频直播环境中非语言模态在情感传递、互动调节及意义建构中的关键作用，强调教师需强化对非语言模态的符号意识并提升多模态协同能力以优化教学效果。

在国内，诸多学者围绕课堂上交际者特别是教师的非语言行为尤其是手势展开了深入且具有针对性的研究，涌现出一系列极具代表性的成果，主要涉及以下几个方面。一是非语言行为的支架功能，如胥国红（2010）发现教师眼神、表情、肢体动作等非语言行为能为学生学习搭建架构，与语言互补助力知识理解；彭圆和何安平（2017）的研究发现，在支架对话中，手势、话轮类型与支架策略相互协同，能够有效提升对话质量，助力教学效果提升。二是非语言行为与语言的协同关系，如郭红伟和杨雪燕（2020）分析了英语教师使用元话语时的手势语特征，探究了教师元话语的意义潜势如何由手势语来体现，并揭示了二者间的符际关系；彭圆（2016）探讨语力话语与手势数量协同机制，发现合适搭配可提升教学信息传递效果。三是非语言行为对学生学习效果的影响研究，如张恒超（2018）认为教师合理用手势能吸引学生注意、引导思维、助力抽象知识理解；孙鑫和张丹（2018）发现学习者依据语言内容和情境选择手势，英语水平高者手势运用更灵活；洪炜、何文华和黄亿雯（2019）通过实验证明手势有助于初级汉语二语者感知和产出声调。这些研究表明，手势在课堂教学中具有多重价值：作为支架辅助学生理解知识，与语言协同增强表意效果，还能直接影响学生的学习成效。这启示教师在教学中应重视手势运用，通过合理设计其与语言的配合，发挥其辅助功能，提升课堂教学质量。此外，少数研究者如吴玲娟（2022;2024）的研究涉及了视频直播外语课堂上教师和学生的身体动作模态尤其是不同类型手势的特征，能更精准、更全面地反映学生在课堂上的表现。

除了身体模态，教学空间、教学工具等其他非语言模态在课堂多模态话语意义建构中也发挥着重要作用。在教学空间的多模态研究方面，Lim、O'Halloran 和 Podlasov（2012）发现教室桌椅的摆放方式、讲台位置的设置以及学生座位的编排等教学空间要素，通过影响师生、生生间的互动频率与方式，深度嵌入课堂多模态话语意义的构建进程。就教学工具而言,Feez(2018)对教学工具模态的研究表明,无论是传统的黑板、粉笔,还是现代的多媒体设备,其运用方式及展示内容皆承载着特定的教学意图。这些研究告诉我们,教学空间布局和教学工具等非语言模态也是课堂多模态话语重要组成,对其合理规划利用可优化课堂互动,促进课堂教学意义的综合建构,提升教学质量。

综上所述,非语言模态在课堂多模态话语意义建构中扮演着不可或缺的角色。在实际教学过程中,教育工作者理应充分重视这些非语言符号资源,并巧妙加以运用。然而,在国内,课堂上身体动作之外的其他非语言模态的表义功能以及它们与语言的配合关系尚未得到足够的重视。只有少数学者如吴玲娟(2022;2024)的研究涉及了视频直播环境下的外语课堂中教师教学工具和教学物理环境模态的特征以及如何与口语、手势等其他模态协同配合表征不同环节的多模态教学意义。在后续研究中,国内学者不妨将目光更多地投向手势以外的非语言符号资源,深入挖掘其意义潜势,同时探究它们与其他模态的协同关系,以期进一步丰富和完善课堂多模态话语研究体系。

2.4 教学材料多模态话语研究

作为教学内容的重要载体以及学生自主学习的重要知识源泉,教材与课件等教学材料同样受到了多模态话语研究者的广泛关注。

国外学者针对传统纸质教材开展的多模态话语分析研究成果丰硕,推动了对教材中知识呈现与传递方式的理解,代表性研究涉及以下几个方面。一是多模态协同促进知识理解与体系构建。例如:O'Halloran(1998;1999;2005;2015)对数学教科书的系列研究发现,文字定义数学概念,数学符号精准表达数量、运算、关系等,图表可视化抽象内容,三者协同帮助学生跨越抽象障碍,深入理解复杂数学知识;Roth 等学者(1999)针对高中科学教材的研究表明,化学教材中文字描述化学反应过程,实验装置图展示仪器搭建,化学反应动态图呈现物质变化,多种模态共同发力,更好地传递科学知识,助力学生构建科学概念认知体系;Jones(2007)探讨大学理科教材时指出,文字描述科学原理、图表呈现实验数据、示意图展示模型结构,不同模态相互交织,全面且深入地呈现学科知识的复杂性和系统性。二是图文互动助力语言学习与能力提升。例如:Royce(1998;

2002)聚焦高中二语教材,发现视觉符号如课文插图、思维导图,能辅助学生理解抽象的语言知识,与语言符号详细阐述语法规则、语义内涵的功能紧密配合,强化了学生对语言知识的吸收与运用能力;Chan(2011)发现小学英语阅读材料中图片能吸引学生注意力,辅助理解阅读内容,增强阅读兴趣,提升阅读效果;Unsworth(2006)、Unsworth 和 Cleirigh(2009)、Wignell(2011)以及 Painter、Martin 和 Unsworth(2013)针对儿童绘本展开的系列研究表明,绘本中生动的图画能激发儿童想象力,简洁的文字与之呼应,在儿童意义建构、语言表达和认知能力发展中发挥着关键作用。三是模态演变反映教育理念变迁及特定模态分析提供实践启示。例如,Bezemer 和 Kress(2009;2010)以多个学科教材为对象进行多模态话语分析,揭示了图像、文字、字体、版面布局等模态在历史进程中的演变规律:中学英语教科书中图像从早期简单、风格单一逐渐变得丰富多元且贴合课文情境,文字字体从传统庄重向更具亲和力、便于阅读转变,版面布局从紧凑、信息密集演变为疏朗、合理分区。这些演变折射出教育理念从侧重知识灌输向注重学生兴趣激发、理解能力培养的转变,以及对不同时期教学实际需求的适应。此外,Ghooshchi、Yazdani 和 Dowlatabadi 等学者(2021)以及 Hidayat、Fitri 和 Alek 等学者(2023)基于视觉语法和系统功能语言学分析教材图片中视觉和言语模态,为学者、教师和教材设计者在整合图文资源方面提供理论和教学启示。这些研究在理论层面完善了多模态话语分析体系,在实践中为教材编写提供参考,有助于切实提升教材设计的科学性和有效性。

除常规纸质教材外,电子课件和互动白板也成为多模态研究者关注的焦点。在电子课件相关研究方面,Djonov 和 van Leeuwen(2013)分析了高校 PPT 设计和使用,发现合理运用色彩搭配、图文排版、动画效果等多模态元素,能吸引学生注意力,提升教学效果;Mestre-Mestre(2015)发现巧妙处理英语课件中图文关系有助于高校学生理解英语知识及词汇、语法在语境中的运用。在互动白板相关研究方面,Jewitt(2008)关注了中学英语课堂中的互动白板,发现其融合多种模态,能增强课堂互动性;Littleton、Twiner 和 Gillen(2010)指出互动白板的多模态运用能激发学生想象力,锻炼逻辑思维,提高认知能力;Maher(2011)研究了小学课堂互动白板,发现多种符号资源相互配合可将抽象知识具象化,帮助学生理解信息。这些研究表明,整合电子课件和互动白板中的文字、图像、动画、色彩等多元模态有助于提升教学的直观性、互动性和认知支持效果,为现代课堂的多模态教学实践提供了重要依据。

　　在国内,同样有一批学者借助视觉语法、图文关系等理论深入探究教材、词典、课件和绘本中图像与文字模态的特征及协同关系。在教科书领域,陈瑜敏和秦小怡(2007)探究了教育语境下介入意义在多模式语篇里的图文呈现形式,发现各类资源协同作用,成为多模式教科书语篇实现多声互动的关键手段;陈瑜敏和王红阳(2008)指出当代教科书图像风格多样、内容情境化、信息直观,图文关系上,图像阐释或拓展文字,服务知识传递与理解;王容花和江桂英(2015)以人教版小学英语教材故事图文关系为切入点,发现编写者会通过图文配合来激发学生学习兴趣;李华兵(2017)剖析了新课标小学英语教材图文关系,指出其承载丰富意义表达功能,利于学生能力培养与多元教育价值实现。在词典领域,杨信彰(2012)发现学习型英汉双解词典插图与释义存在等同、修饰等语义关系,为词典使用提供理论依据。在课件方面,吴婷(2017)研究了微课视频 PPT,发现图像与文本合理搭配可提升教学成效,助力知识传递与理解;Wu(2020)探索了在线少儿英语课程课件,重点考察文字、图像、版面布局等视觉符号系统与表征意义、互动意义和构图意义的关系;吴玲娟(2024)总结了视频直播少儿英语课堂中教学课件上文字、图像、版面布局等模态的特征。在儿童绘本领域,邱晴(2020)对中国儿童绘本中的图文关系进行了分析,发现语言模态与视觉模态在绘本意义创建过程中起着同等重要的作用,发现存在态度趋同、趋异和称谓强化等互补衔接机制;胡勇(2021)聚焦多模态叙事绘本中图文符号概念意义创建及跨符号互补机制。这些研究表明,在教材、词典、课件及绘本中,图像与文字模态特征鲜明且协同紧密。这些研究通过剖析不同教育场景下图文模态的协同机制,既深化拓展了多模态话语分析理论,也启示教育者应重视图文关系,优化教学中的图文设计。

　　总体来看,目前国内外学界较多聚焦于教材或课件中图像模态的特征,以及图像与文字之间的关系。相对而言,对文字样式、图文布局等同样重要的模态未得到足够的重视。实际上,文字书写系统中字体、字号、字形、文字组合的图形、句子的长短、段落的长短、标点符号、空格空行及其格局等符号资源也都参与语篇的意义建构(叶起昌,2005;Matthissen,2007;马丁,扎帕维尼娅,2018),具有独立的意义潜势,能够表达概念意义、人际意义和语篇意义(van Leeuwen,2006)。因此,在未来针对课件或教材多模态话语设计的研究中,学者们有必要将文字样式、图文布局等符号资源纳入考量范畴,以助力该领域研究朝着更全面、更深入的方向稳健前行。

2.5　小结

　　综上所述,无论是在国内还是在国外,教学多模态话语意义建构研究已取得了较为丰硕的研究成果,为本书的研究提供了丰富的理论参考依据。但当前教学多模态话语意义研究在研究对象、研究视角和研究方法方面存在一些进步的空间。首先,在研究对象方面,学界对视频直播环境下外语课堂中教师、学生和课件多模态话语的关注仍有待加强,相关研究的深度和广度需进一步拓展;其次,就研究视角而言,无论在国内还是国外,鲜有学者将学生客观课堂实时表现与学习体验纳入教师课堂多模态话语有效性的考察范畴,同时中外课堂多模态话语的共性和差异也未得到关注。此外,在研究方法方面,虽然国内外课堂教学多模态话语意义研究都呈现出明显的跨学科特点,但研究样本规模都比较小,多为个案研究,语料的代表性与分析结论的普适性受到局限;同时学界大多采用定性描述法来详细解读教师的模态搭配、协同,较少结合社会调查或实证研究来探究教学多模态话语的教学效果。

　　因此,我们有必要进一步拓展研究对象,将视频直播环境下的外语课堂纳入研究范围;转换研究视角,结合学生实际表现和感受探究课堂多模态话语有效性,关注中外教师课堂多模态话语的相似性和独特之处;扩大研究样本数量,采用更加科学合理的研究方法,如社会调查与实证研究相结合,多维度深入开展教学多模态话语意义及效果的研究。

第 3 章

多模态话语分析理论基础

本章着重围绕本书的核心理论基础即系统功能语言学和多模态话语分析相关概念与理论展开介绍,为后续开展视频直播环境下的外语课堂多模态话语分层标注以及深入探究外语视频直播课堂的多模态话语特征和效果提供理论支撑。

3.1 系统功能语言学

朱永生(2007)指出,多模态话语分析的主要理论基础是系统功能语言学。张德禄(2009a)也认,为多模态话语分析的最合适的理论模式是系统功能语言学理论,因为,首先,系统功能语言学不仅关心语言内部的运作机制,同时还研究语言外的环境和动因以及伴随语言的实现意义的特征,即其他体现意义的适合不同模态的媒体,话语的多模态性实际上是包括在这个框架之内的;其次,系统功能语言学把话语的意义和功能放在首要位置上,而不是实现它们的符号系统,这有利于我们更加全面地研究语言的符号系统;最后,意义的实现是以多模态形式进行的,不同模态的话语会在不同的语境中有不同的作用,是不同模态的媒体相互协作的结果,而用系统功能语言学理论可以把不同模态之间的协作放在同一个框架中进行(张德禄,2009b)。

3.1.1 语境

人类所有的语言活动都是在一定的语境(context)中发生的。语境是符号的意义环境,各种符号系统相互整合、互为补充,在语境中共同创建意义(杨信彰,

2009)。语境为语言交际提供动因,可以回答为什么要进行语言交际的问题,同时语境也受到交际目的或兴趣的调节和控制(Kress,2010)。

语境可以分为文化语境(context of culture)和情景语境(context of situation)两类(Halliday,1973;Halliday & Matthiessen,2014)。文化是由众多符号系统组成的,语言是组成文化的符号系统之一,其他符号系统如绘画、雕塑、音乐、舞蹈等艺术形式以及交际方式、衣着方式、家庭结构等文化行为方式也都承载着文化的意义。Halliday(1978)指出,文化既包括意义潜势(meaning potential,交流的意义范围),也包括行为潜势(behavior potential,是做事、说话和存在的方式),同时文化还是我们的思维方式、行动方式、信念和价值观,即意识形态。文化语境决定整个社会的社会活动系统,包括人类性和社会性思维模式和行为模式等。

Martin(1992)将文化语境分成作为文化的主要存在形式的意识形态(ideology)和作为话语模式的选择潜势的体裁(genre)两个方面。意识形态是组成文化的编码取向系统,是文化的主要存在形式,包括社会成员所共有的信念、理想、世界观、价值观、思维方式、社会约定俗成的常规等。意识形态是主导交际的一个重要文化因素(张德禄,2015),它主导社会知识塑造和身份定位,决定体裁选择和修辞目的(韩艳方,2022)。意识形态由体裁实现。体裁指的是某个文化中的社团成员按阶段进行的有目标的交际活动(Martin,1992)。换句话说,体裁是某个交际事件的程序,包括开始、发展、解决问题、结束等阶段。在同一文化背景下,某一社会活动大体上具有相似的步骤,这种可辨认、有步骤的社会交往过程,便构成了某一语篇的体裁。张德禄(2002)认为,体裁是一个包括语言活动的社会活动类型,是整个社会活动系统的一部分,体裁本身具有一个结构潜势,属于此类体裁的语篇要从这个结构框架潜势中根据情景语境选择适当的体裁结构。

文化语境只是从宏观上限定和支配人类的交流模式。具体采用哪个模式,还需要在具体的情景语境中确定(张德禄,2023)。情景语境是指语言活动的直接环境,它是文化语境的一个实例,是一个产生语篇的语境(Halliday & Matthiessen,2004;2014),不同类型的情景语境反映了文化语境的不同方面(朱永生,2012)。也就是说,文化语境和情景语境是系统和实例的关系,处在同一个层次上(Halliday & Matthiessen,2004;2014)。情景语境涉及三个变项:话语范围(field)指发生了什么事、从事什么活动等;话语基调(tenor)表示参与者之间的关系,包括交际者的地位、态度、情感等;话语方式(mode)指的是语言活动所采用的媒介或渠道,如口头模式、书面模式、电子模式。(Halliday,1978;Halliday & Hasan,1985;Halliday & Matthiessen,2004;2014)。这三种情境因素共同作用,为具体的语言活动提供语境构型(contextual configuration),还可以生成不同类型的语篇结构。此外,情景语境决定一种体裁的结构潜势,包括由语言组成的结构成分和由非语言特征组成的结构成分(张德禄,2002)。

3.1.2 元功能

系统功能语言学(Halliday & Matthiessen,2004;2014;胡壮麟,朱永生,张德禄,等,2017)认为所有话语同时实现三个功能,即概念功能(ideational function)、人际功能(interpersonal function)和语篇功能(textual function)。这三个元功能正好对应情景语境的三大变项,即概念功能对应话语范围,人际功能对应话语基调,话语篇功能对应话语方式。

概念功能包括经验功能和逻辑功能两个部分,前者是指语言能表达人们在现实世界(包括内心世界)中的各种经历,后者是指语言能表达两个或两个以上的意义单位之间的逻辑关系。概念功能主要通过小句的及物性系统(transitivity)、语态系统(voice)和归一性系统(polarity)来体现。其中,及物性系统是概念意义表达的核心,它把人们在外部世界及内心世界中的各种经验通过语法进行范畴化并分成六个过程(process),即物质过程、心理过程、关系过程、行为过程、言语过程和存在过程。物质过程表示做某件事的过程,心理过程表示感觉、反应、认知等心理活动,关系过程反映事物之间具有某种关联,行为过程表示呼吸、苦笑、叹息、咳嗽、做梦等生理活动,言语过程通过讲话交流信息,存在过程表示有某事物的存在。不同的过程涉及相应的参与者(participant)和环境成分(circumstantial element)。

人际功能表现在语言能展现说话者的身份、地位、态度、动机及对事物的评判。语言的基本任务即言语角色,涵盖给予与要求两类;而人们交流的内容同样可归结为物品与服务或信息两类。言语角色与交流内容这两个要素,共同构成了提供、命令、陈述、提问这四种核心言语功能。言语角色和交流物这两个变项能组成提供、命令、陈述和提问这四种最重要的言语功能。当交流物是物品与服务时，人们可以接受或拒绝物品或服务，或是执行命令或拒绝执行。当语言用于交流信息时，小句是以命题（proposition）形式出现的，成为可讨论的东西。人际功能是通过语气系统、情态系统和语调系统来实现的。语气成分是在小句中实现语气的成分，由主语和限定成分构成。主语是肯定或否定命题的基点，是对命题或提议的有效性和成功负责的成分，由名词性词组充当。限定成分起限定命题的作用，使命题成为实际存在的、可议论的概念，或者说是为命题提供一个参考点，将命题与交际语境联系起来。限定成分通常为表达时态或情态的助动词，属于动词词组的一部分。小句的其余部分被称作剩余成分（residue），包含谓语、补语和附加语三种功能成分。小句表达语气的一般原则为：直陈（indicative）语气用于交流信息，在该语气范畴内，陈述（declarative）语气用于陈述信息，疑问（interrogative）语气用于提问。在疑问语气范畴内还可以区分是非疑问句，即表达对归一性的提问；和特殊疑问句，即表达对内容的提问。命令（imperative）通常由祈使句来体现。情态系统表明说话者对命题真实性的评价，对所承担的责任和义务的态度，也可以界定说话者与听话者之间的社会距离和权力关系等（胡壮麟，朱永生，张德禄，等，2014）。广义的情态包括表达命题的情态和表达提议的意态。在命题中，情态表现在不同值的概率或频率方面，可通过动词词组中的限定性情态动词、情态副词或者两者并用来表达。在提议中，不同值的义务和意愿被称为意态，通过限定情态动词或谓语的延伸部分来表达。情态意义大多是由情态动词、情态副词以及谓语的延伸部分来表达的，这是情态表达的一致式，但是情态意义也可以通过小句来表达，即情态表达的隐喻式。此外，情态的表达可从主观与客观两个维度切入，其中显性主观取向与显性客观取向均采用隐喻方式，依托小句结构予以呈现。同时，情态的强弱程度即情态值，可细分为高、中、低三个层级。

语篇的概念功能和人际功能最终都要经由语言表现出来，也就是说，在语义层人们要把语言成分组织成语篇，这就是语言的语篇功能。语篇功能是通过主位结构、信息结构和衔接系统这三个子系统来实现的。主位结构包括主位和述位：主位（theme）是句子的起点、交际内容的出发点，述位（rheme）则是主位以外的成分。信息结构是指小句的新信息（new information）和已知信息（given information）的出现顺序。衔接是指语篇中语言成分之间的语义联系，其手段包括照应(reference)、省略(ellipsis)、替代(substitution)和连接(conjunction)四种语法衔接手段以及重复(repetition)、同义/反义(synonymy/antonymy)、上下义/局部-整体关系(hyponymy/meronymy)和搭配(collocation)这四种词汇衔接手段。

3.1.3　小句关系

Halliday 和 Matthiessen(2004;2014)指出小句之间存在着复杂且多样的关系,具体体现为不同程度的相互依赖关系(interdependency)以及逻辑语义关系(logico-semantic relation)。小句的相互依赖程度也被称作排序关系,涵盖两个重要的次范畴。在主从关系中,两个小句呈现出明显的依附特性,其中一个小句依附于另一个小句而存在,前者被定义为从句,后者则为主句。从句通常用于补充说明主句的相关信息,如时间、条件、原因,从而限定主句语义的表达范围。而在联合关系里,两个小句的地位是等同的,一个作为起始句开启语义,另一个则作为接续句延续语义,二者共同推进意义表达,它们在语义上具有平等且相互补充的关系。

小句间的逻辑语义关系同样丰富,包含扩展(expansion)关系和投射(projection)关系。在扩展关系里,第二个小句会通过详述(elaboration)、延展(extension)和增强(enhancement)三种方式对第一个小句进行拓展。详述是指第二个小句对第一个小句的内容进行进一步解释、说明,深入挖掘其内涵;延展是在第一个小句基础上增添新的信息,拓宽语义范围,使语义表达更加丰富;增强则是通过补充时间、地点、原因等条件来强化第一个小句的意义,使语义更加完整、逻辑更加严密。在投射关系里,主句会将第二个小句投射为话语或思想,第二个小句成为主句所表达的言说或认知行为的具体内容。

3.2　多模态话语分析

朱永生(2007)指出在交际过程中综合使用人类多种感知通道就产生了多模态话语,张德禄(2009a)将多模态话语定义为"运用听觉、视觉、触觉等多种感觉,通过语言、图像、声音、动作等多种手段和符号资源进行交际的现象"。我们可以根据交际行为中涉及的模态种类或是符号系统的多少来判断交际行为是否为多模态话语(朱永生,2007)。涉及多种符号系统的话语为多模态话语,如阅读儿童故事绘本,虽然只涉及视觉通道,但是印刷或电子绘本同时涉及文字符号和图像符号,因此为多模态话语;又如听广播音乐剧,虽然只涉及听觉通道,但广播剧中包含有声语言符号、背景音乐符号等,所以也为多模态话语。

根据 Halliday(1973;1978)"语言是社会符号"这一论断,图像、声音、颜色和动作等各种符号资源与语言符号资源一样,在社会交流和社会实践中共同参与构建意义。多模态话语分析是指对混合使用多种符号资源的话语进行系统分析(顾曰国,2015),是对交际符号的多种模态、各模态之间的关系、它们所构成的整体意义及其特征和功能的分析(代树兰,2013)。多模态话语分析的意义在于,一方面,它可以将语言和其他相关的意义资源整合起来,不仅可以突出语言系统在意义交换过程中所发挥的作用,而且可以明确图像、颜色、版面布局、手势、表情、实物道具等其他符号系统在意义生成过程中所产生的效果,从而使话语意义的解读更加全面、准确;另一方面,多模态话语分析既推动了语言学研究,深化了人们对符号学的认识,同时也启发了教育学、心理学、修辞学、传播学、社会学等学科,使其研究视野得以扩展、研究内容得以丰富(潘艳艳,李战子,2017)。

3.2.1 模态与媒体

模态(mode)是允许同步体现话语和(互动)行为的符号资源(Kress & van Leeuwen,2001),是在社会文化中形成的创造意义的符号资源(Kress,2010)。任何模态如图像、颜色、音乐、手势、表情、身体姿势、动态图像、空间布局、3D 物品等都是完整的表意系统,跟语言一样具有形式层、词汇语法层和语篇语义层。

任何模态都要以一定的物质形式作为载体,如声音、颜色、形状。当物质实体具备了可识别性、区别性、重现性三个特性后就成为媒体,成为模态的载体,就能够体现一种模态,成为一种符号资源(张德禄,2012b)。换言之,媒体(medium)是符号分布印迹的物质手段(Scollon & Levine,2004)。

模态与媒体是形式和实体的关系,模态可以通过一种或多种生产媒介来实现。媒体既是物质形式,又是模态化的,在社会交际中充当意义的载体。模态和媒体在一定程度上可以相互转化,而且同一种模态还可以跨媒介表达,如书信和演讲。同时,媒介可以是多模态的和互动的,如 PPT 文字中的字体和颜色(Kress & van Leeuwen,2001;韩艳方,2022)。

3.2.2 符号类别与供用特征

总体来看,人类在信息传播进程里所运用的符号,大致可划分为语言符号与非语言符号两类。语言符号属于借助概念进行判断、推理的抽象符号,涵盖有声语言以及文字语言两种形式。在有声语言体系内,声音并非仅仅是简单的物理声响,其自身构建起一套意义表达系统或模式。依据马丁和扎帕维尼娅(2018)的研究观点,声音系统中的音色、音量、音高、音域、共鸣、张力以及停顿等要素,均是表达态度与情感的关键因素,它们协同作用,赋予有声语言丰富的表意层次。同样地,文字书写系统蕴含着丰富的符号资源,诸如字体、字号、字形、标点符号、空格空行、句子长短、段落长短以及版面格局。众多学者如叶起昌(2005)、Matthissen(2007)以及马丁和扎帕维尼娅(2018)均指出,这些符号资源并非孤立存在,而是深度参与到语篇的意义建构之中。van Leeuwen(2006)进一步指出,它们具备独立的意义潜势,能够在语篇中表达概念意义,助力构建人类对世界的认知;能传递人际意义,实现人与人之间的互动交流;并且能呈现语篇意义,将文字有序组织成连贯的整体,全方位推动信息的有效传播与理解。

区别于语言文字,非语言符号指的是那些能够直接被人的感觉器官所接收的各类表象符号。Argyle(1970)指出,非语言交流符号涵盖手势、面部表情、眼神接触、站姿、体触、空间行为、衣着、体格/体型以及发声,共计 9 种类型。其中,手势丰富多样,人们在日常交流中挥手动作,手臂伸展向外挥动,常表示打招呼或告别;当竖起大拇指时,多传达认可、称赞之义;而双手交叉抱于胸前,可能暗示防御、拒绝或不赞同的态度。面部表情更是情感的直观反映,皱眉时,额头肌肉收缩,眉间距缩小,往往传达不满、困惑或担忧;嘴角上扬、露出牙齿的笑容,大概率表达愉悦、开心;紧闭双唇、嘴角下拉,则可能体现生气、沮丧等负面情绪。眼神接触在交流中至关重要,长时间直视对方眼睛,可能表示专注、真诚或自信;而频繁躲闪眼神,可能暗示紧张、心虚或不感兴趣。站姿同样传递信息,笔直站立、挺胸抬头,展现出自信、积极的状态;弯腰驼背、身体松弛,则可能给人疲惫、消极或缺乏自信之感。体触方面,手掌轻拍对方肩膀,可表达鼓励、安慰;拥抱时,双臂环绕对方身体,可传递亲密、关爱之情。空间行为涉及个人对空间的运用与感知,例如在社交场合中主动靠近他人,缩短彼此的空间距离,可能表示亲近、热情;刻意与他人保持较远的距离,或许是出于对个人空间的维护,或显示出冷漠、疏离。衣着作为一种非语言符号,其款式、颜色、整洁度等都能传达信息。穿着正式、整洁的西装,可能显示出专业、严谨;身着休闲、潮流的服饰,可能体现个性、随性。体格/体型在一定程度上也影响交流,身材高大强壮的人,可能给人带来压迫感或安全感;而身材娇小柔弱的人,或许会让人产生保护欲。发声不仅仅指说话的内容,还包括声音的音调、音量、语速等。高亢激昂的音调,可能传达兴奋、激动;低沉缓慢的声音,也许表示稳重、严肃;语速加快,可能意味着紧张、急切。

随着研究的深入,学者们对非语言符号的分类不断细化,如 Wood(2009)将非语言交际进一步细化为 10 种类型,包括身势语、肢体运动(身体运动,包括手势)、面部表情、眼神接触、时位、空间学(体距、嗅觉学、体触)、日常用品、身体外观、副语言(音调、语调、音高、方言、停顿等)和沉默。与 Argyle(1970)的 9 种类型分类相比,Wood(2009)的分类体系展现出一定的差异。首先,在对身体动作的考量上,Argyle 仅将手势单独列出,而 Wood 的肢体运动范畴不仅涵盖手势,还将身体的其他动态表现,诸如兴奋时的跳跃、紧张时的踱步等纳入其中,拓宽了对身体动作表意的探索边界。其次,在空间相关领域,Wood 的空间学分类则较为细致,体距精准反映人与人之间的亲疏关系,嗅觉学挖掘气味在交流中的潜在作用,还纳入日常用品这一类别,强调其选择与使用方式所传递的个人信息。再者,Wood 新增时位这一类别,关注时间在非语言交际中的运用,像约会迟到或提前到达所蕴含的不同意义,丰富了非语言符号的研究维度。此外,副语言在 Wood 的分类里进一步细化,涵盖音调、语调、音高、方言及停顿等,为有声语言增添了更为丰富的表意层次,而沉默作为一种特殊且有力的非语言符号单独列出,凸显其在特定情境下所传达的诸如思考、不满等复杂信息。

Kress 和 van Leeuwen(2001)指出每个符号系统都是一个意义潜势(meaning potential),亦称意义资源(meaning resource)或供用特征(affordances)。供用特征最初是生态心理学(ecological psychology)中的概念,表示环境、动物、人等的潜在用途、功能、价值(Gibson,1977),比如门把手的形状和位置的设计是为了方便人转动它以打开门,(纸质)书的形状设计能方便读者去翻阅,鼠标的形状方便让人点击等(Bateman,2017)。在符号学中,符号的供用特征通常指符号的相对稳定的潜在特征,包括 Saussure(1959)提出的能指和所指。张德禄和胡瑞云(2019)

进行。这四个交际实践层次也是多模态话语生成的四个过程。首先,话语是在社会中创造的现实知识,包括组成现实的事件知识(如交际事件中涉及的人、物、时间、地点、方式)以及一系列事件相关的评价、目的、解释和合法化过程。话语在具体的社会语境中得到发展,是一个从社会语境到意义的过程。也就是说,交际者要根据语境因素和交际目的来选择合适的意义以达到自己的交际目的,这样语篇意义的生成过程就被置于语境层与意义层之间。其次,在一定的语境中,交际的意义根据各符号系统不同的供用特征被分配给不同的模态来体现,也就是说,多模态话语意义是由从多种符号系统中选择出的模态相互配置和融合体现的,这就是话语的设计过程,是一个处于意义和模态之间的操作过程。再次是处于模态和媒体之间的生产过程,它把符号事件用实际材料表达出来。换句话说,交际者需要把选择出来的模态或者模态组合结构用合适的媒体表现出来,生产出实际的媒体产品。最后,分布是对实际材料的处理过程,也就是说,生产出的媒体产品再通过分布过程成为实体,即产品,如音乐作品制作出来后需要录制到磁带或光盘上。这一物质过程虽然不是模态研究的关注点,但也是至关重要的,因为没有分布过程,模态的选择和设计就无法最终表现出来。

3.2.4 模态选择与配置

在多模态交际时代,可选择的模态呈现多样性,选择哪些模态、对所选择的模态进行怎样的配置才能更加有效地表达意义,成了多模态交际是否成功的一个关键问题(张德禄,2015)。

多模态交际者需要根据语境要求、修辞目标、受众需求、模态供用特征等因素从多种可用的符号资源中进行选择(瞿桃,王振华,2022)。Bateman(2017)指出符号学的一个基本原则是要使意义成为可能,就必须有选择——如果没有选择,就没有意义。在多模态话语的建构中可能有很多可以利用的模态系统,但每一种模态都有它独特的潜势和局限性,也就是说,每个符号系统都具有自己合适的意义类型和范围,某些模态适合某些交际任务,却不适合其他意义类型和范围;有些意义由特定的模态来体现更为经济、有效,而在某些非专业领域,某些模态可能无法有效地表征意义。因此,我们在构建多模态语篇的意义时,也要从相关的符号系统中做出选择,使所选择的符号资源的供用特征适合成为话语整体意义的有机组成部分。Taylor(2014)也指出,虽然理论上讲所有模态都有可能被用于生成意义,但人们需要选择在当时被认为是最合适、最得当的模态用于交际。

  在多模态话语意义建构中,交际者不仅要把所需要的模态选择出来,而且要将选择出来的符号资源进行合理的组合与安排,这就是模态配置,即在框定的时空内对所选的资源进行组合与安排(Bezemer & Kress,2016;瞿桃,王振华,2022)。在多模态话语意义建构中,供选择和配置的模态资源既可以是单模态资源,也可以是多模态资源,当一种模态的供用特征不能很好地体现意义时,交际者便要对多种模态进行搭配组合,让各种模态的供用特征相互补充、相互协同来共同体现交际者需要表达的意义。张德禄(2009b)认为在多模态交际中最关键的因素是在一定的情景中,如何使不同模态相互配合来获得最佳交际效果,而这种模态之间的配合主要是在形式层特别是在语法层表现出来的。从符号角度来看,配置是一种模态布局,选择出来的符号要经过合理安排,要考虑符号表征意义的顺序,哪种符号安排方式对交际对方效果最好(Bezemer & Kress,2016)。

  多模态话语意义的建构不是任意的、无规则的,而是受到许多因素的制约。首先,由于意义是在一定的文化语境和情景语境中产生的,离开了具体的语境,意义就无法确定,因此,多模态话语意义建构首先要考虑相关的语境因素,包括文化语境和情景语境。前者包括作为文化的主要存在形式的意识形态和作为话语模式选择潜势的体裁(体裁结构潜势),后者是指语言活动的直接环境,涉及的三个变项(即话语范围、话语基调和话语方式)共同作用,为具体的语言活动提供语境构型。其次,在多模态话语意义建构中,交际者也要考虑有哪些模态可以用来建构意义,因为可使用的符号资源系统是意义建构的前提条件。实际上,不同的语境中可供选择的模态会有差别,如面对面即时口头交际中可供选择的模态通常包括有声语言、语调、手势、面部表情、身体姿势、空间距离等,电子邮件交流语境中可供交际者选择的符号资源通常包括文字、字体、字号、图像、版面布局等,传统电话交际语境中交际者可选择的符号资源为口语和相关的副语言资源如音调、音高、音色、口音、停顿;而如今,人们经常通过视频电话来交流,在这种数字化交际语境中,交际双方也可从口语、图像、面部表情、身体姿势、手势、与声音有关的副语言资源甚至是背景环境等符号资源系统中进行选择。因此,交际者也需要考虑特定情景中有哪些可及的模态可以用来建构意义。此外,虽然在多模态话语意义的建构中可能有很多可以利用的模态系统,但不同模态都有其独特的供用特征和局限性,也就是说,每个符号系统都具有其合适的意义类型和范围,某些模态适合某些交际任务,却不适合其他意义类型和范围;有些意义由特定的模态来体现更为经济、有效,而在某些非专业领域,某些模态可能无法有效地表征意义。因此,了解不同模态的供用特征对于多模态话语意义的建构非常重要,只有熟悉可选模态的供用特征后才能在模态与意义之间进行准确匹配。有效的模态选择要求交际者充分了解相关的符号系统中具体的符号资源的供用特征以及它在话语中可能的语义潜势及局限性,对符号系统及其供用特征的了解越多,对系统中的特征的选择就越准确(张德禄,胡瑞云,2019)。此外,根据Bezemer 和 Kress(2016)的观点,多模态话语设计还需要考虑修辞目的、设计者的利益以及受众的特点等因素。

3.2.5　符际关系

对多模态话语的深入理解,不能仅局限于语言模态,还需将交际进程中其他非语言模态纳入考量范畴,同时密切关注多种模态间的关联(Baldry,2000;Kress,2003;Kress & van Leeuwen,2001)。张德禄(2009a)也曾指出,不同模态的形式特点以及它们之间协调、联合与互补等关系,是多模态话语研究的重点。

在多模态话语分析领域,语言与视觉图像间的关系一直是符号间性研究的焦点,也是长期以来的瓶颈问题(汪燕华,2010)。国内外众多学者围绕图像与文字的关系展开了大量研究。受 Saussure(1959)"图像仅是语言符号整体一部分"观点的影响,Barthes(1977)将图像与文字的关系划分为相互依赖与互补两类,并进一步提出语言与图像间存在锚定、阐释和接续三种关系。锚定,即图像为主,语言对图像意义加以确定和解释;阐释,是以语言为主,图像用于明确语言语篇的意义;接续则意味着图像与语言地位平等,彼此相互连接,共同构建多模态语篇的整体意义。此后,诸多系统功能符号学家,如 Lemke(1998)、Royce(1998;2002;2007)、Nikolajeva 和 Scott(2000)、van Leeuwen(2005)、Martinec 和 Salway(2005)、Unsworth(2006)以及 Unsworth 和 Cleirigh(2009),将语言系统的研究成果,诸如小句间关系,拓展应用到话语单位之间、图文之间语义关系与衔接关系的研究中。其中,Lemke(1998)认为,语言语义模式的语义系统或许能够用于整合语言与视觉图像间的意义关联;Royce(1998)构建了基于页面的多模态语篇中视觉语言互补性分析框架,从概念意义和人际意义关系的角度,探究图像与文字在体现不同意义时的互补关系;Nikolajeva 和 Scott(2000)将图画书中的图文关系细分为对称关系(图与文阐释相同内容)、意义互补关系(图像和文字相互补充对方缺失信息)、对比关系以及相反关系;Royce(2002)从概念意义维度研究教科书中的符际互补,发现图像与文字之间存在重复、搭配、整体与部分、上下义、反义、近义等语义关系;van Leeuwen(2005)将系统功能语言学的逻辑语义关系理论延伸至图文关系研究,揭示图像与文字语篇之间主要存在详述和延展关系;Martinec 和 Salway(2005)同样基于逻辑语义关系理论剖析图文关系,将图像与文字的语义关系划分为地位系统和逻辑语义系统。地位关系体现图片与文本的相对地位,如同小句复合体中小句间的关系。图文地位关系也可分为平等和不平等两类;平等关系又可细分为独立和互补,独立时信息平行,互补时相互修饰共同构成更大语段。逻辑语义关系主要包括扩展和投射,扩展是一种模态在内容上拓展另一种模态,投射则是一种模态重复另一种模态所展现的内容,投射包含话语投射和思想投射,扩展又可进一步分为详述、延伸和增强,详述涵盖阐述和例证。Unsworth(2006)着重强调图文互补关系,即当一种模态无法充分表达交际者意图时,借助另一种模态补充说明,使意义更完整、易理解;Royce(2007)从衔接和连贯视角,研究《经济学家杂志》中视觉模态和语言模态在概念意义、人际意义和语篇意义上的相互补充作用,并提出描述性分析框架;Unsworth 和 Cleirigh(2009)借鉴系统功能语法中关系过程的"识别"概念,分析多模态语篇中图像与文字在表达概念意义时的相互作用,指出图像与语言所体现的语义过程可视为识别类关系过程,分为包容式、环境式和所有式。国内学者李华兵(2017)发现,小学英语教材中的图文关系主要有详述、修饰、投射、排版、固有、组织和延展等类型,其中详述类图文关系最为常见。

根据 Matthiessen(2007)的观点,在多模态话语里,参与意义建构的各类符号系统间存在着互补关系、逻辑意义关系以及修辞关系等多种不同关联。在此基础上,张德禄(2009a;2015)将图文关系研究拓展至多模态话语中各模态间关系的探究领域。他将各种模态之间的关系归纳为互补关系与非互补关系两大类别。当单一模态无法充分表达意义,或者难以涵盖全部意义,需要借助其他模态予以补充时,模态间便形成了互补关系。互补关系可进一步细分为强化关系和非强化关系。在强化关系中,存在一种主要的交际形式,其他一种或多种模态对其起到强化作用。例如,在正常人的言语交谈过程中,语言作为主要交际形式,手势、身势等则对语言表达起到强化效果;而在绘画作品或舞蹈艺术中,图像或身体动作占据主导地位,语言仅作为辅助,用于强化图像或身体动作所传达的意义。强化关系还能进一步细化为突出、主次和扩充三种关系。例如,话剧表演中,声音话语处于前景化位置,图形幕景作为背景信息,突显了话语内容;在日常言语交流中,声音话语是主要模态,而无意识做出的手势则是次要辅助模态;电视节目在播放当下视频时,穿插播放某些重大事件的录像片段,这便是对声音表达意义的扩充。在非强化关系里,两种模态相互依存、缺一不可,尤其体现在听觉与视觉的结合上。非强化关系又可细分为协调、联合和交叉三种关系。在协调关系中,不同模态协同表达交际者的完整意义,任何一方缺失都会导致意义不完整,像电视节目中的图像与声音,二者相互协调,共同构成节目不可或缺的部分;联合关系指在同一模态内,不同类型媒体可联合起来共同表意,例如在多媒体教室中,教师播放的教学音频声音与教师自身话语声音联合,共同实现听觉层面的意义;交叉关系表现为两种模态交叉呈现整体意义,如交际者边工作、边做事的同时,对做事的经过、原理及原因进行讲解。非互补关系是指第二种模态对第一种模态在意义体现上贡献有限,但仍作为一种模态存在。这种关系可进一步划分为交叠、内包和语境交互三种类型。交叠现象即两种或多种模态同时出现,却不存在相互强化关系,具体又分为冗余、抵消和排斥三种关系。冗余情况是指第二种模态对第一种模态既无补充也无强化,比如课堂上,PPT 完整呈现讲话文稿,讲话者只需照本宣科,此时 PPT 文字与口头话语语义重复,未增添或缩减信息,属于冗余现象;模态间的相互排斥关系是指一种模态对另一种模态产生抵消效果,如当一个人想要安静阅读时,周围却出现噪声干扰;抵消关系则是两种模态相互矛盾、彼此排斥,像一个人在思考问题时,旁人不断打扰,或者在需要安静写作时频繁接到电话。非互补关系中的内包关系,是指多种不同或同种模态,对整体意义表达无新贡献,仅提供更具体的信息,如整体与部分关系(第二种模态未增添新信息,仅呈现部分内容,使第一种模态信息更具体形象)或抽象与具体关系(如谈论动物时,列举牛、马、鸡、鸭等具体动物形象)。

最后需要注意的是,概念功能、人际功能和语篇功能在不同符号体系中的表意并不均衡。在不同语类中,往往有一种功能发挥主导作用,其他功能则处于次要地位。因此,模态之间的关系并非固定不变,而是会随着时间推移呈现出动态变化的过程(汪燕华,2010)。

3.3 小结

本章重点阐释本书的理论根基,包括系统功能语言学的基础概念,如语境、元功能、小句关系,以及多模态话语理论的核心概念与理论,如模态、媒体、供用特征、选择、配置和模态间的关系,为后续研究提供了坚实的理论支撑与分析框架。

第4章

视频直播环境下的外语课堂多模态话语制约因素及标注方法

多模态话语的建构不是任意的、无规则的,而是受到许多因素的制约。一方面,由于意义是在一定的文化语境和情景语境中产生的,离开了具体的语境,意义就无法确定,因此,多模态话语意义建构首先要考虑相关的语境因素,包括文化语境(即意识形态和体裁结构潜势)和情景语境(即话语范围、话语基调和话语方式)。另一方面,由于不同的语境中可供选择的模态会有差别,同时不同模态有其独特的供用特征和局限性,因此交际者也需要考虑特定情景中有哪些可及的模态可以用于意义建构。基于此,本章详细介绍视频直播环境下外语课堂的语境和可及符号资源系统等制约因素,并在此基础上具体阐释视频直播环境下的外语课堂的多模态标注方法。

4.1 视频直播环境下的外语课堂语境

教学发生在一定的语境中,所以必然会受到教学环境的制约,如社会文化、教育管理和教学条件、教师和学生的特点以及意识形态、教学目标、教学态度都对教什么、怎样教起着制约作用(张德禄,2010;张德禄,丁肇芬,2013)。因此,在分析视频直播环境下的外语课堂的多模态话语时首先要考虑相关语境因素,包括文化语境和情景语境,其中文化语境包括由相关的国家教育政策所体现的意识形态以及课堂教学的体裁结构,情景语境包括教学内容、师生关系和教学方式这三个变项。以下描述制约视频直播环境下的外语课堂多模态话语的语境因素,包括意识形态、体裁结构潜势等文化语境因素以及教学内容、师生特点和教学条件等情景语境因素。

4.1.1　视频直播环境下的外语课堂文化语境

文化语境主要包括意识形态和体裁系统,其中意识形态是组成文化的编码取向系统,是文化的主要存在形式,包括社会成员所共有的信念、理想、世界观、价值观、思维方式、社会约定俗成的常规等(Martin,1992)。在意识形态方面,外语视频直播课程作为一种以提高学习者学业水平或者培养兴趣特长为主要目的,有组织或系统性的校外教育培训活动,得到我国相关部门的支持。如《国务院办公厅关于规范校外培训机构发展的意见》(2018)指出,面向中小学生的校外培训机构开展非学历教育培训是学校教育的补充,对于满足中小学生选择性学习需求、培育发展兴趣特长、拓展综合素质具有积极作用。《校外培训管理条例(征求意见稿)》(2024)也进一步明确了校外培训活动是学校教育的有益补充,可以满足多样化的文化教育需求,促进青少年健康成长。

随着互联网应用日益深入,线上校外培训迅速发展,为中小学生提供了一定的多样化、个性化教育服务。《教育部等十一部门关于促进在线教育健康发展的指导意见》(2019)明确提出,要充分运用现代信息技术手段发展在线教育,构建终身化教育体系,打造学习型社会。国家发展改革委出台的《关于支持新业态新模式健康发展激活消费市场带动扩大就业的意见》(2020)明确支持大力发展融合化在线教育,完善在线教育知识产权保护、内容监管、市场准入等制度规范,形成高质量线上教育资源供给。

当下,网络技术的日臻成熟有力推动了在线直播教育的蓬勃兴起,视频直播课程凭借其打破时空限制、高度模拟线下课堂场景、提供真实互动体验的显著优势,深受广大学习者青睐。

在线教育得到国家大力支持的同时,也需要遵守相应的规章制度。根据教育部等六部门联合发布的《关于规范校外线上培训的实施意见》(2019)以及中共中央办公厅、国务院办公厅印发的《关于进一步减轻义务教育阶段学生作业负担和校外培训负担的意见》(2021),面向中小学生的线上培训课程要坚持育人为本,遵循教育规律和学生身心发展规律,不得增加学生课外负担,增加家庭经济负担,不得扰乱学校正常教育教学秩序;培训内容要传播正确价值观,应当在思想性、科学性和适宜性等方面符合党的教育方针和立德树人要求,体现素质教育导向;课程设置符合中小学生身心发展规律和认知能力,学科类课程培训内容不得超出相应的国家课程标准,须与招生对象所处年级相匹配,与学生个体能力相适应;培训时长应当符合学生年龄和年级水平,保障学生的休息权利,每课时不超过 30 分钟,课堂结束时间不晚于 21 点,不得在国家法定节假日、休息日及寒暑假开展线上培训;学科培训教师具有国家规定的相应教师资格,聘请的境内外籍工作人员必须符合国家的规定。

体裁系统也是文化语境的一个重要组成部分。根据 Martin(1992)以及 Martin 和 Rose(2008)的观点,体裁是一个由讲话者以文化社团成员的身份参与的阶段性、目标导向的社会交际过程。我们可以将社会交往过程拆解为多个具体步骤,具备相似步骤的社会交往过程可被归类至同一社会活动类型之中,如此便形成了社会交际的体裁概念。在外语教学领域,各类不同性质的课程,诸如听力课、口语课、写作课、阅读课以及综合课均拥有各自独特的体裁结构。这种独特性体现在多个方面,如不同的教学步骤安排、多元的教学目标设定、多样化的教学手段与方法运用以及教学模态的不同组合形式。

体裁会对话语结构产生影响,即对体裁结构潜势产生影响(韩艳方,2022)。在教学中,模态的选择和配置一方面受整体体裁类型的支配,另一方面也受到课堂教学体裁的不同结构成分的支配,在不同阶段需要调用不同的模态来体现意义(张德禄,2015)。根据体裁结构潜势理论(Halliday & Hasan,1989),语篇的体裁结构潜势是某种体裁中所有语篇产生的源泉,包含某种体裁中可能出现的所有语篇模式和语篇结构,是特定情景语境下所形成的话语范围、话语方式和话语基调的具体体现。任何体裁结构都有自己的结构潜势,包含一定的必要成分(obligatory elements)和可选成分(optional elements),其中一些成分可以在不同位置上反复出现。体裁结构潜势是包含某一体裁所有必选成分和可选成分并且按一定次序排列的结构表达式。必要成分是语篇的主干成分,必要成分及其顺序决定语篇的体裁。也就是说,一个语篇究竟属于哪种体裁,往往要根据必选成分及其排列顺序来界定,如果体裁结构的必要成分及其顺序发生变化,就会出现新的体裁。可选成分决定同一体裁的语篇变异现象。同一体裁中语篇结构具有相似的结构,即属于同一体裁的语篇结构都应是从这个体裁结构潜势中进行选择的结果。

　　视频直播环境下的外语课堂作为一种在线口语课程,其体裁结构包括 13 个组成部分(见表 4.1),即相互问候、教师介绍课堂规则、教师引导复习、教师引入主题、教师发布指令、教师提问、学生被动反馈、学生主动发言、教师反馈、教师讲解、教师课堂总结、教师布置作业和相互道别。其中,相互问候、教师引入主题、教师发布指令、教师提问、学生被动反馈、学生主动发言、教师反馈、教师讲解、相互道别这 9 个环节是每堂课都涉及的体裁结构成分,即必要体裁结构成分;而教师介绍课堂规则、教师引导复习、教师课堂总结、教师布置作业这 4 个环节出现的频率不一,为可选体裁结构成分。此外,教师发布指令、教师提问、学生被动反馈、学生主动发言、教师反馈和教师讲解这 6 个环节(体裁结构成分)在课堂中反复出现。由此可见,少儿外语视频直播课堂基本的体裁结构潜势为:9 种必选成分(其中 6 种重复出现)+ 4 种可选成分。此外,教学体裁结构成分可以是语言模态的,也可以是非语言模态的,如指令意义和反馈意义可以由语言来体现,也可以由非语言模态如手势来体现。

表 4.1　视频直播环境下的外语课堂教学体裁结构

	教学环节	具体说明
1	相互问候	师生相互问候
2	教师介绍课堂规则＊	教师向学生介绍课堂规则
3	教师引导复习＊	教师引领学生复习前一节课内容
4	教师引入主题	教师介绍本节课的主题
5	教师发布指令◆	教师发布教学指令
6	教师提问◆	教师提出问题
7	学生被动反馈◆	学生被动答题、阅读、跟读、提问或完成书面练习
8	学生主动发言◆	学生主动、灵活性发言如提问或陈述
9	教师反馈◆	教师针对学生的表现进行内容反馈或评价性反馈
10	教师讲解◆	教师讲解知识点
11	教师课堂总结＊	教师总结本节课主要知识点
12	教师布置作业＊	教师布置相关课后作业
13	相互道别	师生相互道别

＊表示该成分为可选体裁结构成分;◆表示该体裁结构成分可以重复出现

4.1.2　视频直播环境下的外语课堂情景语境

多模态语篇中多种符号的选用频率,既受社会语境的影响,也与语篇的情景语境相关(曾蕾,2006)。在张德禄(2009b)看来,在外语教学领域,情景语境涵盖话语范围、话语基调和话语方式三个变项,它们分别对应教学内容、师生特点以及教学条件,这些因素主导着外语教学中模态的选择。首先,教学内容是决定模态与教学方法选择的关键要素,它既包含所授课程的知识范畴,也涉及多元读写能力的培养,如听、说、读、写、译等基础语言能力,文化读写与批评读写能力,以及运用现代教育技术的技术读写能力;其次,师生特点如教师的教学经历、教学理念、教学能力、专业知识储备以及个人的爱好和兴趣,学生的年龄、性格、爱好、认知水平等也会制约教学模态和教学方法的选择;最后,教学条件诸如物理空间、教学设备与工具、教学环境以及传播渠道也在一定程度上左右着教学成效。

视频直播外语教学在教学内容、师生特点和教学条件等层面,展现出与传统线下课堂及普通网络教学不同的特性。从教学内容和目标视角来看,视频直播环境下的外语课堂有着明确且独特的定位。其总体教学目标为以师生间高频次、多样化的口头交流为核心,融合趣味化教学手段,全方位激发学生外语学习兴趣,着力培养学生运用外语进行日常交际的能力,全面提升学生外语综合运用能力。当然不同阶段的学习者在进行视频直播外语学习时有不同的目标,如学龄前儿童希望在游戏、儿歌、动画营造的语言环境中激发对外语的兴趣,培养语感,为语言能力发展奠定基础;小学生借助趣味教学,培养英语学习习惯与兴趣,通过互动交流提升听力和口语能力,积累简单词汇和日常用语,掌握基础语法,为后续学习筑牢根基;初高中学生通过与外教或中教高频互动,强化综合语言能力,不仅要积累词汇、攻克复杂语法,还要通过对话了解西方文化,更希望在考试中提升外语成绩;大学生期望通过外教交流和讨论,掌握学术用语和专业性内容,深入探究跨文化交际知识,提升外语学术应用能力,满足学业研究、国际交流、未来职业发展等需求;成人进行视频直播外语学习则多出于实际应用目的,如职场晋升、发展兴趣爱好、陪伴孩子或提升学历。本书研究的视频直播环境下的外语课堂以 6～9 岁的低小阶段外语(英语)初学者为授课对象,其学习目标主要为:一方面,发展接近英语本族语的语音和语感,夯实语言基础;另一方面,通过趣味化、直观化教学激发学习兴趣,拓展认知范围,促进思维能力发展。具体到教学主题内容,以本书涉及课程为例,其教学主题广泛,覆盖了物主代词、动作、颜色、季节、家庭、动物、身体、职业、假期、数字、时间、星期、月份、兴趣爱好、交通工具、国家、情绪等诸多小学英语基础阶段的关键教学主题,满足学生在基础学习阶段对各类知识的需求。

视频直播环境下的外语课堂的教师与学生群体各自呈现出鲜明且独特的特点。在教师层面,师资多元化无疑是此类新型在线课程模式引人瞩目的亮点之一。母语为所授外语、持有相关专业从教资质并严格符合我国教育部门规定的外籍外语教师,与拥有外语教学资格证书的中国籍外语教师,共同构成了丰富多元的师资队伍。其中,外籍教师凭借其母语优势,能够为我国外语学习者带来纯正的外语语音和语调,示范最地道的表达方式。无论是美式英语中卷舌音的独特韵味,还是英式英语里抑扬顿挫的优雅节奏,外籍教师都能通过视频直播,将这些语言特色生动地展现在学生面前。这种独特优势使得学习者仿佛置身于真实的外语环境中,能够迅速融入外语学习语境,在较短时间内掌握纯正的外语口音与发音技巧。正因如此,外教成了外语视频直播课堂的核心师资力量,在大多数外语学习者的心中,他们是课程师资的首选。而中国籍外语教师同样在视频直播外语教学中发挥着不可替代的重要作用。他们凭借多年深耕国内外语教育领域的经验,积累了深厚扎实的语法知识体系,能够将复杂晦涩的语法规则,以通俗易懂的方式传授给学生。更重要的是,他们对本土学生的学习特点与需求有着深入的洞悉,明白学生在学习过程中容易遇到的难点和困惑。同时,他们对国内各类外语考试,如中高考、四六级、雅思、托福等的命题规律、考察重点和答题技巧有着深入的理解。在视频直播课堂上,他们能够根据学生的实际情况,制订出个性化的教学方案,精准地满足学生在知识学习、能力提升以及应试准备等多方面的学习需要,展现出独特且显著的价值。

视频直播环境下的外语课堂的授课对象涵盖学龄前儿童、中小学生、大学生及成人等各个阶段的外语学习者。学龄前儿童处于语言启蒙关键期,对语音语调感知敏锐,模仿能力突出,喜爱以游戏、儿歌、动画等形式学外语,但是他们的注意力集中时间短,易分散。小学生处于英语启蒙与基础阶段,好奇心和模仿力强,倾向于通过游戏、动画、儿歌等趣味途径学习简单词汇、日常用语和基础语法,但也存在注意力集中时长有限的问题。初高中学生的外语认知和理解能力大幅提升,学习自主性也有所增强,能够学习更复杂的语法和词汇,并通过与外教或中教交流锻炼外语能力。大学生具备一定自主学习能力和知识储备,逻辑思维能力较强,善于通过查阅资料、小组讨论等方式深入学习外语,对专业性内容、学术用语以及跨文化交际知识有更大需求。成人则具备较强自律性,在记忆复杂语法和大量词汇方面相对学生可能不占优势,更注重学习内容与实际生活、工作场景的结合。本书研究的视频直播环境下外语课堂的授课对象为生理年龄介于 6～9 岁的低小阶段外语(英语)初学者,这个年龄段的少儿活泼好动、好奇心强、喜爱游戏和模仿、自我意识较强且喜欢被称赞,思维能力处于从具象思维向抽象思维过渡的阶段,更能接受具体、直观的教学信息,对教师抱有一种崇敬和依赖的特殊情感,同时也存在注意力不集中、自控能力弱和认知范围有限等问题。此外,小学阶段的初级英语学习者处于外语学习的"关键期",具有发展接近英语本族语语音和语感的巨大潜力。

就教学条件而言,视频直播课堂具有鲜明的特色。课程的授课模式包括一对一形式(一名教师对一名学生)或一对二、一对四等形式(一名教师对两名或四名学生),其中一对一是主要的授课模式。课程依托 ClassIn、Air-class、学点云、拓课云等在线教学直播互动平台开展教学活动,师生借助电脑、iPad 或手机同时接入课程系统,教师只操作系统白板,结合由平台统一配备的教学课件进行讲解,无须额外花费精力自行准备课件。屏幕布局经过精心设计,教学内容展示区通常位于屏幕中间靠左的位置,占据整个屏幕约 2/3 的面积,是知识传授的核心区域;教师形象区在屏幕右上角,学生形象区在右下角,而互动聊天区则处于师生人像区下方或中间。这种布局合理有序,便于教学与交流。在授课时,师生均开启摄像头,彼此能够清晰地听到对方声音,看到对方的近景画面,包括面部表情、唇部动作、胸部以上肢体动作、手势以及背景墙等细节,通过教学课件、人像屏幕和互动聊天区,实现了全方位、即时的多维度交流与互动。此类双向视频直播课程模式,采用对话传递话语信息,运用真人声音而非机器合成声音,并配合真人形象展示,这种方式能让学习者切实感受到强烈的社会存在感(Nass & Brave,2005;杨九民,2015)。此外,视频直播课程积极拥抱前沿科技,充分利用 VR、AR 和 AI 等先进技术,通过生动鲜活的画面、栩栩如生的动画形象、引人入胜的小故事以及可爱俏皮的表情贴纸,构建妙趣横生、轻松活泼且逼真自然的生活情境,为学生全力营造原汁原味的浸润式全外语学习环境。

4.2 视频直播环境下的外语课堂符号资源系统

课堂交际者要在视频直播环境下的外语课堂多模态语篇的语义构型促动下从口语系统、文字系统、图像系统、身体动作系统、教学工具系统等模态系统中选择合适的符号资源并进行合理的配置。因此,要分析视频直播环境下的外语课堂中各种模态如何协同表征意义,我们首先应该清楚、完整地了解此类课堂中有哪些可用的符号资源以及相应的供用特征。

根据 New London Group(1996)的观点,与培养多元读写能力相关的模态被划分为语言、视觉、听觉、身势和空间这五大类别。每类模态都由各自独特的成分构成。语言模态涵盖了表达式、词汇、隐喻、及物性、过程规范性、信息结构、微观与宏观连贯关系等模态成分。视觉模态则由颜色、视角、向量以及前景化与背景化等元素组成。听觉模态包含音乐、音响效果等成分。身势模态涉及行为、身体形状、手势、感觉和身体动作等。空间模态涵盖生态系统、地理位置以及建筑意义等方面。张德禄(2015)也将多元读写能力培养中可调用的符号资源分为五类:语言、肢体、视觉、听觉和环境模态。具体而言,语言模态除了口语和书面语,还包括口音、声调、口气腔调,以及大小写、斜体、黑体和彩色体等表现形式。肢体模态囊括了手势、身体移动、头的移动、表情、眼神和朝向等。视觉模态包含图像、文字、动画、舞蹈、衣着和颜色。听觉模态有音乐、唱歌、节奏和韵律。环境模态则涉及教师布局、空间距离以及身体距离等要素。

在外语课堂上,语言扮演着多重关键角色,不仅是开展教学的重要手段,也是核心教学内容,更是学习者获取语言输入以及进行输出表达的关键载体。鉴于此,师生的有声语言是外语课堂极为重要的模态之一。然而,如同任何形式的人类交际,课堂交际本质上具有多模态特性(Bezemer,2008)。课堂上,相当一部分话语所传达的意义是通过非语言因素来实现的。若仅仅聚焦于分析师生的口头语言,已难以全方位理解课堂语境中意义的构建过程。所以,对课堂中各类非语言交际符号展开深入分析,就显得尤为必要且极具价值。这有助于更全面、精准地把握课堂交际的实质,促进外语教学效果的提升。

跨文化交际学者毕继万(1999)指出,课堂环境中的非语言交际行为可分为体态语（body language）、副语言（paralanguage）、客体语（object language）、环境语（environmental language）四大类。体态语涵盖基本姿态、礼节动作，以及头部、手部、腿部动作，面部表情和眼神交流等人体各部分动作；副语言包含沉默、话轮转换及各种非语义声音；客体语言涉及皮肤修饰、身体气味掩饰、衣着化妆、个人用品、家具、车辆等；环境语言包括空间信息（如拥挤程度、近体距离、领地观念、空间取向、座位安排）、时间信息、建筑设计与室内装饰、灯光、颜色、标识等。在视频课程中，同样存在丰富多样的非语言行为。McArthur（2022）总结了视频会议系统 ZOOM 中教师的非语言行为，具体分为五大类别：体距，即人的身体与摄像头的距离、头像在人像窗口的位置和所占面积；肢体运动，包含身体动作及手势；身体外观，如个人的穿着风格、衣着、头饰和装饰品；日常用品，如人像窗口的背景；面部表情和眼神。值得注意的是，对于儿童而言，意义的理解以画面为主，文字为辅（国防，2017）。因此，图像在少儿外语课堂上成为重要的建构意义的符号资源。不仅如此，文字的呈现与组织方式，页面中图像和文字所占空间大小以及图文相对位置，均会对课堂教学效果产生影响。

　　受教学目标、师生特点以及教学条件等情境因素的影响，视频直播环境下外语课堂的交际模态类型，与线下面对面教学环境相比，既有相似之处，也存在一定差异。在相似性方面，如同线下面授课堂，视频直播教学同样主要借助有声话语、文字、图像以及图文版面布局等模态，来传递教学信息和实现师生间的情感交流。而且在视频直播过程中，教师通常会打开摄像头，其手势、面部表情、头肩部动作等身体动作模态得以充分展现，教师的物理背景、服饰、发饰、妆容等非语言符号也不再仅仅作为单纯的环境因素存在，它们成了传播信息的有效载体，也是体现意义的重要模态。此外，教师使用的音频、视频以及直观教具等教学工具符号，也都参与到课堂意义的建构之中。不过，视频直播环境下的外语课堂和线下面对面外语课堂在交际模态方面也存在明显差异。一方面，尽管视频技术打破了师生之间物理空间的束缚，但在网络空间里，师生尤其是教师，无法像在线下课堂上那样自由灵活地进行空间移动，同时，一些在传统线下课堂中运用的感官模态，在视频直播环境下难以实现。例如，学生无法闻到教师准备的散发着香味的花朵，无法品尝到教师赠送的甜甜的糖果，师生之间也无法感受到对方实实在在的拥抱。另一方面，在视频直播环境中，虚拟贴纸、画笔等虚拟教具崭露头角,成为教师传递教学知识、与学习者进行情感沟通(如给予积极反馈)的重要模态,特别是虚拟画笔成了学生进行书面练习的得力工具。

综上所述,在视频直播环境里,交际者可选取的符号资源丰富多样,涵盖有声话语、书面文字、图像、文字样式、版面布局、身体动作、教学工具以及物理环境,其具体构成如图 4.1 所示。

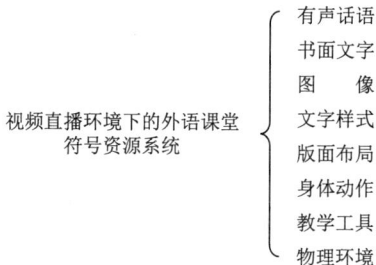

视频直播环境下的外语课堂
符号资源系统
{
有声话语
书面文字
图　　像
文字样式
版面布局
身体动作
教学工具
物理环境
}

图 4.1　视频直播环境下的外语课堂符号资源系统

以下将详细阐释视频直播环境下的外语课堂中的各类符号系统。

4.2.1　有声话语系统

绝大部分的课堂教与学活动都是依赖师生言语互动来实现的,言语互动是组织课堂学与教的主要线索(黄山,2018)。因此,Matthiessen(2007)提出,在探讨多模态时,语言这一符号系统应被置于首要考量位置。课堂中的有声话语涵盖教师有声话语以及学习者有声话语。师生有声话语在数量和质量上的表现,能够反映教学模式、教师所承担的角色以及学生的参与度等情况。特别是教师有声话语,在课堂教学的组织以及学习者语言习得进程中扮演着极为重要的角色,会直接左右课堂教学质量(Nunan,1991)。

在外语教学语境中,教师的有声语言兼具多重关键属性。Nunan(1991)指外语教师的有声话语既是教学手段,也是教学内容,更是学习者重要的语言输入源头与输出依托。胡学文(2003)也强调,教师有声话语的数量、提问形式、反馈方式以及师生间的交互调整,在很大程度上左右着二语习得的成效。在教师有声话语分类研究方面,汤燕瑜和刘绍忠(2003)将教师有声话语划分为寒暄语、指令语、提问语、陈述语和评价语五种类型。王晓侠(2003)则把英语教师课堂有声话语行为归为组织、讲授、提问、反馈和元话语行为五类。在课堂话语分析方面影响力巨大的弗兰德斯课堂师生言语互动观察分析工具(Flanders,1970)将教师课堂有声话语分为对学生产生间接影响的教师有声话语(如接受学生情感、表扬或鼓励、采纳或使用学生的观点和向学生提问)和对学生产生直接影响的教师有声话语(讲解、发布指令、批评或维护权威)。基于上述各类教师有声话语分类,并结合对语料的初步观察,本书提出视频直播环境下外语课堂中教师有声话语系统由提问语、指令语、反馈语和讲解语四个子系统构成。鉴于不同课堂虽教学内容各异,但提问语、指令语和反馈语存在诸多共通之处,因此本书将着重对教师提问语、指令语和反馈语系统展开深入分析。

4.2.1.1　教师提问语系统

教师提问多用来诱导学生做出口头回答,通常在会话中属于启动步(Ur,1996),当学生不能顺利启动或继续会话时,教师提问还可成为推动会话进行的手段(Brown,2000)。教师提问不仅是组织课堂教学的工具,而且为学生提供了参与课堂互动和语言实践的机会,对外语课堂教学的效果具有重要影响(杨雪燕,解敏,2012)。由此可见,教师提问是否恰当会影响师生课堂话语互动质量。

在语言教学研究领域,教师提问语长期以来都是备受瞩目的焦点话题(Nunan,1991)。过往针对教师提问语的研究,大多基于二语习得理论,着重探讨提问的类型及其所产生的效果。例如,Barnes(1969)将教师提问语划分为开放式问题与封闭式问题;Gall(1970)把问题分为事实型问题和反思型问题;Long 和 Sato(1983)则提出回应型问题和引导型问题的分类;Nunan(1991)还区分了展示型问题和参考型问题。众多研究表明,开放式问题,即那些需要学生自行推理、判断答案的问题,往往更有助于学生对语言的理解与实际运用。

杨雪燕(2007)指出,从语义层面看,教师提问语本质上是教师向学生索取信息;在语法层面,教师提问语通过人际系统得以体现;在语旨层面,教师提问语彰显出师生的地位与角色关系。杨雪燕和解敏(2012)进一步分析了教师提问的互动性语言特征,着重探讨了不同提问策略对听话人参与互动可能性所产生的影响,发现尽管不同提问语法体现形式诸如一致性或隐喻式在语义层均体现为索取信息,但在课堂情境中,它们引发的师生互动程度存在显著差异。一致性语气以小句的疑问结构呈现,常用于向学生索取信息,不过其在师生课堂话语间所激发的互动性相对较弱。而语气隐喻属于人际投射,将提问直接聚焦于听话人,赋予提问显性主观取向(Halliday & Matthiessen,2004),提升了学生参与互动的可能性,并且为师生关系注入了更多个人色彩,拉近了师生间的距离。此外,依据系统功能语言学理论,当小句用于信息交换时,主语充当肯定或否定命题的关键基点,肩负着对信息有效性负责的重任。在课堂提问场景中,主语的人称能够清晰表明提出问题的教师对于信息有效性的责任归属以及教师是否卷入到具体信息之中。当教师作为交际互动人被卷入具体信息时,又可细分为直接卷入具体信息和间接卷入信息两种情形;而教师未被卷入具体信息的状况,同样涵盖教师虽未真正卷入具体的信息,但并非与之毫无关联,以及教师与具体信息全然无关这两类情况。

　　基于上述观点,结合对教师课堂提问的深入观察与初步实验研究成果,本书发现,视频直播环境下的外语课堂教学中,教师需要在语气和主语这两个人际子系统上做出具体的选择,如图 4.2 所示。

　　首先,教师提问时要确定疑问语气的语法呈现形式,即选择疑问语气的一致式表达,或是疑问语气的隐喻式表达。一致性疑问语气借助小句的疑问结构得以体现,而疑问语气的隐喻式表达,则通过一种特殊的投射复句来展现。其中一致式疑问句可分为一般疑问语气和特殊疑问语气,一般疑问句的结构为小句的疑问语气结构 [限定成分^主语](如"Do you want to have an ice-cream?"),目的在于要求听话人对命题进行肯定或否定;特殊疑问句的结构为 [疑问词^限定成分](如"What books did you read last weekend?"),旨在让听话人提供与疑问词对应的信息。此外,隐喻式疑问语气通过"人际投射"来体现(如"Do you know……?\Do you remember……?"),被投射的命题(提问或陈述)直接针对说话人或听话人。在主语人称方面,主语人称决定了信息有效性的责任主体,故主语人称系统涵盖卷入和非卷入两个子系统。卷入这个次级子系统又可被进一步区分,一是教师作为交际互动人直接卷入到具体信息中,如主语为单数第一人称代词主格(I)或第二人称代词主格(you);二是教师作为涉及互动人被间接卷入信息,比如主语虽为第三人称名词,但被冠以单数第一或第二人称代词所有格(my parents)。非卷入这一次级子系统,即教师未参与具体信息的情况,还能细分为伪互动人和非互动人两类。伪互动人指的是教师虽未切实参与具体信息,但并非与之毫无关联,如主语表面是复数第一人称代词主格(we)或第二人称代词主格(you),实则泛指所有人,教师也包含在内;非互动人则表示互动人本人与具体信息完全无关,比如主语属于第三人称,无论是名词还是代词。

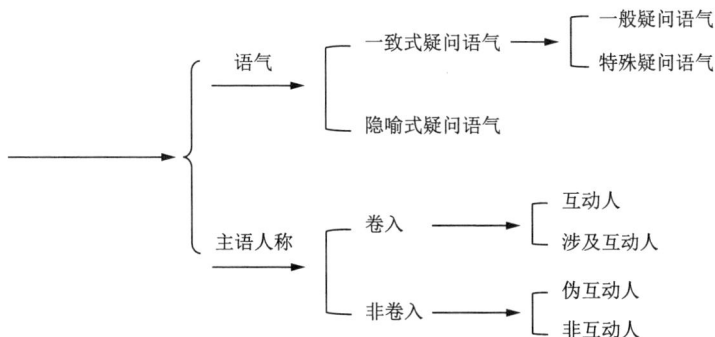

注：━━ 表示选择关系；{ 表示合取关系；[表示析取关系。下同。

图 4.2 教师提问语系统

4.2.1.2 教师指令语系统

Bernstein(1996)表明课堂教学话语由规约话语(regulative discourse)与教导话语(instructional discourse)组成。课堂规约话语很大程度上是学科知识学习、建构及语言技能培养的前提,决定教导话语的流量、次序与质量。刘永兵和张会平(2010)指出,要全面了解课堂教学话语,不能仅关注教导话语,还需重视规约话语。教师指令语是课堂语境中的规约话语之一(Christie,2005;Iedema,1996)。从言语行为理论看,课堂指令语是教师依课堂活动需要,要求学生做或禁止做某事的言语行为(Dalton-Puffer,2015)。学者们从不同角度对教师课堂指令语进行了研究。Brown(1994)按句子语法形式将课堂教师指令语分为命令、询问和宣告三类;Yule(1996)依直接程度划分出直接指令性与间接指令性言语行为;何芳和吴刚平(2015)从学习目标角度出发把课堂教师指令语分为指导学生学习行为的行为指令语和指导学习内容的内容指令语;Iedema(1996)从系统功能语言学语言人际功能的情态和语气系统角度分析小学教师课堂指令语;Blum-Kulka(1989)、徐英(2003)、刘永兵和张会平(2010)则从礼貌及师生权势关系角度研究教师课堂指令语的使用选择。

视频直播环境下外语课堂的教师指令语系统如图 4.3 所示。该教师指令语系统由语气子系统和情态子系统构成。具体而言,教师发布口头教学指令时,需先在祈使、陈述和疑问三种语气中进行选择。在祈使语气子系统中,教师可选择包容式祈使句(如"Let's count the candles.")、导语式祈使句(如"Now, let's draw a line.")、赤裸式祈使句(如"Read the words!")、缓和式祈使句(如"Please help Sam choose the right shoes.")来体现不同祈使语气。教师也能选陈述和疑问这两种语气隐喻形式实现指令语气。若是选择了陈述语气,教师还需要在情态次级子系统的主观取向和客观取向两个次级范畴中进行选择,如主观显性取向(投射)(如"I want you to do it.")、主观隐性取向(如"You should do it.")、客观显性取向(如"It is required that you do it.")或客观隐性取向(如"You are required to do it.")。在疑问语气次级子系统中,教师可通过主观可能性疑问句(如"Can you do it?")、客观可能性疑问句(如"Are you able to do it?")、主观意愿式疑问句(如"Will you do it?")、客观意愿式疑问句(如"Are you willing to do it?")、希望式疑问句(如"Do you want to sing a song?")、准备式疑问句(如"Are you ready?")及建议式疑问句(如"How about watching the video again?")来实现指令功能。

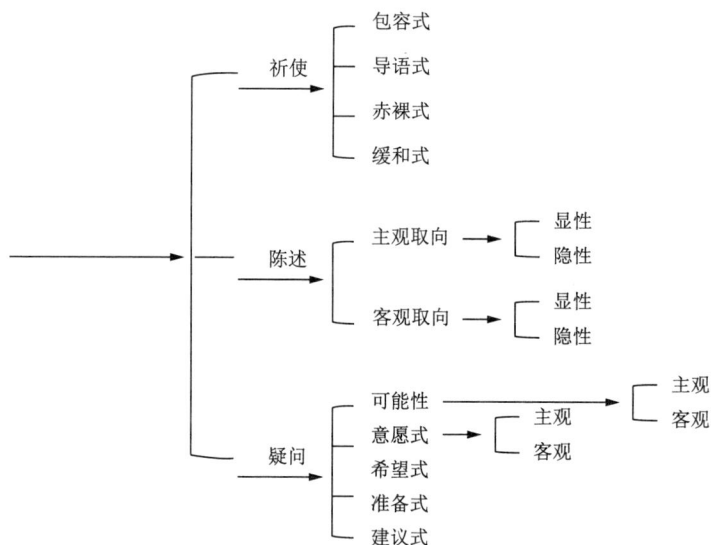

图 4.3 教师指令语系统

4.2.1.3 教师反馈语系统

教师课堂反馈语是教师对学生课堂学习态度、答题情况等的回应。它能让学习者了解学习行为是否被接受,有助于发现问题、纠正错误,还能通过正向语言修正给学习者提供正确表述方式。学者们从不同角度对教师反馈语进行区分。Nunan（1991）将教师反馈语分为积极反馈语与消极性反馈语，认为积极反馈语可增强学生学习信心、激发动机，消极反馈语则可能降低信心、弱化动机，甚至引发课堂焦虑；胡定荣（2013）按信息交流内容，将课堂反馈语分为证实性反馈语（提供学习行为正误信息）和指导性反馈语（不仅告知正误，还说明错误原因及改进措施）；Cullen（2002）将教师反馈语分为评价性反馈语（聚焦语言形式正确与否，具评价功能）和话语性反馈语（聚焦答案内容和意义）；林正军和周沙（2011）总结了我国中学英语课堂上积极反馈语、明确纠错、诱导、元语言反馈、请求澄清、重复、重述、扩展和评价 9 种单一型教师反馈语和由这些单一型反馈语组合形成的 7 种混合型教师反馈语。

视频直播环境下的外语课堂教师反馈语系统由评价性反馈语、内容反馈语和交互调整 3 个子系统构成，如图 4.4 所示。评价型反馈语主要是针对学生的答题情况或学习态度表达个人的情感、判断学生答案是否可被接受或针对学生的表现进行表扬，而内容型反馈是指针对学生应答的内容和意义进行的反馈。具体来说，教师在进行评价性反馈时需要在表达态度、感叹、奖品褒奖和致谢 4 个次级子系统中进行选择。其中教师态度次级子系统包括情感、判断和鉴赏方面。教师对学生的表现进行判断时需要在简单认可（通过"Yes." "OK." "Right." 等表达来对学生的应答或其他表现进行简单的肯定）或否定（通过 "No." "Not." 等表达来否定学生的口头或书面应答）中做出选择，同样，在对学生的表现进行鉴赏时也需要选择简单表扬（通过"Very good." "Good job." "Excellent." "Great." 等表达来对学生的回答或其他表现进行简单表扬）或具体表扬（给出比较具体、明确的表扬，如"Awesome，you've got a big vocabulary."）。此外，评价性反馈用语子系统还包括感叹（如"Wow!"）、奖品褒奖（如"Here is a trophy cup for you."）和致谢（如"Thank you so much for sharing your story with me."）。在内容反馈子系统中，教师需要在重复、拓展、引导、纠错、直接给答案这 5 个次级子系统中做出选择。重复指的是教师通过降调将学生的回答全部或部分重复一遍，不改变学生回答的语言形式，是对学生的口头答语表示肯定或强调（如"Yes，it's Monday today."）；拓展是指教师基于学生的口头或书面答题情况来补充新信息或延伸所讨论的话题，以帮助学生更好地理解相关知识点（如"Nice，I like cycling too，it is fun and good for health."）；引导是指当学生不知如何答题(包括口头或书面两种形式)或是没有给出正确回答时,教师通过追问或提供额外信息等方式来引导学生继续回答(如"We say, no pains, no...");纠错是指教师明确指出学生答题(包括口头和书面两种形式)中的错误并提供正确表达或不直接指出学生的口头错误,而是在保留原句大意的基础上含蓄地对学生含有一个或多个错误的表达部分或全部地改述(如"Not sixty, but sixteen.");直接给答案是指学生在 3 秒内未能回答教师的提问,教师就会主动将正确答案告知学生。最后,在交互调整子系统中,教师需要在确认核实(如"Lion? Are you sure?")、理解核实(如"OK?")或澄清核实(如"What do you mean?")这三个次级子系统中进行选择。

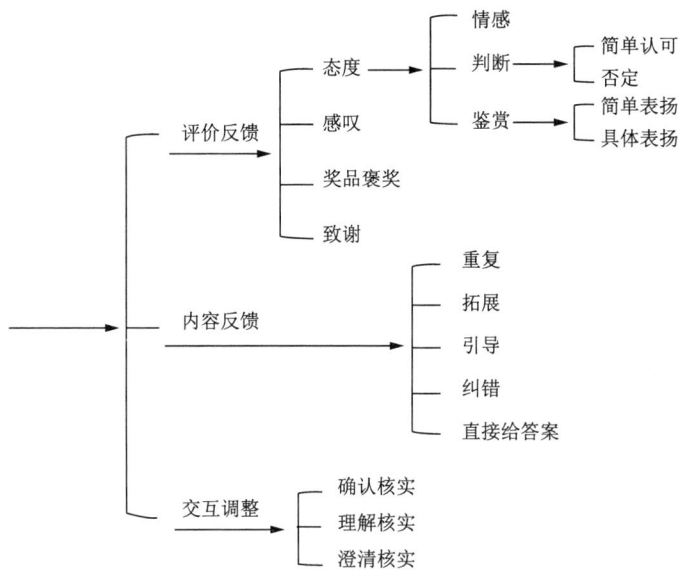

图 4.4　教师反馈语系统

4.2.1.4　学生有声话语系统

尽管在外语课堂中,教师在话题的选择、引入、发展、改变以及控制等环节发挥着至关重要的作用,然而课堂的核心目标——知识内化,还需借助教师与学生之间的互动讨论和意义协商来达成。Nunan(1999)指出,学生积极运用目标语是语言学习进程中不可或缺的一部分。Swain(1985)同样认为,学习者不仅要尽可能多地接收可理解输入,还必须通过有意义的语言输出,才能实现对目的语的准确且流利的运用。马毅和刘永兵(2013)也明确指出,学生产出话语的质量,不仅会对英语教学效果产生影响,还关系学习者多方面能力的发展。

学者们总结出了课堂上学生有声话语的不同类别。根据 Flanders(1970)的课堂语言互动观察分析系统,学生课堂有声话语可区分为被动回答与主动回答两大类别。朱彦、杨红燕和束定芳(2016)将课堂上学生的话语产出界定为限制性产出和灵活性产出,其中,限制性产出指的是学生对教师提问的限制性应答,像 Yes、OK 这类简单回应,或者是重复教师话语,如集体跟读;灵活性产出则是学生运用目标语进行自由表达。

视频直播环境下外语课堂上的学生有声话语系统如图 4.5 所示。该学生有声话语系统涵盖回答问题、跟读、阅读、主动发言这四个子系统。鉴于回答问题是外语课堂中学生参与口语互动的关键环节,因此学生回答问题子系统能够进一步细分为正确回答以及待改进回答(涵盖错误回答、不完整回答和无法回答这几种情况)这两个次级子系统。

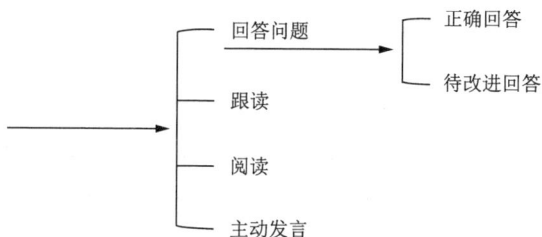

图 4.5 学生有声话语系统

4.2.2 身体动作系统

在视频直播环境中,身体动作模态系统涵盖手势、面部表情以及头部动作等符号资源。

手势是极为常见的非语言交流形式(McNeill,2005)。从形式来看,手势指的是由手部、胳膊或者肩膀部位参与完成的身势动作(Kendon,2004;Poggi,2008)。在教师的非言语行为中,手势的运用是重要体现之一。相关研究表明,教师在借助问题解决策略向学习者传递信息时,约 39% 的情况依靠手势(Goldin-Meadow,Nusbaum & Kelly,et al,2001)。

不同学者对课堂上教师手势有多种分类方式。Martinec(2000)把教师手势划分成呈现手势(presenting action)、表征手势(representing action)以及指示性手势(indexical action)三种类型。呈现手势不具备符号或象征意义,如在课堂环境下,拿起笔在白板上写字、分发资料、拿起瓶子喝水、调整椅子、挠头、摸下巴、揉太阳穴等动作;表征手势带有传统象征意义,像两手掌心向内,手腕交叉,大拇指相扣,其余四指并拢扇动,以此表示小鸟或飞翔动作;指示性手势体现关系过程,指向物体,其通常依赖语言符号构建语义系统,无法独自表达交际意义。Lim(2019)将课堂上教师的手势分为交际性手势(communicative gesture)和操作性手势(performative gesture),其中,交际性手势包含语言对应手势(language corresponding gesture)、语言独立手势(language dependent gesture)和语言依附手势(language corresponding gesture),操作性手势是指执行某项任务时的手部动作,如拿起粉笔、揉太阳穴或抓脖子等手部动作。白学军、梁菲菲和张涛等人(2009)将教师的手势语分为功能性手势语和随意性手势语。前者指教师在教学过程中传达明确信息,具有特定指示功能和象征功能的手势;后者指教师在课堂环境中,为满足生理或心理的某种需求,长时间形成的随意、固定的手部模式和习惯,无法向学生传达明确信息。

结合上述不同学者的手势分类以及本书语料的特点,本书将视频直播环境下的外语课堂上的教师手势定义为在课堂教学情境中教师借助双手或依附于双手里的物体等发出的具有交际意义的动作或姿态(本书称之为交际型手势),排除如扶眼镜、捋头发、托腮、捏脸等习惯性自我调节手势、使用鼠标、手指在触摸屏上划过、拿教具、翻书等操作手势以及移动椅子等没有交际意义的身体动作。考虑到在线课堂上学生需要借助鼠标或触摸屏幕进行书面练习,本书将学生手势定义为在课堂教学情境中学生借助双手或依附于双手里的物体等做出的具有交际意义的动作或姿态以及使用鼠标或手指在触摸屏上划过的手部动作。

不同学者对表达交际意义的交际型手势,有着各异的定义与分类表征。McNeill(2005)指出,交际手势涵盖规约手势(conventional gestures)以及语言伴随手势(gesticulations gesture),其中语言伴随手势又包含拟物手势、隐喻手势、指示手势和节拍手势。马利军和张积家(2011)依据手势与语言产生的关系,将手势分为非表象性手势(non-representational)和表象性手势(representational gesture)。非表象性手势有标志性手势(emblem gesture)和连续敲打的手势(continuous beat gesture),能够独立于语言使用;表象性手势则伴随语言出现,包括指示性手势

(deictic gesture)、隐喻性手势(metaphoric gesture)和象征性手势(iconic gesture)。Hood(2011)把手势划分为语言独立型手势(language-dependent gesture)、语言对应型手势(language-correspondent gesture)和指示型手势(deictic gesture)三大类。语言独立型手势可脱离语言单独使用,如 OK 手势、竖起食指这类规约性手势,以及弯起食指表示进来等象征性手势。语言对应型手势指在特定语境中,手势与语言直接对应,像教师说"You do not want your neighbor digging on your roof."时做出挖地的动作。指示手势用于指代物理环境中的具体物体、方位,或抽象概念、抽象物体的假想方位。

在视频直播课堂尤其是一对一视频直播环境中,除了手势,师生的面部表情和头部动作同样是交流情感、传递教学信息的关键渠道。面部表情宛如人内心情感的晴雨表,能直观反映心理和情感变化。尤其是在二语课堂上,教师的微笑有利于构建良好的师生关系、营造优质的学习氛围,对学生具有显著的激励作用。头部动作也蕴含特定意义,点头可表达肯定、赞许,还具备示意话轮转换的语用功能;摇头、歪头则分别表示否定、怀疑等。

当下,有关课堂上师生肢体动作的研究大多聚焦于手势,而面部表情、头部动作等未得到充分关注。在少数相关研究中,宁建花(2020)将高校英语教师的头部动作分为点头和摇头两类,但教师表情仅标注了微笑;胥国红(2010)把大学英语教师课堂上的头部动作划分为面部表情和头肩部动作两类,面部表情涵盖微笑、皱眉、嘟嘴和眨眼四类,头肩部动作包含点头、摇头和耸肩三种;刘芹和潘鸣威(2010a)构建了中国大学生英语口语非语言交际标注体系,体势语包含目光交流、手势、表情、头部动作等,其中头部动作分为点头和摇头,学生面部表情有微笑、扬起眉毛等。

视频直播环境下的外语一对一课堂中,师生身体动作标注系统如图 4.6 所示。教师与学生借助身体动作表达意义时,需同时从手势、面部表情和头部动作三个子系统中进行选择。

在手势子系统中,教师可从规约手势、拟物手势、隐喻手势、指示手势和节拍手势五种类型里选择。规约手势具备高度系统化与惯例化特征,形式稳定、意义恒定,部分还承载特定文化内涵,能够独立表意甚至替代语言。例如,挥手用于打招呼,竖起大拇指表示赞扬,竖起食指代表数字"1"。拟物手势是师生利用

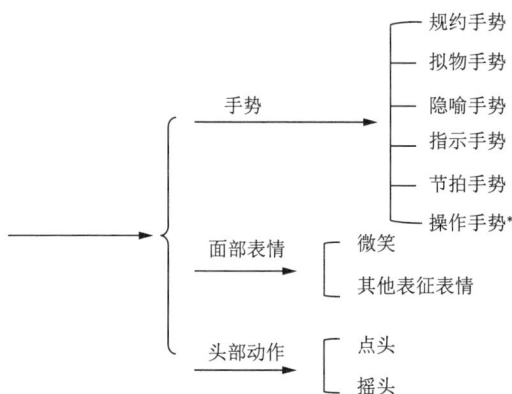

*教师操作手势不作为本书研究对象

图 4.6 师生身体动作标注系统

双手对具体物件或行为进行具象描绘。如用食指在空中画圆象征地球,或是拇指和小指伸直,其余三指弯曲向内,指向掌心,拇指靠近耳朵,小指靠近嘴巴,模拟打电话的动作。隐喻手势并不对应具体物体或事件,而是用于表征抽象概念、观点或无形形象。比如双手抬起,手掌展开向下,同时左右滑动转圈,以此表达 everywhere 这类抽象空间概念。指示手势通过一根或多根手指、整个手掌,抑或是笔、尺子等替代物品,指向物理环境中的物体、方位,或是概念、抽象物体的假想方位,从而明确话语所涉及的现实或想象对象。节拍手势表现为教师或学生的手掌、前臂伴随话语节奏连续且重复地上下或前后移动。它不传递语义信息,主要用于调节说话者的言语速度与节拍,或强调言语中的关键部分。比如教师在读单词时,会依据单词音节,有规律地在空中挥动手或手指,该动作仅配合学生朗读节奏,并无实质含义。学生除了从这五类交际手势中进行选择外,还可以选择操作手势,即点击鼠标或手指在触摸屏滑动的动作。

除了手势,一对一视频直播环境中师生的面部表情子系统涵盖微笑,以及其他具有特定表征意义的表情,如嘟嘴、皱眉暗示哭泣,瞪眼、张嘴表达惊讶。头部动作子系统则包含点头与摇头两个次级子系统。

4.2.3 书面文字符号系统

鉴于不同外语课堂所涉及的教学主题与教学内容各有差异,本书将简单分析外语教学课件中文字语篇的组成单位,包括字母、单词／词组、句子、段落和篇章。视频直播环境下的外语课堂教学课件文字组成单位系统如图 4.7 所示,该系统包含字母、单词／词组、句子、段落和篇章五个子系统。

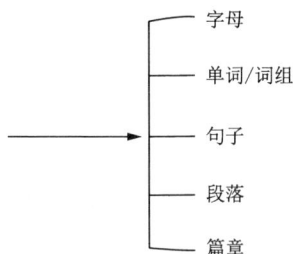

图 4.7　课件文字组成单位系统

文字书写作为一种独特的模态,在形式与空间维度展现出鲜明特点。Matthissen(2007)以及马丁和扎帕维尼娅(2018)指出,字体、字号、字形、文字组合的图形、句子长短、标点符号、空格空行、段落长短、篇幅大小及其格局等诸多要素,均与语言意义紧密相关。张德禄(2015)进一步表明,这些要素会使得语言整体意义发生改变。不仅如此,Caplan 和 Roger(2004)以及王雪、王志军和李晓楠(2016)的研究显示,文字书写模态甚至能够对学习者的认知过程以及学习效果诸如学生的投入程度和学业动机方面产生影响。叶起昌(2005)曾明确指出,书面语篇中的字体、颜色等细节性选择,同样深度参与语篇的意义建构。van Leeuwen(2006)也主张,在现代交流环境中,印刷版式有可能演变为一种符号系统,具备独立的意义潜势,能够表达概念意义、人际意义以及语篇意义。

关于英文文字样式,Lim(2004)的英文文字印刷系统将英文书写系统划分为字型和空间布局两个次级系统。其中,字体这一子系统又涵盖字类、大小和颜色三个次级系统,并且每个次级系统还能够进一步细分为多个次级系统或项目。张德禄(2015)提出英语的文字系统由字体和空间构成。字体包含字类、字号和字三个次范畴:字类用于表示格式、字体、字形及其次范畴,通过在原字符基础上增添这些特征,提升原字符的表意潜势,常见的有大小写、斜体、底线、轮廓、罗马体等;字号具有自由变体特性,通常在对比情境下才凸显意义;字是文字系统的核心主体,其中字符又是书写系统的关键,字符能够依据特定规则组合成更大的单位。

外语视频直播课堂教学课件文字样式系统如图4.8所示。该文字样式系统由颜色、呈现方式、字体和字号四个共选子系统构成。课件设计者在进行创作时,需要对文字颜色予以选择,既可以选用纯色,也能够采用混合色(运用两种或多种颜色来区分或强调不同字母或单词)。其中,纯色又可细分为由黑色和白色组成的中性色调,由红色、黄色、橙色和粉色构成的暖色调颜色,以及由蓝色、绿色和紫色构成的冷色调颜色。同时,设计者还需确定文字的显示方式,比如选择隐藏文本框边框线,使文字直接覆盖在背景图像或留白部分,或者选择显示文本框边框线。此外,设计者要在衬线字体(有边角装饰)和非衬线字体(笔画粗细一致,没有边角装饰)中做出选择。最后,还得选定文字的字号,如大号文字、中号文字或小号文字。

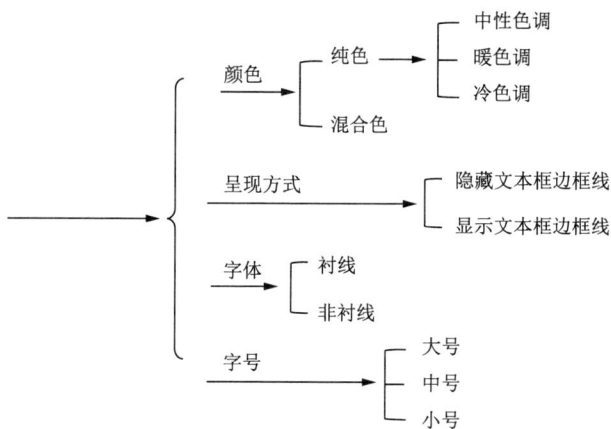

图 4.8　课件文字样式系统

4.2.4　课件图像及版面布局系统

课件作为教学内容的关键载体以及学生自主学习的重要知识源泉,融合了文本、图像、音频、视频和动画等丰富多样的符号资源。在这些资源中,图像和文本是最为常见的信息呈现形式。

Kress 和 van Leeuwen(1996;2006)将系统功能语法中语言的三大元功能理念拓展至图像分析领域,构建了视觉语法理论框架。视觉语法理论的核心观点为:图像具备再现意义、互动意义与构图意义,它们分别与系统功能语法中的概念功能、人际功能以及语篇功能相对应。基于视觉语法理论(Kress & van Leeuwen, 1996;2006),图像的再现意义聚焦于视觉过程的构建,旨在表征图像中人物、地点和事件之间的交际关联或概念关系,可划分为叙事再现和概念再现两大类别,并且能够从过程、参与者和环境成分的角度展开分析。根据图像中是否含有向量,可将图像划分为叙事图像与概念图像。在叙事再现图像里,图像元素所形成的斜线构成向量连接参与者,构建行动或反应过程,以此再现语篇意义,主要体现行动过程、反应过程、言语过程或心理过程。概念图像中不存在向量,主要体现关系过程和存在过程。

图像的互动意义,体现的是图像里表征参与者(图像所呈现的人、地点、事件)与互动参与者(包括图像创作者以及观看者)之间的交互情况,同时也传达出图像观看者对所表征事物的看法。按照 Kress 和 van Leeuwen(1996;2006)的观点,互动意义主要通过接触、距离和态度三个方面来展现。在接触层面,依据表征参与者和互动参与者之间是否有目光接触,图像可划分为索取和提供两类。索取类图像意味着表征参与者与互动参与者存在目光交流,表征参与者好似在向互动参与者获取信息,期望建立起紧密和谐的联系。提供类图像则是表征参与者与互动参与者之间没有互动交流,图像只是独立、客观地呈现其基本内容。社会距离与镜头取景框架大小的选择密切相关,它决定了图像中再现参与者与观看者关系的亲疏程度。此外,图像表征参与者和互动参与者之间的关系,还能借助态度来构建。而态度主要通过视角来体现,拍摄景物时视角的选择,不仅暗示着拍摄者对图像中表征参与者的态度,拍摄者还能通过不同视角影响观看者对表征参与者的态度。Painter、Martin 和 Unsworth(2013)进一步完善了视觉语法理论,他们提出的视觉叙事语篇网络系统,从聚焦、情感、氛围等角度对儿童叙事图像的人际意义进行分析,发现图像的写实、抽象等风格以及色彩,能够反映出图画创作者的态度和情感。对于那些能使图像人物与读者产生情感关联的介入图像,根据读者情感投入程度的不同,可分为鉴赏类、移情类与个体类三种。鉴赏类图像风格最为简洁,比较抽象;移情类图像呈现类化风格,我们很容易识别图中人物的情感,但无法确定具体是哪个人物;个体类图像具有自然风格,图中人物以个体照片的形式呈现,真实地展现其面部表情。另外,根据 Kress 和 van Leeuwen(1996;2006)的观点,图像的互动意义还涉及图像的情态,也就是图像世界对现实的真实反映程度,其中包含色彩(如饱和度、区分度、协调度、亮度、深度和照明等方面)、语境化程度以及细节再现等情态标记。Painter、Martin 和 Unsworth(2013)也指出,在视觉叙事图像中,颜色能够通过色度、色调、自然度三个维度构建情感基调。高色度,也就是饱和度极高的鲜亮色彩,能够营造出兴奋、充满活力的氛围;黄色等暖色调,会营造出温馨、舒适的氛围;蓝色与绿色等冷色调,会营造出冷漠、疏远的氛围。色彩丰富的自然色彩,给人熟悉、亲近的感觉,有助于拉近与读者的距离;而单一的颜色则显得较为抽象、陌生,不容易拉近与读者的情感距离。

按照 Kress 和 van Leeuwen(1996;2006)的观点,图像的构图意义与功能语法的语篇意义相对应,重点关注图像的再现意义和互动意义怎样相互关联并融合为完整意义,主要通过信息值、显著性和框架三种资源得以体现。信息值借助成分在构图中的位置得以实现。在图像里,上下、左右、中心以及边缘的位置分别传递不同信息。从左至右的放置结构呈现出"已知信息→新信息"的模式;从上往下的放置结构传达"理想→现实"的信息;而从中心到边缘的放置结构则表达"重要→次要"的信息。显著性指的是图像成分吸引观看者注意力的程度差异,可通过将成分置于前景或背景、调整相对尺寸、利用色调值对比以及改变鲜明度等方式达成。框架涉及对图像各元素之间信息的总体分析,即图像中是否存在空间分割线条。这些线条体现图像各成分在空间上的分离或连接关系。某个成分被分割得越明显,就表明该成分所表达的信息与其他成分不相容或不相关,意味着它们不属于同一个"世界"。Painter、Martin 和 Unsworth(2013)把视觉语法的信息值框架改为版面布局框架。他们首先区分了融合与互补这两种图文布局关系。在融合关系里,语言成为图像的一部分;而在互补关系中,语言与图像各自占据一部分空间。在图文融合关系下,图像和文字间可能存在扩展与投射两种语义关系。扩展意味着图像与文字各自有意义且相互联系,比如彼此阐释、相互补充或增强。扩展关系可通过包含与连接两种版面布局达成,包含即文字覆盖在图像之上,连接主要依靠向量来实现。若图文各占一部分空间,可从对称性、重要性与位置特征三个角度审视其互补关系。对称是指图像与文字在中轴线两侧平均分布。重要性类似于视觉语法中的"显著性"概念,即某一页面以图像为主还是文字为主。位置关系有相邻与分隔两种情况,相邻是文字与图像虽无向量连接,但语义关系紧密,分隔则是图像与文字之间存在边框或其他内容。

此外,图像作为常见的视觉符号,能够表达丰富多样的意义并具备多种功能(吴玲娟,2014)。Carney 和 Levin(2002)指出图片具有装饰、再现、组织、阐释和转换五大功能。宋振韶(2005)认为图像具备装饰、解释和促进功能。针对英语教材,程晓堂和丛琳(2020)提出其中的图像具有装饰版面、助力理解以及提供学习内容的功能,王容花和江桂英(2015)以及李华兵(2017)还发现小学英语教材中部分图像可替代文本。

视频直播环境下的外语课堂课件的图像系统如图4.9所示。该系统由背景图像子系统以及与背景形成显著颜色反差或带有边框的独立主体图像子系统这两个共选次级子系统构成。先看主体图像次级子系统,它涵盖过程类型、功能、表征形式和色调四个共选维度。在过程类型维度上,课件设计者需依据图像中向量的有无进行选择。若存在向量,可选用能体现动作过程或言语过程的叙事图像;若向量缺失,则选择用以描述参与者属性、类别、特征或成分的概念图像。从功能维度出发,设计者要根据主体图像的功能,选择与文字存在逻辑语义关系(如投射、阐释、例证、延展和增强等逻辑语义关系)的图像,或是能替代文字信息的图像,抑或是仅用于单纯点缀页面的修饰型图像。在表征形式维度,设计者要依据主体图像再现客观世界的细节程度,在活泼可爱的卡通图、写实的照片以及抽象的图表三种表征形式中做出选择。此外,在色调维度,设计者还需确定主体图像的色彩运用主旋律,比如由红、橙、黄等构成的暖色调,由绿、蓝、紫等构成的冷色调,或是由黑、白、灰等构成的中性色调。再看背景图像次级子系统,其涉及语境化程度和色调两个维度。在语境化程度维度,课件设计者要依据语境化高

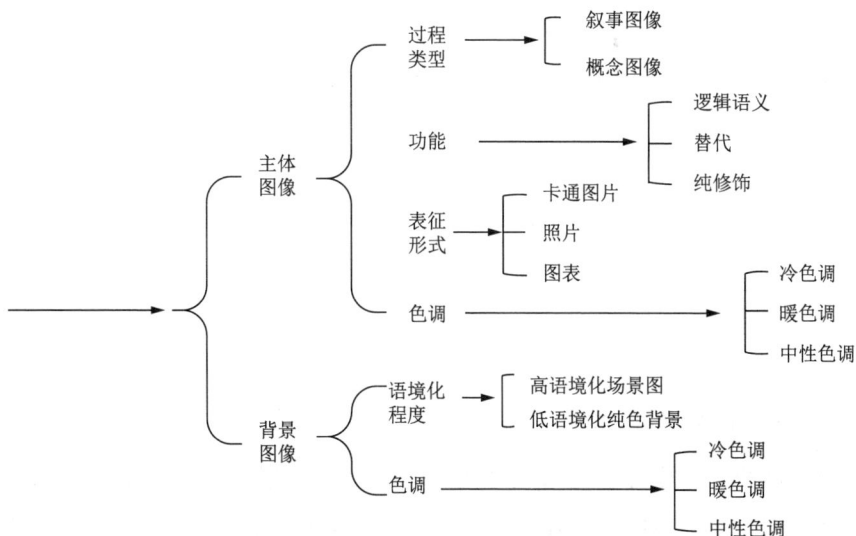

图4.9 课件图像系统

低程度,选择高度语境化的图像背景,或者低语境化的纯色背景(其中包括白色底,即无背景)。同时,在色调维度,设计者也需要选定背景图像的色调,可选择暖色调(红、橙、黄等)、冷色调(绿、蓝、紫等)以及中性色调(黑、白、灰等)。

最后,页面布局系统(见图4.10)包括了视觉显著性和图文布局两个具有共选关系的维度。课件设计者需要根据图像和文字所占的面积大小选择图像显著的图文混排页面或文字显著的图文混排页面,同时根据页面中图像与文字的空间布局关系选择图文融合型(文字和图像融为一体)页面或图文互补型(文字和图像各自占据不同的空间)页面。

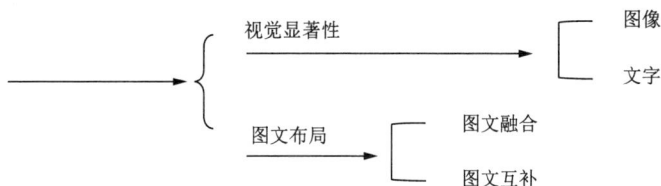

图 4.10　课件版面布局系统

4.2.5　教学工具系统

在视频直播环境下,教师除了借助口头语言、图像、文字以及身体动作等符号资源外,还可依据具体的教学目标、教学内容以及教学情境,从教学工具符号系统(见图4.11)中选择合适的教学工具来独立传递教学信息,也可将其作为辅助手段,配合语言来强化教学效果。该教学工具符号系统涵盖虚拟教具(主要是虚拟贴纸)、音频、视频以及直观教具(如玩具、工具)。

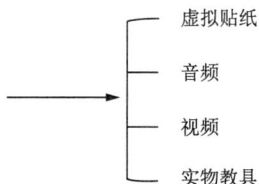

图 4.11　教学工具符号系统

4.2.6　教学物理环境系统

在视频直播教学环境里,教学物理环境所包含的诸多符号资源,诸如教师身后的背景墙、教师自身的服装以及头部装饰,都成了体现意义的模态。视频直播环境下的外语课堂教学物理环境符号系统详见图4.12。这一教学物理环境系统由教师物理背景和个人饰品两个共选子系统组成。在物理背景子系统中,师生可以选择装饰性背景墙或白墙作为背景;在饰品子系统中,师生可以选择佩戴饰品如耳机、可爱的头饰或不佩戴耳机、头饰等任何饰品。

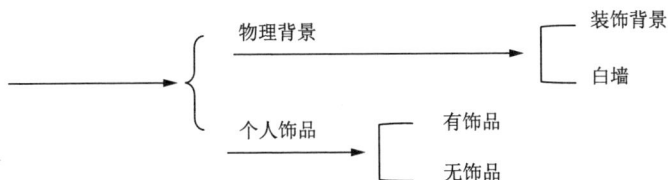

图 4.12　教学物理环境系统

4.3　语料简介

本书第5～7章的研究语料为60节优质视频直播一对一少儿英语课堂录像,源自笔者本人、亲戚、同事以及朋友家中处于低小阶段的小学生在说客英语、贝达英语等在线英语课程平台学习的课程。优质课程的选取标准包括教学平台上的教师教学评分、好评率、学生的文字评价等教学反馈信息、5名教学经验丰富且在英语教学比赛中获奖的小学和高校资深英语教师依据少儿英语在线课堂教学质量评估指标(参考我国大学英语教学比赛和小学英语课堂教学观摩大赛的专家评分规则来制定,包括课堂氛围、教学内容、教学方法、教学手段和教学效果五个不同维度)对每个教学视频进行的教学质量评分以及教学专家、学生和家长访谈结果等。

60节视频直播课程的平均时长为每节25.75分钟,课程时长最短为20.3分钟,最长为35.8分钟,如表4.2所示。

表 4.2　视频直播少儿英语课程时长

	最小值	最大值	平均值
视频时长(分/节)	20.30	35.80	25.75

这些课程中30节由母语为英语,具备相关专业从教资质,并且符合我国教育部门规定的外籍英语教师(以下简称"外教")授课,另30节则由拥有小学英语教师资格证书的中国籍英语教师(以下简称"中教")讲授。30节中教课堂和30节外教课堂的平均时长信息对比如表4.3所示。从中可知,30节中教课程平均时长为25.6分/节,30节外教课程平均时长为25.9分/节。独立样本

69

T检验结果表明,中外课堂的平均课程时长没有显著差异($p = 0.055$,平均差 $= -0.3$)。此外,课程的学习者为我国年龄在 6～9 岁的低小阶段英语学习者,总计 23 人次。

表 4.3　中教课堂和外教课堂平均时长差异

	组别	课程数量	平均值	标准差	p	平均差
视频时长（分/节）	中教	30	25.60	2.493	0.055	−0.3
	外教	30	25.90	3.149 88		

优质视频直播少儿英语课程所对应的 60 份教学课件具体情况如表 4.4 所示:共包含 986 页课件(平均 16.4 页/份);其中图文交互页面共 826 页(平均 13.8 页/份);纯图像页面共 107 页(平均 1.8 页/份);纯文字页面共 53 页(平均 0.9 页/份);涉及的文字共 4 003 处(平均 66.7 处/份),主体图像共 2 765 幅(平均 46.1 幅/份)。

表 4.4　少儿英语在线课程教学课件信息

	课件（页）	图文交互页面（页）	纯图像页面（页）	纯文字页面（页）	文字（处）	主体图像（幅）
总值	986	826	107	53	4 003	2 765
每份课件均值	16.4	13.8	1.8	0.9	66.7	46.1

4.4　多模态标注方法

基于 4.2 小节的各类课堂符号资源系统,本书采用多媒体标注软件 ELAN(6.0)对教学视频中师生的有声话语和手势、教师使用的直观教具、虚拟贴纸、音频和视频等模态进行同步分层标注,课件中的文字内容、图像、文字样式、版面布局等模态则采用传统人工手动分析和统计。

4.4.1　视频语料的多模态标注

借助 ELAN(6.0)来进行视频语料的标注。ELAN(6.0)是一款功能强大的免费开源多媒体标注工具,能够创建、编辑、可视化以及搜索视频和音频数据的标识。在话语分析、态势语研究、语言存档、口语语料库建设等诸多领域,ELAN(6.0)都得到了广泛应用(李斌,2012)。该软件支持音视频循环播放,定位精度可达 0.1 秒,十分有利于对视频中的语言、手势等符号资源展开精确观察、分析与标注。

视频多模态标注的第一步为制订视频多模态切分和标注方案。笔者参照 4.2 中的外语视频直播课堂各类语言与非语言符号系统,同时汲取胥国红(2010)、刘芹和潘鸣威(2010b)、宁建花(2019)等学者的外语课堂多模态话语标注方法,制订了外语视频直播课堂教学视频多模态切分和标注方案,具体如下。

首先,设定标注类型和层级。总共设定了 11 种标注类型和层级,分别为教师提问语(语气)、教师提问语(主语人称)、教师指令语、教师反馈语、教师讲解语、学生话语、师生手势、师生表情、师生头部动作、教师教学环节和教学工具。

其次,设定受控词汇。依据 4.2 小节的各类模态资源系统,为除教师讲解语之外的 10 个标注类型详细设定了受控词汇,具体如下。

教师提问语(语气)包含提问——一般疑问语气、提问—特殊疑问语气和提问—隐喻式语气三种类型。

教师提问语(主语人称)分为提问—互动人称主语、提问—涉及互动人称主语、提问—伪互动人称主语、提问—非互动人称主语四类。

教师指令语涵盖指令语—包容式祈使语气、指令语—导语式祈使语气、指令语—赤裸式祈使语气、指令语—缓和式祈使语气、指令语—主观显性陈述语气、指令语—主观隐性陈述语气、指令语—客观显性陈述语气、指令语—客观隐性陈述语气、指令语—主观可能性疑问语气、指令语—客观可能性疑问语气、指令语—主观意愿式疑问语气、指令语—客观意愿式疑问语气、指令语—希望式疑问语气、指令语—准备式疑问语气以及指令语—建议式疑问句语气,总计 15 种类型。

教师反馈语的受控词汇有评价反馈—情感、评价反馈—简单认可、评价反馈—否定、评价反馈—简单表扬、评价反馈—具体表扬、评价反馈—感叹、评价反馈—奖品褒奖、评价反馈—致谢、内容反馈—重复、内容反馈—拓展、内容反馈—引导、内容反馈—纠错、内容反馈—直接给答案、内容反馈—意义协商—确认核实、内容反馈—意义协商—理解核实、内容反馈—意义协商—澄清核实,共 16 个类别。

学生话语包括回答问题—正确、回答问题—待改进、跟读、阅读、主动发言这五类。

师生手势包括规约手势、拟物手势、隐喻手势、指示手势、节拍手势和操作手势这六类。

师生表情包含微笑和其他表征表情这两类。

师生头部动作包括点头和摇头这两个类别。

教学工具有虚拟贴纸、音频、视频和实物教具这四类。

教师教学环节包括相互问候、主题介绍、提问、发布指令、知识讲解、拓展反馈、引导反馈、纠错反馈、积极评价反馈和道别,共 10 个环节。每个环节的标注着重关注教师为实现该环节教学目标所采用的模态或模态组合形式,其受控词汇包括纯口语、纯身体动作、口语 + 图像、口语 + 身体动作、口语 + 文字、口语 + 文字 + 身体动作、口语 + 身体动作 + 图像、口语 + 文字 + 图像、口语 + 身体动作 + 直观教具、口语 + 文字 + 图像 + 身体动作、口语 + 文字 + 图像 + 实物教具等 20 余种模态配置类型。

需要特别指出的是,由于教师讲解话语的内容会依据教学主题和教学目标的不同而产生极大变化,因此并未对教师话语中的讲解话语设置更为详尽的受控词汇。

视频多模态标注的第二步为对视频直播课程中师生的有声话语进行转写。运用科大讯飞的视频转文字工具"讯飞听见字幕",对视频里教师和学生的有声语言展开初步转写。随后,将转写得到的教师和学生字幕信息导入多媒体标注软件 ELAN(6.0)。接着,对照视频语料对机器转写的字幕进行人工比对,剔除教学过程中少量与教学无关的话语(主要是学生与家人用中文交谈的部分),修正机器转写错误的话语信息,补充机器转写未能识别的内容。

视频多模态标注的第三步为开展视频切分和同步分层标注。对于师生有声话语操作单元,以不同功能话语(如提问语、反馈语)在时间轴上的起点和终点作为切分界限,而对于像师生手势、教学工具、教学环节等其他层级,则按照功能作为切分单位。ELAN(6.0)同步分层标注界面如图 4.13(彩)所示,界面中间的读数标尺即为时间轴,时间轴下方是分层标注区。标注层内的横线表示标注对象——某一视频对象的时间跨度,横线上方为标注码或转写内容。标注内容与视频内容通过时间轴实现同步。

最后,将 ELAN(6.0)软件中教师提问语、教师指令语、教师反馈语、教师讲解用语、教师手势、教师表情、教师头部动作、教学环节、教学工具、学生话语、学生手势、学生表情和学生头部动作等标注类型的 txt 格式标注结果(涵盖各个层级标注的类型及对应的时长)分别导出至 Microsoft Excel 和社会科学统计软件包 SPSS(22.0),以便进行后续的统计与分析工作。

4.4.2　课件语料的多模态标注

本书运用传统的人工语篇分析方法,对课件中的文字内容、图像、文字样式以及版面布局等多种模态展开标注与分析。依据 4.2.3 小节的书面文字符号系统以及 4.2.4 小节的课件图像及版面布局系统,以每页课件作为基本单位,深入剖析课件中的文字组成单位、文字颜色、文字呈现方式、文字字体、文字字号、主体图像涉及的过程类型、主体图像功能、主体图像表征形式、主体图像色调、背景图像语境化程度、背景图像色调、页面视觉显著性和页面布局等要素。具体而言,在文字组成单位方面,可细分为字母、单词或词组、句子、段落和篇章五种类型;文字颜色包含纯色—中性色、纯色—暖色调、纯色—冷色调以及混合色四种类型;文字呈现方式有隐藏文本框边框线和显示文本框边框线两种类型;文字字体可分为衬线字体和非衬线字体两类;文字字号涵盖大号、中号和小号三种类型。对于主体图像,其涉及的过程类型包括叙事和概念两种;主体图像的功能可分为逻辑语义、替代和纯修饰三类;主体图像的表征形式有卡通图片、照片和图表三类;主体图像的色调包含冷色调、暖色调和中性色调三类。背景图像的语境化程度分为高语境化和低语境化两种类型;背景图像的色调同样包括冷色调、暖色调和中性色调三类。页面视觉元素的显著性分为图像显著和文字显著两类;页面布局则包括图文融合页面和图文互补页面。最后,将课件上有关文字结构类型、图像、文字样式、版面布局等数据,全部导入 Microsoft Excel 表格,以便进行后续的统计与分析工作。

4.5　小结

本章重点介绍了制约视频直播环境下的外语课堂多模态话语意义建构的语境因素以及各类符号资源系统,并在此基础上提出了视频直播环境下的外语课堂视频及课件多模态标注方法,为外语课堂的多模态分析提供一定的方法参考,同时也能助力本书后续研究的推进。

第5章

视频直播环境下的外语课堂多模态话语特征

在建构多模态语篇意义时,一方面,交际者需要根据语境要求、修辞目标、受众需求、模态供用特征等因素从多种可用的符号资源中进行选择(瞿桃,王振华,2022),因为虽然理论上讲所有模态都有可能被用于生成意义,但人们需要选择在当时被认为是最合适、最得当的模态用于交际(Taylor,2014)。另一方面,多模态交际者还要对选择出来的符号资源进行模态配置,即在框定的时空内对所选的资源进行组合与安排(Bezemer & Kress,2016;瞿桃,王振华,2022)。因为在多模态话语意义建构中,当一种模态的供用特征不能很好地体现意义时,交际者便要对多种模态进行搭配组合,让各种模态的供用特征相互补充、相互协同来共同体现交际者需要表达的意义(张德禄,2015)。

受制于意识形态、体裁结构成分、教学目标和内容、师生特点以及教学条件等语境因素以及不同模态的供用特征和词汇语法,视频直播环境中外语课堂的交际者从有声话语、身体动作、文字、图像、版面布局、教学工具、教学环境等可及的符号资源系统中选择合适的模态并对所选的模态进行合理的配置来建构各自的整体多模态话语意义。本章以60节典型的外语视频直播课堂——一对一视频直播少儿英语课堂为例来分析课堂上教师、学生以及课件设计者在建构各自多模态话语意义过程中符号资源选择的特征以及教师在建构各教学环节话语意义时采用的模态配置方式的规律性特征。

5.1 教师多模态话语特征

基于对视频语料和课件语料的标注及统计结果,以下分析一对一视频直播少儿英语课堂上教师对有声话语与身体动作、教学工具、物理教学环境等模态的选用特征以及教师在各教学环节采用的模态配置方式的规律。

5.1.1　教师模态选择特征

5.1.1.1　教师有声话语特征

在课堂教学中,绝大多数的教与学活动需要依托师生言语互动得以实现。言语互动是组织课堂学与教的主要线索,把握住课堂话语就意味着把握住课堂现象的绝大部分(黄山,2018)。尤其是在英语课程里,教师通过与学习者互动为学习者提供语言表达和交流练习的机会(杨雪燕,解敏,2012)。与此同时,教师话语不仅是课堂教学的主要媒介,也是学生语言输入的重要源头(Nunan,1991),学生只有接受大量语言素材输入后才会进行有效的口语输出(Krashen,1992)。正因如此,教师话语成为师生互动的核心要素(杨伊,陈昌来,陈兴冶,2023)。

外语视频直播课堂上教师有声话语量和话语率相关数据如表 5.1 所示。从表中数据可知,教师平均话语量为 14.06 分 / 节,介于 9 分 / 节和 19.6 分 / 节之间;教师平均话语率为 54.6%,介于 35.0% 和 76.1% 之间。

表 5.1　教师话语时长及占比

	最小值	最大值	平均值
时长(分 / 节)	9.0	19.6	14.06
占比(%)	35.0	76.1	54.6

注:"占比"数据精确到小数点后一位。下同

视频直播教师所采用的不同类型有声话语的时长及占比如表 5.2 所示。平均每节课中,教师口语活动按时间长短依次为口头反馈、口头讲解、口头提问和口头指令。具体而言,平均每节课教师反馈语时长为 5.4 分钟,在教师话语中占比 38.5%;口头讲解时长 4.3 分钟,占比 30.6%;口头提问时长 2.3 分钟,占比 16.5%;口头指令时长 2 分钟,占比 14.4%。

表 5.2　教师各类语言输入活动时长及占比

	反馈语	讲解语	提问语	指令语
时长(分 / 节)	5.4	4.3	2.3	2.0
占比(%)	38.5	30.6	16.5	14.4

从表 5.2 可知,在视频直播环境中,教师提问时间在教师话语量中的占比为
16.5%。而表 5.3 显示,平均每节课教师提出问题的数量为 48.9 次,最小值为
29 次,最大值为 77 次,即平均每分钟提问 1.9 次,介于 1.1 次和 3 次之间。

表 5.3　教师提问语使用频率

	最小值	最大值	平均值
频率(次/节)	29.0	77.0	48.9
频率(次/分)	1.1	3.0	1.9

教师提问语气和人称主语选择的频率及占比如表 5.4 所示。从语气选择
方面来看,教师运用了两种不同的语法形式来呈现疑问语气,分别是一致式语
气和隐喻式语气。在大多数情况下,教师的口头提问采用一致式疑问语气(1.8
次/分,94.7%),即通过小句的疑问语气结构来表达。其中,一般疑问语气(0.7
次/分,36.8%)要求听话人对命题进行肯定或否定(结构为[限定成分^主语],
如"Do you like playing basketball?");特殊疑问语气(1.1 次/分,57.9%)则要
求提供与疑问词相对应的信息(结构为[疑问词^限定成分],如"Where did you
go last Saturday?")。最后,有一小部分疑问语气(0.1 次/分,5.3%)通过人际
投射体现,也就是一种特殊的投射复句——疑问语气隐喻。这种投射句以 you/
I+ 现在时态/情态的形式呈现,如"Do you know when the sports meeting will be
held?",被投射句中的命题(提问或陈述)直接针对听话人或说话人。

表 5.4　教师提问语气和人称主语选择频率及占比

类别			频率(次/分)	占比(%)
语气	一致式疑问语气(1.8 次/分,94.7%)	一般疑问语气	0.7	36.8
		特殊疑问语气	1.1	57.9
	隐喻式疑问语气(0.1 次/分,5.3%)	语气隐喻	0.1	5.3
主语人称	卷入类主语(0.8 次/分,42.1%)	互动人主语	0.7	36.8
		涉及互动人主语	0.1	5.3
	非卷入类主语(1.1 次/分,57.9%)	伪互动人主语	0.1	5.3
		非互动人主语	1.0	52.6

从主语人称角度分析,教师提问语可划分为卷入和未卷入两类。卷入类包

括互动人和涉及互动人,未卷入类包括伪互动人和非互动人。从表 5.4 可知,视频直播少儿外语课堂中,教师选择的卷入类主语占比较少(0.8 次/分,42.1%),低于非卷入类(1.1 次/分,57.9%)。在卷入类主语里,互动人出现的频率较高(0.7 次/分,36.8%),涵盖说话人、听话人以及说话人+听话人三种形式,在语法层面体现为单数第一或第二人称以及复数第一人称的代词主格,如"Do you go swimming in summer?""Do we rely too much on the computers?"。而在语法层面体现为名词冠以单数第一或第二人称代词所有格的涉及互动人主语,如"Did your parents work on the weekend?"出现频率极低(0.1 次/分,5.3%)。在非卷入类主语中,多数教师选择在语法层面体现为名词词组或第三人称代词主格的非互动人作为问题主语(1.0 次/分,52.6%),如"Why did the tiger run away?"或"What do they do on Sunday?"相比之下,在语法层面体现为复数第一或第二人称代词主格的伪互动人主语,如"How do we greet each other when meeting for the first time?"出现频率极低(0.1/分,5.3%)。

从表 5.2 可知,在视频直播环境下的外语课堂中,教师教学指令语占教师话语的 14.4%。同时表 5.5 显示,平均每节课教师发出口头指令语 45.4 次,即平均每分钟 1.8 次。

表 5.5　教师指令语使用频率

	最小值	最大值	平均值
频率(次/节)	15.5	105.6	45.4
频率(次/分)	0.6	4.1	1.8

教师指令语三种不同语气的使用频率和占比如表 5.6 所示。总体而言,大部分教师选择通过祈使语气来发布教学指令(1.2 次/分,66.7%),其次为疑问语气(0.4 次/分,22.2%),只有 11.1%的指令语是通过陈述语气来体现的(0.2 次/分)。

表 5.6　教师指令语三种不同语气的使用频率和占比

	祈使语气	疑问语气	陈述语气
频率(次/分)	1.2	0.4	0.2
占比(%)	66.7	22.2	11.1

教师在视频直播课堂上选择的各类指令语气的具体频率和占比如表 5.7 所示。赤裸式祈使语气（如 "Read the sentence."）是教师的首选（16.1 次／节，35.5％），其次为包容式祈使语气（11.2 次／节，24.6％，如 "Let's try this one."），接着为主观可能式疑问语气（4.5 次／节，9.9％，如 "Can you circle the words you hear?"）、主观显性陈述语气（3.1 次／节，6.8％，如 "I want you to read the sentence."）、导语式祈使语气（2.5 次／节，5.5％，如 "Now，let's play a game."）、主观隐性陈述语气（1.8 次／节，4％，如 "How about listening to a song?"）、建议式疑问语气（1.7 次／节，3.7％，如 "You should click the bubble."）、准备式疑问语气（1.6 次／节，3.5％，如 "Are you ready?"）。缓和式祈使语气（如 "Please look at the picture."）、客观隐性陈述语气（如 "You are required to fill in the blanks with the correct answer."）、主观意愿式疑问语气（如 "Will you help the monkey cross the bridge?"）和希望式疑问语气（如 "Do you want to watch the video again?"）的频率和占比均非常少。可见赤裸式祈使语气、包容式祈使语气、主观可能式疑问句是教师最经常使用的三种指令策略。

表 5.7　教师各类具体指令语气的使用频率和占比

指令语气类型	频率（次／节）	占比（％）
赤裸式祈使语气	16.1	35.5
包容式祈使语气	11.2	24.6
主观可能式疑问语气	4.5	9.9
主观显性陈述语气	3.1	6.8
导语式祈使语气	2.5	5.5
主观隐性陈述语气	1.8	4
建议式疑问语气	1.7	3.7
准备式疑问语气	1.6	3.5
主观意愿式疑问语气	1.3	2.9
希望式疑问语气	1	2.2
缓和式祈使语气	0.4	1
客观隐性陈述语气	0.2	0.4
客观显性陈述语气	0	0

续表

指令语气类型	频率（次／节）	占比（%）
客观可能式疑问语气	0	0
客观意愿式疑问语气	0	0

根据表 5.2，在视频直播外语教学环境中，教师语言反馈的时长在教师话语中的平均占比为 38.5%。而表 5.8 显示，平均每节课教师进行口头反馈的频率为 108.2 次，平均每分钟 4.2 次。

表 5.8　教师反馈语使用频率

	最小值	最大值	平均值
频率（次／节）	49	216	108.2
频率（次／分）	1.9	8.4	4.2

进一步分析教师反馈语后发现（见表 5.9），教师首选的反馈语类型为内容型反馈（2.4 次／分，57.1%，主要包括："Yes, it's cool today." 等重复反馈语；"Great，I like reading story books too，it is fun and relaxing." 等拓展反馈语；"We say，it never rains but..." 等引导反馈语；"Not forty, it should be fourteen." 等纠错反馈语），其次为评价型反馈语（1.6 次／分，38.9%，主要包括："Yes." "OK." "Right." 等简单认可反馈语，"Very good." "Good job." "Excellent." "Great." 等简单表扬语或 "Awesome，you've got great pronunciation." 等具体表扬语），而口头意义协商包括确认核实（如 "Zebra? Is that right?"）、理解核实（如 "OK?"）或澄清核实（如 "What do you mean?"），频次则很少（0.2 次／分，4.8%）。也就是说，内容型反馈和评价型反馈为教师主要的口头反馈类型，其中侧重话语内容和意义、能引起学生对问题进行深入思考且能引发比 IRF（Initiation-Response-Feedback，启动-响应-反馈）更复杂的多话步交互结构的内容型反馈为教师的首选。

表 5.9　教师各类反馈语使用频率及占比

	内容型反馈语	评价型反馈语	意义协商反馈语
频率（次／分）	2.4	1.6	0.2
占比（%）	57.1	38.9	4.8

5.1.1.2 教师身体动作特征

在视频直播环境下,教师在授课过程中开启摄像头,这使得他们的手势、面部表情、头肩部动作等身体动作,都能转化为传递教学信息、进行情感沟通的重要符号资源。而且,由于本书语料中的授课对象为活泼好动的小学生,教师在授课期间会更加频繁地借助身体动作来传递教学信息、交流情感,其中手势是最为常用的肢体动作。此外,依据 Jacobs 和 Garnham(2007)的研究成果,说话者在能够看见谈话对象时,使用手势的频率要显著高于看不见对方时;并且当谈话对象注意力集中时,说话者使用手势的频率也高于对方心不在焉时。在本书的语料中,教师和学生能够通过电脑屏幕清晰地看到彼此,教师在授课过程中运用了大量手势来传递信息和进行情感沟通。以下具体剖析教师手势运用的规律性特征。

视频直播英语课堂中教师手势的使用频率如表 5.10 所示。数据显示,平均每节课教师做出手势的次数为 110.6 次,平均每分钟达 4.3 次。然而,教师之间在手势使用频率上存在显著的个体差异。其中,使用手势最多的教师,一节课使用 275 次手势,即每分钟 10.7 次;而使用最少的教师,一节课仅做出 20 次手势,即每分钟 0.8 次。

表 5.10　教师手势使用频率

	最小值	最大值	平均值
频率(次/节)	20.0	275.0	110.6
频率(次/分)	0.8	10.7	4.3

教师选择的具体手势类型信息如表 5.11 所示。从中可知,教师最常使用的是规约手势,平均每分钟约 2.2 次,占比 51.2%。典型的规约手势包括:掌心朝电脑屏幕、指尖朝上、手臂左右挥动的挥手手势;大拇指竖起,其余四指向内蜷曲的赞扬手势;拇指与食指相对成圈,其余三指伸直的 OK 手势;手摊开放在耳朵后示意学生发言的手势;手掌自然上摊、四指并拢指向屏幕的邀请手势;掌心朝电脑、指尖朝上、手臂前后挥动的击掌手势;单手食指向上表示数字"1"的手势;两个大拇指接触组成爱心尖角,其余手指相对弯曲成爱心弧度表达喜爱的手势。

教师选择第二频繁的手势为拟物手势(1.2 次/分,27.9%)。常用的拟物手势包括手掌心向下且略向外张开,置于肩膀两侧且四指并拢有节奏地扇动表示小鸟或飞翔动作;双手五指伸开在脸颊两侧左右拉动来模仿小猫捋胡须的动作;

右手握拳置于嘴前模拟手持话筒唱歌的动作；用食指在空中画圈来表示 circle 这一动作；右手食指从身体左方向右在空中划过一道水平线表示 draw a line；双手五指自然向内弯曲，置于脸颊两侧配合凶残的表情表示凶猛的野兽如老虎；双手四指头于头顶相汇成"人"字形表示房子；一手五指弯曲成爪状，靠近张开的嘴巴表示吃东西等。

教师使用频率第三高的手势为指示手势，其频率为 0.6 次/分，占比 14%。例如，用单手食指指向嘴巴，示意学生留意自己的发音方式，或者竖起手指，表示 up。

紧随其后的是节拍手势，频率为 0.2 次/分，占比 4.6%，例如，教师会伴随儿歌旋律或在唱儿歌时打拍子。

最后是隐喻手势，其出现频率为 0.1 次/分，占比 2.3%。例如，教师两手臂交叉，手掌自然向外摊开，以此表示 no；双手摊开，一手在上、一手在下，掌心相对，中间留出较小空间代表 short；双手摊开，掌心向下，四指相向，一只手掌叠放在另一只手掌上，寓意 the same；一只手掌置于额前，自然向下摊开，用来表示 where。

在外语视频直播课堂中，教师除了运用手势辅助教学，还会通过面部表情、头部动作等身体语言传递信息。例如，教师扬起嘴角、展露微笑时，往往是在向学生传递积极愉快的情绪；而当嘴角不自觉下垂，表情凝重，则通常表达出遗憾或失落的心情。在反馈学生表现时，教师常用点头动作表示认可与鼓励，用摇头动作表达否定或提醒。不过，与高频使用的手势相比，教师在课堂中运用表情和头部动作来辅助教学、传达意义的频率相对较低，手势依然是教师在视频直播课堂中最主要的身体语言表达方式。

表 5.11　教师不同类型手势使用频率及占比

	规约手势	拟物手势	指示手势	节拍手势	隐喻手势
频率（次/分）	2.2	1.2	0.6	0.2	0.1
占比（%）	51.2	27.9	14	4.6	2.3

5.1.1.3　教学工具特征

除了口语、身体动作，教师还利用了视频直播教学环境的技术优势，选择借助虚拟贴纸、实物教具和音频、视频等教学工具来参与建构教学多模态话语意义。各种教学工具的使用频率如表 5.12 所示,平均每节课教师使用虚拟贴纸(如星星、花朵、钻石、奖杯)达 10.4 次,实物教具(包括拍手玩具、动物玩偶,以及水瓶、盖子、卡片等直观教具)共 5 次,音频、视频等数字媒体为 3.3 次。

表 5.12 教学工具使用频率

	虚拟贴纸	实物教具	数字媒体
频率(次/节)	10.4	5.0	3.3

5.1.1.4 教学物理环境特征

在视频直播教学场景下,许多教师会对教学物理环境以及个人头部饰品进行设计,以此营造良好的授课氛围,相关统计结果详见表 5.13。从表中数据可知,有 35 名教师借助摄像头,向学生展示字母、音标贴画或是可爱的装饰图等背景墙贴。与之相对,25 名教师选择在未经任何修饰的白色墙面房间内授课。在个人头部饰品佩戴方面,32 名教师在授课时会佩戴耳机或头饰;而 28 名教师在授课期间既不佩戴耳机,也不佩戴任何形式的头部饰品。

表 5.13 教学物理环境特征

	教师物理背景		教师头部装饰品	
	装饰性背景	白墙	佩戴耳机或头饰	无耳机或头饰
人次	35	25	32	28

5.1.2 教师不同环节模态配置特征

在多模态话语意义建构中,交际者完成模态选择后,还需在既定的时空范围内,对所选资源展开组合与安排,这一过程也就是模态配置(Bezemer & Kress,2016)。模态配置实际上是一种模态布局形式,交际者需要对挑选出的符号进行合理规划,其中包括斟酌符号表征意义的先后顺序,以及思考怎样的符号安排能在与交际对象的互动中达成最佳效果(Bezemer & Kress,2016)。在多模态话语意义的构建过程中,可供交际者选择与配置的模态资源,既涵盖单模态资源,也包含多模态资源。当单一模态的供用特征难以充分展现交际者期望传达的意义时,交际者就需要将多种模态进行搭配组合,促使不同模态的供用特征相互补充、协同发力,从而共同实现交际者想要表达的完整意义(张德禄,2015)。

在进行模态配置时,设计者需要综合考量多方面因素,其中包括语境因素、修辞目的以及受众特点(瞿桃,王振华,2022)。在语境因素方面,文化语境中的意识形态以及情景语境中的教学条件相对固定,而修辞目的、教学目标与内容、师生特点,还有体裁结构成分等因素相互作用,共同影响着交际者对模态的配置。值得注意的是,不同的体裁结构成分往往承载着各异的修辞目的,关联着不同的教学目标与内容。因此,在教学模态的配置过程中,必须考虑不同体裁结构成分对修辞目的、教学目标以及内容的不同要求。

根据 4.1 小节,视频直播环境下的外语课堂中相互问候、教师主题引入、教师发布指令、教师提问、学生反馈、学生提问、教师反馈、教师讲解、相互道别这些环节是必要的体裁结构成分。其中,教师反馈是影响学习过程和学业表现的最强有力的因素之一(Wisniewski, Zierer & Hattie, 2020)。从 5.1.1.1 小节得知,口头反馈是教师最主要的话语活动,其中内容型反馈语是教师的首选,其次为评价型反馈语,意义协商反馈语比较少。内容性反馈语是教师针对回答者提供的信息做出的反馈,聚焦学生应答的内容和意义。教师通常通过重复、拓展、引导、纠错和直接给答案等方式来进行内容型反馈。在这些内容反馈方式中,拓展反馈、纠错反馈和引导反馈紧扣学生应答的内容和意义,更能真正反映教师的课堂互动组织能力。

基于此,本部分重点分析少儿英语在线课堂中教师在问候、主题介绍、提问、发布指令、知识点讲解、拓展反馈、引导反馈和纠错反馈、积极评价反馈和道别这些教学环节意义建构过程中对口语、文字、图像、手势、实物教具等模态配置的特点。

5.1.2.1　问候环节模态配置特征

问候环节是课堂教学的第一个步骤,是指课堂开始时师生见面互相打招呼的行为。问候是沟通师生情感的第一道门槛,是拉近师生关系的桥梁,在学生投入学习的速度、学习行为的产生(Allday & Pakurar, 2007; Allday, Bush & Ticknor et al, 2011)、师生关系(Kotaman, Tekin & Aslan, 2016)以及管理课堂(Cook, Fiat & Larson et al, 2018)等方面具有积极的作用。在视频直播环境中,师生问候环节的意义建构基本是在人像窗口通过口语、手势、文字、实物等模态或模态组合来进行的,而课件窗口通常展示课程标题等内容,与问候没有直接关联。

课堂问候环节教师选择的不同模态或模态组合情况如表 5.14 所示。具体来看,有 36 名(60%)教师采用"口语 + 身体动作"组合来表达问候的人际意义与概念意义;14 名(23.3%)教师通过"口语 + 身体动作 + 文字"模态组合来构建问候意义;另外,10 名(16.7%)教师则借助实物教学工具,并配合口语以及手势等身体动作,来传达问候的概念意义和人际意义。从这些数据可以清晰地看出,在教师的课堂问候环节中,问候意义的表征方式均为多模态形式。

表 5.14　问候意义建构的不同模态配置方式使用人数及占比

	口语 + 身体动作	口语 + 身体动作 + 文字	口语 + 身体动作 + 教具
人次	36	14	10
占比(%)	60	23.3	16.7

5.1.2.2　主题介绍环节模态配置特征

少儿英语课堂的主题介绍环节主要是借助教师口语、图像以及文字等多种模态,向学习者阐述本次课堂的教学主题,激发学生的学习兴趣,使其对课堂教学内容充满好奇,进而引导他们顺利进入正式学习状态。在视频直播少儿英语课堂中,所有教师无一例外地选择了"口语 + 文字 + 图像"这一模态组合,用以表征主题介绍的意义。这意味着,图像模态、文字模态以及教师的口语模态相互协同,共同构建起课堂教学主题内容介绍所涉及的概念意义、人际意义与组篇意义。

5.1.2.3　提问环节模态配置特征

教师提问在语义层面体现为教师向学生索要信息,它不仅是组织课堂教学的工具,而且还为学生提供了参与课堂互动和语言实践的机会,对外语课堂教学的效果具有重要影响(杨雪燕,解敏,2012)。教师提问时模态配置是否恰当,会直接左右学生对问题的理解程度,以及师生课堂话语互动的质量。因为学生只有先理解问题,才能够做出回答,进而推动后续师生课堂互动交流的展开。经统计(如表 5.15 所示),视频直播少儿英语课堂上,平均每节课教师多模态提问达50.3 次,相当于每分钟 2 次。其中,最低频率为每节课 30 次,即每分钟 1.2 次;最高频率为每节课 79 次,即每分钟 3.1 次。

表 5.15　教师多模态提问频率

	最小值	最大值	平均值
频率(次/节)	30.0	79.0	50.3
频率(次/分)	1.2	3.1	2.0

鉴于本书语料面向的学习者为活泼好动的小学生,而且教师在直播时开启摄像头,因此教师不仅能够通过口头提问,还可借助文字、图像、手势以及教学工具等多种模态来构建提问所包含的概念意义、人际意义和语篇意义。根据视频标注结果,在视频直播环境下的外语课堂中,教师总计运用了 8 种不同的模态配置方式来进行提问,其出现频率与占比如表 5.16 所示。具体而言,"口语 + 图像"的模态组合成为教师提问时首选的模态配置方式,每节课平均出现 18.2 次,占比 36.2%;紧随其后的是"口语 + 文字 + 图像"的模态组合,每节课出现 9.2 次,占比 18.3%;接着,纯口语模态每节课出现 8.5 次,占比 16.9%;"口语 + 身体动作"的模态组合每节课出现 5.5 次,占比 10.9%;再次是"口语 + 文字"模态组合,每节课出现 3.7 次,占比 7.4%。而"口语 + 图像 + 身体动作""图像 + 身体动作""口语 + 文字 + 图像 + 身体动作"以及"口语 + 文字 + 图像 + 实物教具"这 4 种模态配置方式,在课堂提问中较少被选用。由此可见,"口语 + 图像""口语 + 文字 + 图像"、纯口语以及"口语 + 身体动作""口语 + 文字"这 5 种模态配置方式,构成了外语视频直播课堂上教师建构提问意义时的主要选择,它们出现的总频率占提问总频率的 89.7%。此外,高达 83.1% 的提问意义,是通过 2 种或 2 种以上模态的搭配组合来实现建构的。

表 5.16　提问意义建构的不同模态配置方式出现频率及占比

提问意义建构的模态配置方式	频率(次/节)	占比(%)
口语 + 图像	18.2	36.2
口语 + 文字 + 图像	9.2	18.3
口语	8.5	16.9
口语 + 身体动作	5.5	10.9
口语 + 文字	3.7	7.4
口语 + 图像 + 身体动作	2.9	5.8
图像 + 身体动作	1.1	2.2

续表

提问意义建构的模态配置方式	频率（次/节）	占比（%）
口语 + 文字 + 图像 + 身体动作	0.7	1.4
口语 + 文字 + 图像 + 实物教具	0.5	1.0

5.1.2.4 指令环节模态配置特征

教学指令行为是指教师运用口头语言、书面语言和肢体语言等多种符号资源对学生提出学习要求、引导学生行为、组织教学的行为（何芳,吴刚平,2015）。教学指令在教学过程中意义重大,它能够对学生是否能够成功完成任务起到预测作用（Todd, Chaiyasuk & Tantisawetrat,2008）,同时还能有效促进课堂互动,为学生创造真实的交流与学习契机（Ha & Wanphet,2016）。需要注意的是,像目光、手势、身体动作等非语言符号,同样是教师指令行为不可或缺的重要组成部分（Markee,2015）。在外语视频直播课堂中,教师发布指令的频率颇高。从表5.17中可知,平均每节课教师发布多模态指令达64.9次,相当于每分钟2.5次。最低频率为每节课28次,即每分钟1次;最高频率则为每节课219次,即每分钟8.5次。

表5.17 教师多模态指令发布频率

	最小值	最大值	平均值
频率（次/节）	28.0	219.0	64.9
频率（次/分）	1.0	8.5	2.5

在视频直播的教学环境下,师生均开启摄像头,这为教师丰富教学指令的呈现方式提供了便利。教师不仅能够发布口头指令与书面指令,还可以借助手势、实物教具等多种模态,独立或者配合语言来构建教学指令的意义。经统计,教师在表征教学指令意义时,总共采用了8种不同的模态配置方式,其频率与占比情况详见表5.18。从整体数据来看,纯口语模态成为教师构建教学指令意义的首要选择,每节课平均出现28.3次,占比高达43.6%。紧随其后的是身体动作（主要为手势）模态,每节课平均出现17次,占比26.2%。排在第三位的是"口语 + 身体动作"的模态组合,每节课平均出现11.5次,占比17.7%。相比之下,"口语 + 文字"模态组合、"口语 + 文字 + 身体动作"模态组合、"身体动作 + 实物

教具"模态组合、"口语 + 实物教具 + 身体动作"模态组合以及纯实物教具指令这 5 种模态配置方式,在教学指令中出现的频率较低。由此不难看出,纯口语模态、身体动作(主要为手势)模态以及"口语 + 身体动作"模态组合,构成了外语视频直播课堂上教师建构教学指令意义的主要模态配置方式,其出现的总频率占教学指令总频率的 87.5%。

表 5.18　教学指令意义建构的不同模态配置方式出现频率及占比

教学指令意义建构的模态配置方式	频率(次 / 节)	占比(%)
口语	28.3	43.6
身体动作(主要为手势)	17.0	26.2
口语 + 身体动作	11.5	17.7
口语 + 文字	2.2	3.4
口语 + 文字 + 身体动作	2.0	3.1
身体动作 + 实物教具	1.9	2.9
口语 + 实物教具 + 身体动作	1.2	1.9
实物教具	0.8	1.2

5.1.2.5　讲解环节模态配置特征

在少儿英语教学过程中,讲解是教师传授知识的关键环节。教师会综合运用口语、文字、图像、手势、虚拟贴纸、直观教具、音频、视频等多种模态,向学生传授字母、自然拼读、单词、词组、句子以及简单语法结构等知识点。外语视频直播课堂上教师对单词、词组、句子以及语法结构等知识点的讲解频率如表 5.19 所示。从中能够清晰地看到,平均每节课教师的讲解次数为 60.3 次,相当于每分钟讲解知识点 2.3 次。其中,讲解次数的最低频率为每节课 36 次,即每分钟 1.4 次;最高频率为每节课 135 次,即每分钟 5.2 次。

表 5.19　教师多模态知识讲解频率

	最小值	最大值	平均值
频率(次 / 节)	36.0	135.0	60.3
频率(次 / 分)	1.4	5.2	2.3

在视频直播的教学环境下,教师在讲解知识点时,可选用的模态配置方式较

为多样,且均为多模态形式,具体情况如表5.20所示。从数据中能够清晰看出,"口语 + 文字 + 图像"这一模态组合成为教师呈现知识的首要选择,每节课平均出现21.8次,占比高达36.2%。紧随其后的是"口语 + 文字 + 图像 + 身体动作"的模态组合,每节课出现13.9次,占比23.1%。排在第三位的是"口语 + 文字"模态组合,每节课出现10.7次,占比17.7%;"口语 + 图像"模态组合位列第四,每节课出现7.1次,占比11.8%。而"口语 + 文字 + 身体动作""口语 + 文字 + 直观教具""音频 + 文字 + 图像""口语 + 文字 + 图像 + 直观教具""口语 + 文字 + 图像 + 虚拟教具"模态配置方式,在知识呈现过程中出现的频率相对较低。综上所述,"口语 + 文字 + 图像""口语 + 文字 + 图像 + 身体动作""口语 + 文字"以及"口语 + 图像"的模态组合,构成了教师在呈现知识点时的主要模态配置方式,它们出现的总频率占知识呈现总频率的88.8%。

表5.20 讲解意义建构的不同模态配置方式出现频率及占比

讲解环节意义建构的模态配置方式	频率(次/节)	占比(%)
口语 + 文字 + 图像	21.8	36.2
口语 + 文字 + 图像 + 身体动作	13.9	23.1
口语 + 文字	10.7	17.7
口语 + 图像	7.1	11.8
口语 + 文字 + 身体动作	3.9	6.5
口语 + 文字 + 直观教具	1.1	1.8
音频 + 文字 + 图像	0.9	1.5
口语 + 文字 + 图像 + 直观教具	0.7	1.2
口语 + 文字 + 图像 + 虚拟教具	0.2	0.3

5.1.2.6 扩展反馈环节模态配置特征

扩展反馈是教师教学过程中的一项重要行为,是指教师基于学生的回答来补充新信息或延伸所讨论的话题以增强学生对相关知识点的理解。这种反馈能为学生提供更多的输入,给学生更多参与课堂互动的机会(林正军,周沙,2011),既能丰富学生的知识又能引发学生的思考。在视频直播课堂中,教师的拓展反馈频率详见表5.21。从中可知,平均每节课教师进行拓展反馈16.4次,约为每分钟0.6次。其中,拓展反馈的最低频率为每节课2次,即每分钟0.1次;最高频率同样为每节课 23 次,即每分钟 0.9 次。

表 5.21　教师多模态扩展反馈频率

	最小值	最大值	平均值
频率(次／节)	2.0	23	16.4
频率(次／分)	0.1	0.9	0.6

在视频直播的教学环境下,教师在建构拓展反馈意义时,从多样化的模态中选择了 7 种不同的模态配置方式,其具体的出现频率和所占比例如表 5.22 所示。从整体数据的分析结果来看,"口语 + 文字 + 图像"这一模态组合在拓展反馈中最受教师青睐,成为首选方式,该组合平均每节课出现 6 次,在所有拓展反馈模态配置方式中占比 36.6%。紧随其后的是"口语 + 图像 + 身体动作"模态组合,平均每节课出现 3.7 次,占比 22.6%。位列第三的是"口语 + 文字 + 图像 + 身体动作"模态组合,平均每节课出现 2.4 次,占比 14.6%。而其余 4 种模态或模态组合在拓展反馈中的占比均未超过 10%。由此可以清晰地总结出,在拓展反馈环节,"口语 + 文字 + 图像""口语 + 图像 + 身体动作"以及"口语 + 文字 + 图像 + 身体动作"的模态组合,构成了教师主要采用的模态配置方式,在教学过程中发挥着关键作用。

表 5.22　扩展反馈意义建构的模态配置方式出现频率及占比

拓展反馈环节意义建构的模态配置方式	频率(次／节)	占比(%)
口语 + 文字 + 图像	6	36.6
口语 + 图像 + 身体动作	3.7	22.6
口语 + 文字 + 图像 + 身体动作	2.4	14.6
口语 + 身体动作	1.3	7.9
口语 + 文字	1.2	7.3
口语 + 图像	1	6.1
口语 + 实物教具	0.8	4.9

5.1.2.7　引导反馈环节模态配置特征

引导反馈是一种重要的教学反馈方式,是指当学生不能回答某一提问或没有给出问题的正确答案时,教师会用另外一种方法来提问或让学生填补相关内容或信息,以此鼓励学生更加认真地思考问题,激发他们的思考,让他们在思考中寻找答案。一旦学生在老师的引导下得出了正确答案,他们会信心倍增,更加积极地参与课堂互动(林正军,周沙,2011)。视频直播环境下的外语课堂教师引导反馈频率如表5.23所示,可以看出,平均每节课教师进行引导反馈的次数为10.2次,相当于每分钟0.4次。其中,引导反馈的最小频率为每节课1次,即每分钟0.04次;最大频率为每节课41次,即每分钟1.6次。

表5.23 教师多模态引导反馈频率

	最小值	最大值	平均值
频率(次/节)	1.0	41.0	10.2
频率(次/分)	0.04	1.6	0.4

在视频直播环境中,教师的引导反馈意义建构方式呈现多模态特点,共涉及了8种不同的模态配置方式,其频率和占比如表5.24所示。"口语 + 图像"模态组合成为教师建构引导反馈意义的首要选择。平均每节课上,这一模态组合出现3.4次,在所有引导反馈模态配置方式中占比33.3%。位居第二的是"口语 + 文字"模态组合,平均每节课出现2.1次,占比20.6%。"口语 + 图像 + 身体动作"模态组合则排在第三位,每节课出现1.5次,占比14.7%。与这3种主要的模态配置方式相比,其余5种模态配置方式在引导反馈中被选用的频率相对较低。由此可见,在外语视频直播课堂的教师引导反馈环节中,"口语 + 图像""口语 + 文字"以及"口语 + 图像 + 身体动作"的模态组合,构成了意义建构的主要方式,在引导学生思考、助力学生找到正确答案的过程中发挥着关键作用。

表5.24 引导反馈意义建构模态不同配置方式出现频率及占比

引导反馈环节意义建构的模态配置方式	频率(次/节)	占比(%)
口语 + 图像	3.4	33.3
口语 + 文字	2.1	20.6
口语 + 图像 + 身体动作	1.5	14.7
口语	1	9.8
口语 + 身体动作	0.7	6.9

引导反馈环节意义建构的模态配置方式	频率（次／节）	占比（%）
口语 + 文字 + 身体动作	0.6	5.9
身体动作	0.5	4.9
口语 + 实物教具	0.4	3.9

5.1.2.8　纠错反馈环节模态配置特征

纠错作为英语教学中一项重要的反馈手段，是指当学生在口头回答问题或者进行书面练习出现错误时，教师直接点明学生的错误之处，并给出正确答案。明确纠错在纠正学生错误方面省时、高效（林正军，周沙，2011），是英语教师课堂反馈的一个重要方式。在视频直播教学场景下，教师的纠错反馈情况具体如表5.25 所示。平均每节课教师进行纠错反馈的次数为 12.1 次，相当于每分钟 0.5次。其中，纠错反馈频率的最小值为每节课 2 次，即每分钟 0.1 次；最大值为每节课 25 次，即每分钟 1 次。

表 5.25　教师多模态纠错反馈频率

	最小值	最大值	平均值
频率（次／节）	2.0	25.0	12.1
频率（次／节）	0.1	1.0	0.5

在视频直播教学环境下，教师纠正学生错误的方式呈现出多样化特点。经统计，教师总共运用了 6 种不同的模态配置方式来进行纠错反馈，其频率和占比如表 5.26 所示。从整体数据来看，"口语 + 图像"成为教师首选的纠错反馈模态配置方式。平均每节课，该方式出现4.2次，占比34.7%。其次是"口语 + 文字"模态组合，每节课出现 3 次，占比 24.8%。位列第三的是"口语 + 文字 + 身体动作"模态组合，每节课出现 2.1 次，占比 17.4%。纯口语模态每节课出现 1.1次，占比 9.1%；"口语 + 图像 + 身体动作"模态组合每节课出现 0.9 次，占比7.4%；"口语 + 图像 + 实物教具"模态组合每节课出现 0.8 次，占比 6.6%。由此可见，在表征纠错反馈意义时，教师较为频繁选用的模态配置方式为"口语 +图像""口语 + 文字"以及"口语 + 文字 + 身体动作"组合。

表 5.26　纠错反馈环节意义建构不同模态配置方式出现频率及占比

纠错反馈环节意义建构的模态配置方式	频率（次／节）	占比（%）
口语 + 图像	4.2	34.7
口语 + 文字	3.0	24.8
口语 + 文字 + 身体动作	2.1	17.4
口语	1.1	9.1
口语 + 图像 + 身体动作	0.9	7.4
口语 + 图像 + 实物教具	0.8	6.6

5.1.2.9　积极评价反馈环节模态配置特征

积极反馈在教学过程中意义重大，它是教师针对学生学习表现所给予的正向回应。积极反馈不仅能让学习者明晰自己是否准确无误地完成了学习任务，还能借助表扬性话语激发学习者的学习动力。就小学生群体而言，积极反馈在改变其学习行为方面，相较于消极反馈具有更为显著的效果（Nunan，1991）。对于处于低小阶段的外语学习者来说，他们往往羞于开口表达，害怕犯错，却又十分渴望得到称赞。在这种情况下，课堂上能否及时获得教师的积极评价反馈，极有可能对他们在在线课堂中的学习体验与学习成效产生一定程度的影响。相关研究数据有力地证明了积极反馈的重要性。例如，一项针对在线英语一对一课堂师生言语互动的研究显示，教师的积极反馈语在教师话语总量中的占比高达63.6%（邱佳佳，2020）。吴玲娟（2022）的研究也发现，在视频直播环境下的外语课堂中，积极反馈语在教师总反馈语频率中的占比超过 2/5。在对本书语料进行多模态标注后发现，在视频直播教学情境下，教师极少采用负面或否定的评价反馈方式，相反，积极评价反馈使用得极为频繁。教师不仅运用口头积极反馈语，还会充分利用手势、图像、文字以及实物教具等多种符号资源，对学生进行综合性的积极反馈。本书中教师积极评价性反馈的频率详见表 5.27。从中可以清晰看到，平均每节课教师积极评价反馈达 60.3 次，相当于每分钟 2.3 次。其中，积极评价反馈的最低频率为每节课 32 次，即每分钟 1.2 次；最高频率为每节课 110次，即每分钟 4.3 次。

表 5.27　教师多模态积极评价反馈频率

	最小值	最大值	平均值
频率(次/节)	32.0	110.0	60.3
频率(次/分)	1.2	4.3	2.3

在视频直播环境下,少儿英语教师给予积极评价反馈的方式丰富多样。经统计,教师共采用了多达 12 种模态或模态组合,详细情况如表 5.28 所示。具体而言,"口语 + 身体动作"这一模态组合成为教师进行积极评价反馈时的首选,平均每节课出现 23.2 次,占比 38.5%。纯口语模态紧随其后,每节课出现 19.8 次,占比 32.8%。"口语 + 身体动作 + 虚拟贴纸"组合位列第三,每节课出现 9 次,占比 14.9%。而其余 9 种模态或模态组合在积极评价反馈中被选用的频率较低。综上所述,"口语 + 身体动作"、纯口语组合以及"口语 + 身体动作 + 虚拟贴纸"模态组合,是教师最为频繁选择的 3 种积极评价反馈方式,它们出现的总频率占总积极评价反馈频率的 86.2%。

表 5.28　积极评价反馈意义建构的不同模态配置出现频率及占比

积极反馈评价环节意义建构的模态配置方式	频率(次/节)	占比(%)
口语 + 身体动作	23.2	38.5
口语	19.8	32.8
口语 + 身体动作 + 虚拟贴纸	9	14.9
身体动作	2.3	3.8
口语 + 身体动作 + 实物教具	1.7	2.8
口语 + 虚拟贴纸	1.5	2.5
口语 + 图像	1	1.7
身体动作 + 文字 + 虚拟贴纸	0.8	1.3
身体动作 + 图像	0.6	1.0
口语 + 文字 + 身体动作	0.2	0.3
口语 + 音频	0.1	0.2
口语 + 视频	0.1	0.2

5.1.2.10　道别环节模态配置特征

在道别环节,教师会运用口语、文字、图像以及手势等多种模态向学生传达课程即将结束的信息,同时还会给予学生悉心的关怀、诚挚的鼓励或美好的祝福,旨在让学生即便意识到课堂即将落下帷幕,仍能沉浸在课堂带来的趣味之中,进而激发他们对下一节课的强烈期待。教师在视频直播课堂中建构道别意义时使用的模态组合的频率及占比如表 5.29 所示。

表 5.29 道别意义建构的不同模态配置方式出现频率及占比

道别意义建构的不同模态配置方式	口语 + 身体动作	口语 + 文字 + 图像 + 身体动作	口语 + 文字 + 图像 + 直观教具
频率(次 / 节)	46	7	7
占比(%)	76.7	11.7	11.7

在道别环节,教师所采用的模态组合方式展现出特定的分布特征。如表 5.29 所示,教师在这一环节总共运用了 3 种不同的模态组合。其中,"口语 + 身体动作"模态组合备受青睐,出现频率最高,占比达 76.7%,而"口语 + 文字 + 图像 + 身体动作"模态组合与"口语 + 文字 + 图像 + 直观教具"模态组合,出现频率相当,各自占比 11.7%。由此可见,道别环节意义的构建与传达是通过多种模态相互配合、协同作用来实现的。

5.2 学生多模态话语特征

5.2.1 学生有声话语特征

依据 Swain(1985)的语言输出假说,二语学习者若想准确且流利地运用目的语,不仅要尽可能多地接收可理解输入,还必须借助有意义的语言输出来强化语言能力。Allwright(1984)同样指出,优秀的语言教师应当促使学生更多地参与课堂活动。视频直播环境下的外语课堂中,学生的有声话语时长及占比如表 5.30 所示。从中可以看出,学生平均每节课的有声话语量为 5.97 分钟,介于3.1 分钟和 9.5 分钟之间;学生平均有声话语率为 23.2%,最低为 12%,最高至36.9%。

表 5.30 学生有声话语时长及占比

	最小值	最大值	平均值
时长(分 / 节)	3.1	9.5	5.97
占比(%)	12	36.9	23.2

学生在课堂上进行的阅读、跟读、回答问题和主动发言这四种不同类型有声话语输出活动的时长占比情况详见表 5.31。平均每节课中,学生回答教师提问所花费的时间约 2.5 分钟,占学生总话语时长的 41.3%;跟读活动时长约 2.2 分钟,占比 36.4%;阅读课件上字母、单词、词组、句子和段落等内容的时间约为 0.8 分钟,占比 13.4%;主动向教师提问或发表观点的时间约为 0.5 分钟,占比 8.9%。

表 5.31　学生各类话语输出活动时长及占比

	回答问题	跟读	阅读	主动发言
时长(分/节)	2.5	2.2	0.8	0.5
占比(%)	41.3	36.4	13.4	8.9

在这四类有声话语输出中,阅读和跟读属于被动型话语输出活动,而回答问题与主动发言则归为互动型话语输出活动。虽然学生的课堂话语率在一定程度上能够体现其课堂参与度,但学生的互动话语输出质量更能精准、有效地反映他们在外语口语课堂上的参与深度与实际效果。

从上表数据能够推算出,学生回答问题在整节课中的平均时长占比为 2.5/25.75 = 9.7%,主动发言的平均时长占比为 0.5/25.75 = 1.9%。由此可得,在线课堂上学生的平均互动型话语总输出率为 9.7% + 1.9% = 11.6%。此外,对学生口语输出活动深入分析后发现,学生平均每分钟主动发言 0.4 次,即平均每节课 10.3 次。在回答问题方面,平均正确率达 82.1%,涵盖正确单词、正确句子以及 yes 或 no 回复这三种情况;而 17.9% 的回答存在不够准确的情况,包括错误回答、不完整回答和不会回答三种,如表 5.32 所示。

表 5.32　学生互动话语输出频率及占比

	最小值	最大值	平均值
学生互动型话语总输出率(%)	2.9	27.1	11.6
主动发言频率(次/节)	0.0	39	10.3
主动发言频率(次/分)	0.0	1.5	0.4
正确回答占比(%)	57.1	100.0	82.1
待改进回答占比(%)	0.0	42.9	17.9

5.2.2 学生身体动作特征

对于学生而言，在课堂互动中，他们并非仅依靠有声话语与教师交流，身体动作尤其是手势同样参与到话语意义的构建之中。特别是对于儿童来说，手势在其语言学习进程中发挥着重要作用，是他们掌握更为复杂语言结构的基石（Goldin-Meadow, Mylander, & Franklin, 2007）。由于儿童运用语言表达词汇的能力存在一定局限，所以需要借助手势辅助表达（Butterworth, 2003; Goldin-Meadow Nusbaum & Kelly, 2014）。尤其是使用节拍手势来帮助自己提取词汇、梳理思路（孙鑫，张丹，2018）。

笔者还观察到，学生在视频直播课堂中的确会通过一些交际手势来传达意义，其频率情况如表5.33所示。学生平均每节课使用交际手势9.8次，即每分钟0.4次。这一频率高于刘芹和潘鸣威（2010a）所发现的大学生在面对面英语口头讨论时的手势频率（每分钟0.28次）。此外，在手势模态的选择上，学生个体之间存在显著差异，有的学生一节课仅使用1次手势，而有的学生一节课使用手势的次数多达38次，每分钟约1.5次。

表5.33 学生交际手势使用频率

	最小值	最大值	平均值
频率（次/节）	1.0	38.0	9.8
频率（次/分）	0.04	1.5	0.4

在手势类型的选用方面，有学者（马利军，张积家，2011）指出，儿童在交际时，使用最多的是指示性手势，其次是标志性手势。然而，笔者针对视频直播少儿英语课堂展开观察后发现，在这类课堂中，学生最常选用的是规约手势，如掌心朝向电脑屏幕，指尖朝上，手臂左右挥动的挥手手势；中间三指伸直，其余两指卷曲向内表示数字"3"的手势；大拇指竖起，其余四指蜷曲向内的大拇指手势；两个大拇指结合在一起做出爱心下面的尖角，每只手其余四个手指弯曲相对形成爱心的弧度的爱心手势等。学生平均每节课使用规约手势4.3次，占比达43.9%。其次是拟物手势，平均每节课出现3.8次，占比38.8%，如双手手掌自然摊开、合并表示将面团拍扁。节拍手势的使用频率相对较低，平均每节课1.1次，占比11.2%。学生对指示手势和隐喻手势的选择较少，指示手势平均每节课

0.5 次,占比 5.1%;隐喻手势平均每节课仅 0.1 次,占比 1%,如表 5.34 所示。

表 5.34　学生各类手势频率及占比

	规约手势	拟物手势	节拍手势	指示手势	隐喻手势
频率(次/节)	4.3	3.8	1.1	0.5	0.1
占比(%)	43.9	38.8	11.2	5.1	1

在课堂交流中,学生除了借助手势外,偶尔也会运用面部表情来传递情感。例如,他们会通过微笑来表达开心喜悦的心情;而当看到课件上凶猛的老虎形象时,他们会流露出惊讶、害怕的表情。同时,学生还会利用头部动作来表达特定意义。比如,当认同某一观点时,他们会点头示意;若遇到不会回答的问题或对某一观点持不同意见时,他们便会摇头表明态度。

5.3　课堂师生言语互动率和多模态活动率特征

师生言语互动率是反映课堂互动程度的一个重要指标,外语视频直播课堂的语言互动率 = 教师课堂提问率 + 教师课堂口头反馈率 + 教师课堂口头指令率 + 学生课堂话语率(吴玲娟,2022)。对 5.1.1 小节的教师话语中提问、指令语和反馈语时长占比进行换算后发现教师提问语、指令语和反馈语在每节课中的时长占比分别为 8.9%、7.8% 和 21%,再结合 5.2.1 小节的学生话语率,可以计算出视频直播课堂的平均语言互动率 = 8.9% + 7.8% + 21% + 23.2% = 60.9%,最小值为 36.8%,最大值为 86.5%,如表 5.35 所示。

表 5.35　师生语言互动率

	最小值	最大值	平均值
师生语言互动率(%)	36.8	86.5	60.9

多模态标注结果显示,在视频直播环境中,教师的绝大多数身体动作以及全部教学工具应用行为,均与语言行为同步发生。不过,在 6.5% 的课堂时间里,教师仅依靠身体动作来传达意义。根据视频直播课堂教师活动率计算公式(吴玲娟,2022),教师多模态活动率 = 教师语言率 + 教师独立表义身体行为率,据此可以计算出本书中的教师多模态活动率平均值 = 54.6% + 6.5% = 61.1%,介于 47.5% 和 88.8% 之间,如表 5.36 所示。

表 5.36　教师多模态活动率

	最小值	最大值	平均值
教师多模态活动率（%）	47.5	88.8	61.1

在视频直播课堂中，学生有时仅仅通过身体动作来表达意义（身体动作独立承担着交际任务），且其信息技术应用行为均未伴随语言活动，因此学生活动率 ＝ 学生语言率 ＋ 学生独立表义身体行为率 ＋ 学生信息技术应用率（吴玲娟，2022）。本书发现，在一对一视频直播少儿英语课堂上，学生在 1.6% 的课堂时间里通过身体动作独立完成交际任务，在 7.1% 的课堂时间里独立通过信息技术参与课堂（如完成打地鼠、拼图、连线等数字化书面练习）。据此计算，本书中学生多模态活动率为 23.2% ＋ 1.7% ＋ 6.9% ＝ 31.8%，最小值为 17.1%，最大值为 51.2%，如表 5.37 所示。

表 5.37　学生多模态活动率

	最小值	最大值	平均值
学生多模态活动率（%）	17.1	51.2	31.8

5.4　课件图文模态特征

在视频直播少儿英语课程的教学课件中，文字、图像、图文布局等模态的运用展现出特定的规律性。

5.4.1　文字组成单位特征

考虑到小学入门阶段的英语学习者，其识读英语单词的能力尚显不足，并且对于儿童来说，理解意义主要依赖画面，文字起辅助作用（国防，2017），所以视频直播少儿英语课程的课件普遍具备图文并茂的特点，文字表述简洁明了。课件中文字模态的类型分布特征如表 5.38 所示。从中可见，视频直播少儿英语课件上的文字，以单词或词组居多，平均每份课件包含 36.9 处，占比 55.3%；其次是独立的句子，平均每份课件有 27 处，占比 40.5%；字母或音标形式平均每份课件仅有 2.3 处，占比 3.4%；而段落出现的频率极低，平均每份课件约 0.5 处，仅占 0.7%。这种分布与低年龄段小学生的认知水平和英语水平高度契合。

表 5.38 不同文字组成单位的出现频率及占比

	文字(4.1 处 / 页)			
	单词或词组	句子	字母或音标	段落
频率(次 / 份)	36.9	27	2.3	0.5
占比(%)	55.3	40.5	3.4	0.7

5.4.2 课件文字样式特征

课件中的文字样式模态分布特征如表 5.39 所示。

表 5.39 课件文字样式模态分布特征及占比

模态类型		占比(%)
颜色	黑色	38.5
	混合色	17.4
	其他各类纯色	44.1
显示方式	直接覆盖在大面积纯色背景上	45.4
	显性文本框	44.1
	直接覆盖在图像上	10.5
字体	衬线	99.6
	非衬线	0.4
字号	中	65.4
	大	18.9
	小	15.7

首先,视频直播环境下的少儿英语课程教学课件的文字颜色非常丰富。对所有课件中的 4 003 处文字进行分析后发现,纯色文字的使用频率(82.6%)显著高于混合色(17.4%)。在纯色文字里,黑色文字的使用频率位居首位,随后依次是白色、红色、蓝色、橘色、绿色、黄色、棕色、粉色以及紫色。值得特别关注的是,像黑—红、黑—蓝、黑—紫红这类混合色彩的使用频率,在各类文字颜色中仅次于黑色。这些混合色彩常被用于突显单词拼写或句子意义的重点部分。例如,在图 5.1(彩)左上角的课件中,"apple"和"ambulance"这两个单词里的字母"a",就运用了淡紫色进行突显;在该图下方中间课件图像下方的句子"I am fine."中,单词"fine"则是用粉色加以突显。

其次,视频直播环境下的少儿英语课堂教学课件中文字的呈现方式丰富多样。最为常见的呈现方式是文字直接覆盖在背景图的留白区域,或者大面积纯色背景之上,但其占比不足一半,仅为 45.4%。例如,在图 5.1(彩)左上方课件中 "apple" 和 "ambulance" 这两个单词,上方居中课件中的 "What do you want? I want a... What do you want? I want an...",以及下方居中课件左边的三处单词 fine 和图像下方的 "I am fine",均直接覆盖于大面积纯色背景上;右上方课件中的标题文字 "Phonics Class—The Alphabet",则是直接覆盖在背景图中大面积的蓝色天空背景部分。这些文字的颜色与背景色形成鲜明的视觉反差,从而在视觉上凸显出文字内容。接着,以显性文本块形式呈现的文字占比 44.1%。如右下方课件在文字 "a hen" 外面设置了圆角白色矩形文本框,有效增强了文字与背景的分离效果,突出了文字信息;下方居中课件里的句子 "How are you?" 则以语言泡形式呈现。此外,10.5% 的文字会与图像重叠,二者融合为一个有机的语义整体。例如,左下方课件中的标题文字 "After School" 与背景以及主体图像相互融合,在语义层面相互补充。

就英文文字字体而言,几乎全文文字(99.6%)为笔画粗细一致且笔画边角呈圆角形态非衬线字体,尤其是圆体。如图 5.1(彩)的 6 页课件中所有文字均为非衬线字体。这些非衬线字体文字笔画粗细均匀、造型简明有力,简洁美观、可爱圆润又给人柔美、温和之感,非常适用于针对儿童的英文单词短句的编排。

最后,就字号而言,多数文字具备良好的阅读效果。在课件中,标题介绍页面通常采用大号文字,而课文主体环节则大多使用中号文字。表 5.39 显示,18.9% 的文字为大号,这类文字主要出现在标题页面,以图 5.1(彩)为例,右上方课件中的标题 "Phonics Class—The Alphabet" 以及左下方课件中的标题 "After School" 均为大号文字。大部分文字(65.4%)为中号,如在图 5.1(彩)中,除上述标题文字外,其余文字基本都是中号,阅读效果良好。不过,不可忽视的是,仍有 15.7% 的文字属于小号,其阅读效果欠佳。

5.4.3 课件主体图像特征

小学入门阶段的英语学习者在识读英语单词方面能力有限,而根据国防(2017)的研究,儿童理解意义时画面占据主导地位,文字仅为补充。根据表 4.4,在本书的少儿英语课件里,图像资源非常丰富,绝大部分(94.6%)页面包含图像,平均每页包含 2.8 幅主体图像。课件主体图像模态的功能、及物性过程、表征形式及色调统计数据如表 5.40 所示。

表 5.40　课件主体图像模态的功能、及物性过程、表征形式和色调特征及占比

模态类型		占比(%)
功能	与文字产生逻辑语义关系	79.8
	替代文字	14.3
	修饰页面	5.9
及物性过程	概念图像	58.9
	叙事图像	41.1
表征形式	卡通图	73
	照片	25
	图表	2
色调	暖色调	57
	冷色调	24
	中性色调	19

　　首先,从功能维度看,大部分(79.8%)主体图像在课件中发挥着促进理解的重要作用,与文字信息构建起紧密的逻辑语义联系。以图 5.1(彩)为例,左上方课件里色泽鲜亮的苹果图像和形象逼真的救护车,以及右下方课件中栩栩如生的母鸡图像,分别对应单词“apple”“ambulance”和“hen”,为这些词汇提供了直观的实例,助力儿童从感性层面理解并掌握词汇的概念意义。图 5.1(彩)下方左侧和中间课件中的人物形象以及他们的动作,传递出时间、地点和方式等环境信息,有助于儿童理解抽象的词组与句子。另外,有 14.3%的主体图像承担着替代文字的功能,这种情况主要出现在语言操练环节。例如,图 5.1(彩)上方中间课件的口语题目用图像代替文字“drink”和“egg”,这不仅减轻了学生在认知过程中的负担,还提升了题目的趣味性,使学习过程更加轻松愉悦。值得注意的是,仅有 5.9%的图像独立于文本存在,它们仅对页面起修饰和点缀的作用,以吸引儿童的注意力。如图 5.1(彩)右上方课件中的主体图像,其与标题文字在概念意义上并无直接关联,主要通过卡通造型的人物、动物以及踢球动作,在一定程度上吸引儿童的目光,营造出活泼有趣的视觉氛围。

其次,课件所使用的主体图像也呈现出特定的类型分布。其中,概念图像占比最高,达58.9%,主要用于描述事物的属性、特征以及类别等方面。以图5.1(彩)为例,左上角课件中苹果和救护车的图像,从轮廓、造型到颜色,清晰且直观地展现了苹果和救护车的特征;右下角课件里的母鸡图像,同样精准呈现出轮廓、造型、颜色或功能等特点,帮助儿童迅速在图像与对应的文字"apple""ambulance"和"hen"之间建立起语义联系。另外,带有向量且能够体现动作过程或言语过程的叙事图像也占了相当大的比例,为41.1%。在图5.1(彩)中,右上角课件展示了活泼可爱的卡通儿童、动物以及儿童踢球这一熟悉的动作,左下角课件呈现出背着书包、满脸笑容的儿童以及手拉手走在校园、挥手道别的动作,下方中间课件则有握手动作和对话过程。这些都属于典型的叙事图像,它们能够吸引儿童的注意力,让儿童产生身临其境之感,引导他们积极参与课堂活动。

接着,从主体图像的表征形式来看,绝大多数(73%)主体图像为生动活泼、形象逼真的卡通形象。这一图像表征形式高度契合儿童天真烂漫、充满想象力的认知与心理特征。卡通图像不仅能够生动直观地展现概念、事物的属性、意义、类别、特征或组成成分,助力儿童理解和记忆抽象的文字概念,还能有效刺激儿童的视觉感官,吸引他们的注意力,激发他们的学习兴趣。同时,这种可爱的风格能够拉近与儿童的心理距离,让儿童在学习过程中始终保持愉悦的心情。25%的主体图像为写实照片,这类照片以真实的场景和细节帮助儿童建立对客观世界的直观认知,在拓展视野的同时,引导他们观察生活中的细微之处,培养细致入微的观察力和对现实世界的感知能力,为抽象概念的具象化理解提供现实基础。与之相对,抽象化程度较高的图表出现频率极低,占比仅为2%,因为儿童的逻辑思维能力尚在发展阶段,有限的思维能力使得他们难以理解抽象图表所蕴含的概念意义。

最后,课件主体图像的色彩运用呈现出丰富且令人赏心悦目的特点。多数(57%)主体图像以黄色、红色、橙色或棕色等暖色调作为主旋律,不仅能够营造温馨、愉悦的学习氛围,还有助于让儿童在学习过程中保持愉快的心情,沉浸在积极的学习状态里。以浅蓝和浅绿等为代表的清新、明快的冷色调在主体图像中也占据了一定比例,为24%。这类色调能给人带来清爽之感,在视觉上为儿童带来别样的舒适体验。此外,黑色、白色和灰色等中性色调同样占有一席之地,占比达 19%。它们在调和画面、平衡整体视觉效果方面发挥着重要作用,使主体图像的色彩搭配更为多元与和谐。

5.4.4　课件背景图像特征

课件中背景图像的特征相关统计结果如表 5.41 所示。从数据来看,超过半数(55.4%)的课件背景采用了低语境化的设计,主要为纯白色或纯彩色。以图5.1(彩)为例,上方左边和中间的课件,以及下方右边的课件,分别使用了干净清爽的纯米色、纯白色和纯绿色作为背景。这些简洁的背景与主体图像和文字形成了强烈的视觉反差,显著提升了主体图像和文字的辨识度,便于学生观看和学习。同时,高语境化的背景图像在课件中也占有相当比重,达到了 44.6%。这些背景图像极具吸引力,能够迅速抓住学生的注意力。例如,图 5.1(彩)右上方课件的背景图案构建了儿童熟悉的自然和游乐场景,左下方的背景图则提供了与教学内容紧密相关的语境信息。这样的模态设计不仅丰富了课件的视觉效果,还能有效激发儿童对课程内容的好奇心和求知欲,促使他们更积极地学习。

表 5.41　课件背景图像特征及占比

模态类型		占比(%)
语境化程度	低语境化	55.4
	高语境化	44.6
色调	冷色调	43.2
	暖色调	30.9
	中性色调	25.9

课件背景色调的选择对儿童学习体验有着重要影响。经统计,课件背景色调主要以清新淡雅且意趣盎然的冷色调为主,占比达 43.2%。像浅蓝、浅绿这类冷色调,在图 5.1(彩)的右上角、下方左边和右边课件中得以运用,能够为儿童营造出舒适、轻松、愉悦且安宁的学习氛围。温馨的暖色调,如浅红、浅黄和淡橙色,也在课件背景中占据一定比例,为 30.9%。这些暖色调能传递出温暖、亲切之感。此外,以白色为代表的清爽的中性颜色在课件背景中同样占有相当份额,占比 25.9%。白色背景简洁明快,能给人干净、整洁的视觉印象,与冷色调和暖

色调相互补充,共同为儿童打造丰富多元且适宜学习的视觉环境。

5.4.5　页面布局特征

少儿英语课件的图文混排页面的版面布局特征如表 5.42 所示。

表 5.42　图文混排课件版面布局特征及占比

模态类型		占比(%)
视觉显著性	图像显著	79.1
	文字显著	20.9
图文空间布局	图文互补	58.3
	图文融合	41.7

在少儿英语课件中,页面设计展现出鲜明特点。根据表4.4,大部分(83.8%)页面做到了图文并茂,图片色彩搭配协调合理,为儿童打造出极具吸引力的视觉环境。根据表 5.42,从视觉显著性来看,在图文混排页面里,绝大多数(79.1%)是图像在视觉上更为突出,图像所占空间相较于文字更大。以图 5.1(彩)为例,除了上方中间的课件外,其余课件均呈现出图像在页面中占据较大空间、视觉上更为显著的特征。与之相对,仅有约 1/5(20.9%)的图文混排页面中,文字所占空间超过图像,如图 5.1(彩)上方中间课件所示。

就图文空间布局方式而言,多数(58.3%)儿童英语数字教材采用图文互补型布局,即文字和图像作为独立的符号单位,各自占据独立空间。比如在图 5.1(彩)左上角和右下角的课件中,图像与文字的视觉空间分割清晰,常见的图文空间组合结构为图上文下或图左文右。而剩下 41.7% 的页面则采用图文融合型布局,文字直接覆盖在背景图上,与图像共同构成一个语义整体。例如,在图 5.1(彩)左下角的课件中,文字融入整个页面的背景图像,成为其中有机的一部分,图像能够助力儿童更好地理解文字内容。

5.5　小结

综上所述,视频直播环境下的外语课堂的主导形式——一对一视频直播少儿英语课堂多模态话语具有鲜明的特征。

一方面,教师、学生和课件制作者在选择不同的模态建构各自多模态话语时呈现如下特征:(1)教师主要通过口语来建构意义,同时经常选择身体动作模态

(主要为大量的手势)来配合其他模态或脱离语言独自传递信息,也会借助各种教学工具(如虚拟贴纸、实物教具)来表达意义,并会设计教学物理背景(如在有装饰性背景的物理空间内授课并且佩戴耳机或头饰)来营造教学氛围;(2)学生主要通过听觉模态参与课堂,但有声话语是他们主动建构课堂多模态话语意义的主模态,虽然他们偶尔会选择肢体动作模态(主要是规约手势)来表达意义,也会通过触觉模态来完成书面练习,但极少选择文字、图像、实物教具等模态来建构意义;(3)图像为课件多模态话语意义建构的主模态,主体图像以多彩可爱的暖色调卡通概念图为主,大部分与文字产生紧密的语义关联,大部分背景图为语境化程度低的纯白色或纯彩色,以冷色调为主;文字简明扼要、颜色丰富,圆润可爱的中号非衬线文字通常直接覆盖在背景留白部分或大面积纯色背景上;课件图文并茂,以图文互补型空间布局为主,背景图像、主体图像和文字的色彩对比鲜明。

另一方面,教师在建构不同教学环节意义时的模态配置方式也呈现出一定规律:(1)绝大部分教学环节意义的建构涉及 3～12 种不同的模态配置方式,使用频率较高的模态配置方式通常涉及 2～4 种不同模态的密切配合,可见教师的模态配置呈现出明显的多样化和多模态的特点;(2)总体来看,"口语 + 文字 + 图像" 模态组合和"口语 + 图像" 模态组合是教师选择最为频繁的模态配置方式。

第6章

视频直播环境下的外语课堂多模态话语教学效果多维分析

本文的研究语料为优质视频直播环境下的外语课堂,其多模态话语具有一定的代表性和示范引领作用,那么这些优质视频直播课堂的多模态话语的实际客观教学效果如何?特别是教师对模态的选择和配置与学生在课堂上的客观表现之间存在怎样的关联?学生有声话语模态质量如何?课堂师生互动性和教学模式有何关系?教学课件质量如何?本章将从多个维度对视频直播环境下的外语课堂多模态话语的教学效果进行深入分析。

教学评价不仅包括以标准化考试为代表的终结性评估,也包括以学习为目的、注重学习过程的形成性评估(Leung & Mohan,2004)。终结性评估一般在学期末或某个学习阶段结束后进行,以学生的学习成绩作为评价对象,能为学生阶段性的学习提供鉴定性评价,是检验教学成果的一个重要手段(王华,富长洪,2006)。然而,标准化测试评估多局限于对事实性知识和低水平思维能力的考查,难以反映学生的高级思维过程(Cheng,Rogers & Hu,2004),也无法准确评价教学过程的实际成效。本书涉及的视频直播环境下的外语课程性质为线上培训课程,目前缺乏科学、统一的标准化测试或教学质量监测和评估标准来直接检验其教学效果。此外,即使为了评估此类课程的教学效果而专门设计标准化外语测试,用其来判断教师课堂多模态话语教学效果也存在一些问题,如很难确定学生外语测试的分数的差异是由课堂上教师不同的多模态话语设计引起的还是也受到其他因素(如学生学习外语的时长、自身整体外语水平、学习外语的动机)的影响。可见标准化测试结果也不一定能客观、准确地反映教师多模态话语的实际教学效果。

　　课堂形成性评估是对学生的学习过程进行的评价,包括对学生课堂学习过程中的表现、所取得的成绩以及所反映出的情感、态度、策略等方面的发展做出评价。其中,课堂即时形成性评估是指在课堂教学过程中对学生的课堂学习表现做出的即时评估,它能够满足学生即刻的学习需求,其时间上的紧密性更好地保障了评测的促学作用(Black,2009;杨华,文秋芳,2013)。课堂即时形成性评估既可以涉及师生或生生之间言语层面的交流,也可以包括教师根据学生的动作、面部表情等非言语信息判断学生的需求和状态,并对后续的教学进行调整(杨华,文秋芳,2013)。由此可见,课堂即时性形成性评估具有多模态属性。

　　近年来,眼动追踪技术作为一种先进的测量和评价技术被引入学习评价中,尤其是在线学习和远程教育环境中的学习评价。眼动追踪技术通过测量眼睛的注视点的位置或者眼球相对头部的运动而实现对眼球运动的追踪,记录的眼动数据方便教师和研究者了解学生在学习过程中的关注点、阅读速度等行为特征以及认知过程和思维模式等,进而有效地反映学生的学习兴趣、学习习惯、阅读效率、学习效果等。然而,不得不承认,当前眼动追踪设备和分析软件的购买成本较高,而且需要专门的实验室空间。此外,眼动追踪技术关注的焦点在于学生课堂的隐性注意力分配和思维过程,无法记录和分析学生在课堂上对教师多种模态信息呈现方式的即时反馈,如口语、书面练习以及身体动作等多模态表现和课堂参与情况。因此,单纯依赖眼动追踪技术也难以完整、客观地评估即时课堂教学效果。

　　就课堂即时客观教学效果而言,考虑到视频直播环境下的外语课堂以口语交际能力的提升为主要教学目标,学生的课堂即时口语表现(主要包括有声话语输出率、互动话语输出率、回答正确率和主动发言频率)是重要的评价依据。同时,视频直播课堂中的学生学习行为不是单一的语言行为,而是由语言行为、身体动作与信息技术行为协同的多模态化动态信息交互行为(吴玲娟,2022),学生的多模态活动率能在一定程度上客观反映学生的课堂表现。此外,外语课堂的大部分教学活动都是依赖师生言语互动来实现的,因此师生课堂语言互动率也是衡量课堂客观教学效果的一个指标。据此,本书将课堂上师生口语互动率,学生的多模态活动率、总话语率、互动话语率、回答正确率和主动发言频率作为评价课堂客观教学效果的六个维度。

此外,笔者对评委教师、学生和家长进行半结构式访谈,以深入了解他们对课堂的学习效果、教师多模态话语设计尤其是身体动作、教学工具等非语言模态的设计等方面的态度和看法。

综上所述,本书将从多个维度来综合探索视频直播环境下外语教师多模态话语的效果,涉及课堂即时性客观表现,专家教师、学生和家长访谈结果,多模态话语,二语习得和非语言交际相关理论,我国小学英语教师话语和多模态话语相关研究结论等视角。

6.1 教师模态选择效果

5.1.1 小节介绍了一对一视频直播少儿英语课堂上教师的有声话语、身体动作、教学工具和教学物理环境模态的选择特征,下文结合国内优质和普通线下小学英语课堂多模态话语和教师话语相关研究成果、二语习得中关于教师提问语、指令语、反馈语和讲解语的相关观点、非言语交际相关理论以及教师选择的各种模态的频率与六个客观教学效果评价指标相关性分析结果来多维度探索教师在建构课堂多模态话语意义过程中模态选择的效果。

6.1.1　教师有声话语模态效果

从 5.1.1.1 小节可知,视频直播课堂上教师平均话语率为 54.6%。李满(2017)、张锁红(2021)和张亚婷(2021)等人针对国内线下小学英语课堂教师话语的研究成果表明,国内优秀小学英语教师的课堂话语输入分别占课堂总时长的 56.5%、50.5% 和 51.45%。本书的视频直播课堂中教师的有声话语率与国内线下优质小学英语课堂的教师话语率极为相近。由此可见,单从教师话语率这一维度考量,一对一视频直播少儿英语课堂呈现出优质小学英语课堂的特征。

本书进一步对教师的课堂有声话语率与课堂客观教学效果评价各维度得分进行了相关性分析,结果如表 6.1 所示。可以发现,教师有声话语率与与口语互动率之间存在显著的正相关关系($r = 0.643, p < 0.01$),与学生多模态活动率之间存在明显负相关关系($r = -0.284, p < 0.05$),但是与其他四个指标之间未出现统计学意义上的关联。这一结果表明教师积极的话语输出在一定程度上能够促进师生间的口语互动,但也会对学生的多模态参与空间产生压缩作用。

表6.1 教师话语率与客观教学效果相关性分析结果

	师生口语互动率	学生多模态活动率	学生总话语率	学生互动话语率	学生回答正确率	学生主动发言频率
教师有声话语率	0.643**	−0.284*	0.197	0.253	−0.025	0.178

注:** 表示 $p < 0.01$,* 表示 $p < 0.05$,下同

以下进一步聚焦教师话语细节,尤其是提问语、指令语、反馈语和讲解语的多维度教学效果。

首先,就教师提问语而言,依据5.1.1.1小节,在视频直播环境下,教师提问时间占教师话语量的16.5%,这一比例接近国内线下优质课堂的16.2%(李满,2017)。从提问语使用频率来看,平均每节课教师提出49个问题,平均每分钟达1.9次,显著高于线下优质小学英语课堂每分钟0.7次的提问频率(李满,2017)。

从提问语的互动性来看,依据杨雪燕和解敏(2012)的观点,由小句的疑问结构所呈现的一致式语气,其功能主要局限于向听话人索取信息,因此会导致师生互动性较弱。与之形成对比的是,语气隐喻将提问直接聚焦于听话人,赋予提问"显性主观取向"(Halliday & Matthiessen,2004),极大地提升了听话人参与互动的可能性。此外,在卷入式主语问题中,作为信息交换现场对信息有效性负责的一方,听话人会被深度卷入被索取的信息情境之中,进而显著增大了其提供信息并参与互动的概率。由此可见,语气隐喻问题与卷入式主语问题对于增强师生课堂互动性具有积极作用。然而,从5.1.1.1小节的数据统计结果来看,在外语视频直播课堂中,高达94.7%的教师提问语通过一致式疑问语气体现,而采用隐喻式语气的提问语仅占极小比例,为5.3%。同时,卷入类主语出现的频率为0.8次/分,占比42.1%,明显低于非卷入类主语的1.1次/分,后者占比达57.9%。综合这些数据不难推断,视频直播情境中教师提问语所激发的课堂互动性相对较弱。

课堂提问语时长占比、提问频率、一致式语气提问频率、隐喻式语气提问频率、卷入类主语频率、非卷入类主语频率与客观教学效果六个评价维度的相关性分析结果(见表6.2)表明:教师提问时长占比与师生口语互动率、学生互动话语率和学生主动发言频率分别存在显著中等正相关关系(r 分别为 0.746、0.589 和

0.516, p 均 < 0.05);教师提问频率与师生话语互动率、学生互动话语率之间存在显著的中等正相关关系(r 分别为 0.470 和 0.396, p 均 < 0.05),一致式语气提问频率与课堂师生口语互动率、学生互动话语率之间存在显著的中等正向相关关系(r 分别为 0.510 和 0.458, p 均 < 0.05);卷入类主语频率与学生主动发言率存在显著中等正相关关联(r = 0.585, p < 0.05)。

表 6.2　教师提问语时长及频率与客观教学效果相关性分析结果

	师生口语互动率	学生多模态活动率	学生总话语率	学生互动话语率	学生回答正确率	学生主动发言频率
提问语时长占比	0.746*	−0.259	0.131	0.589*	−0.004	0.516*
提问频率	0.470*	−0.236	0.192	0.396*	−0.017	0.359
一致式语气提问频率	0.510*	−0.251	0.125	0.458*	0.036	0.928
隐喻式语气提问频率	0.020	−0.063	0.306	0.283	0.278	0.239
卷入类主语频率	0.305	−0.225	0.260	0.359	0.111	0.585*
非卷入主语频率	0.674	−0.102	0.174	0.187	−0.088	0.558

综上所述,教师提问语时长和频率高于优质课堂标准,本应在一定程度上更能激发学生参与,而且教师提问语在时长、频率、语气和主语的选择上有符合促进互动的条件,但实际提问互动性不强。

其次,就指令语来说,根据 5.1.1.1 小节的数据统计,在视频直播课堂中,教师教学指令语时长占教师有声话语总时长的 14.4%,明显高于线下优质小学英语课堂 3% 的占比(李满,2017)。此外,从指令语频率来看,视频直播课堂中教师的平均口头指令语频率为每节课 45.4 次,平均每分钟 1.8 次,而线下优质小学英语课堂的指令语频率仅为每分钟 0.33 次(李满,2017),可见视频直播课堂的教师指令语频率明显更高。

Leech(2006)强调,教师在发布指令时,需着重关注会话的礼貌原则,因为课堂交流的成功与否以及课堂氛围能否保持和谐融洽,都与教师指令的礼貌性紧密相关。徐英(2003)针对英语课堂礼貌程度展开的研究表明,包容式祈使语气、导语式祈使语气、缓和式祈使语气以及各类疑问语气的指令语,具有较高的礼貌程度;而赤裸式祈使语气和各类陈述语气的指令语,礼貌程度则相对较低。依据5.1.1.1小节中对中教师指令语语气的具体频率及占比数据,经计算可得视频直播环境下的英语课堂教师的礼貌型指令语和非礼貌性指令语的频率及占比情况:教师礼貌程度较高的指令语的频率为24.2次,占比为53.3%;教师礼貌程度较低的指令语频率为21.2次,占比46.7%。可见在视频直播环境下的英语课堂中,教师的指令语使用既契合会话礼貌原则的要求,也从话语使用层面印证了课堂互动具备平等和谐的特质,为教学活动的高效开展营造了良好的语言交际环境。

教师课堂指令语与客观教学效果之间的相关性分析结果(见表6.3)显示:教师指令语时长占比与学生多模态活动率之间存在显著正向相关关系($r = 0.285$,$p < 0.05$),指令语频率、礼貌程度高指令语占比与客观教学效果各维度均不存在显著正向或负向关联。

表6.3 教师指令语与客观教学效果相关性分析结果

	师生口语互动率	学生多模态活动率	学生总话语率	学生互动话语率	学生回答正确率	学生主动发言频率
指令语时长占比	0.096	0.285*	0.069	−0.133	−0.016	−0.247
指令语频率	−0.211	−0.031	0.079	−0.264	0.025	−0.152
礼貌程度高指令语占比	0.047	0.087	0.202	0.154	−0.049	−0.04

综合来说,教师指令语时长与频率高于优质课堂标准并且在时长维度对学生多模态活动率有一定正向作用,指令语较为礼貌,营造了良好的课堂氛围,但教师在指令频率把控上存在不足,整体指令语效果尚未达到最佳状态。

接着,就反馈语来看,从5.1.1.1小节可知视频直播课堂上教师语言反馈时长在教师有声话语时长中的占比为38.5%,教师反馈语的平均频率为每节课108.2次,即每分钟4.2次,明显高于线下优秀小学英语课堂教师反馈语19.7%的占比和2.1次/分的教师口头反馈频率(李满,2017)。

就教师反馈语类型而言,内容型反馈和评价型反馈为教师主要的口头反馈类型,其中侧重话语内容和意义、能引起学生对问题进行深入思考且能引发比IRF更复杂的多话步交互结构的内容型反馈为教师的首选,相比于线下优秀小学英语课堂中教师评价型反馈远远多于话语反馈(李满,2017),视频直播少儿英语课堂的教师反馈语质量更好,兼顾了学生的情感和认知需求,既考虑到了小学生渴望被认可和表扬的情感需求,在一定程度上能给小学生带来积极的情感暗示、激发他们的学习动机并有效提高他们的学习积极性,又注重学生应答的内容和意义,通过多种反馈策略来引导学生对问题进行深入思考。

教师反馈语与客观教学效果各维度之间的相关性分析结果(表6.4)显示,教师反馈语的时长占比与课堂师生口语互动率和学生互动话语率之间分别存在显著高度正相关关系(r 分别为 0.709 和 0.284,p 均 < 0.01 或 0.05);反馈语频率与师生口语互动率之间存在显著正相关关系($r = 0.693$,$p < 0.01$),内容型反馈语频率分别与师生口语互动率、学生总话语率、学生互动话语率和学生主动发言频率之间存在显著中等正向相关关系(r 分别为 0.523、0.266、0.543 和 0.433,p 均 < 0.01 或 0.05);评价型反馈语频率和意义协商型反馈语频率与课堂客观教学效果各维度均不存在显著的相关关系。

表6.4 教师反馈语频率与客观教学效果相关性分析结果

	师生口语互动率	学生多模态活动率	学生总话语率	学生互动话语率	学生回答正确率	学生主动发言频率
反馈语时长占比	0.709**	−0.323	−0.116	0.284*	−0.133	0.177
反馈语频率	0.693**	−0.41	0.203	0.262	−0.04	0.217
内容型反馈语频率	0.523**	0.004	0.266*	0.543**	−0.125	0.443*
评价型反馈语频率	−0.153	−0.415	−0.004	−0.325	−0.113	0.303
意义协商型反馈语频率	0.123	−0.517	−0.204	0.045	−0.039	0.393

综合来看,教师反馈语时长与频率高于优质课堂标准并且在频率、时长、类型以及满足学生需求方面都呈现出积极效果,能有效促进师生互动和学生课堂参与,整体教学效果良好,对课堂教学起到了有力的推动作用。

最后,在讲解语层面,根据5.1.1.1小节,视频直播课堂中教师平均讲解时长占教师话语量的30.6%。咸修斌和孙晓丽(2007)以及周星和周韵(2002)发现在以教师为中心的外语课堂上,教师单向讲解为主要的教师语言活动(讲解时长可占教师话语量的 70.6%);李满(2017)发现线下优质小学英语课堂中教师讲解话语时长占教师话语量的 50.8%。相比之下,视频直播课堂上教师的讲解率低于以教师为中心的外语课堂以及线下优质小学英语课堂的教师讲解时长占比。由此可见,在外语视频直播课堂上,教师的绝对中心地位弱化,为学生自主参与课堂创造了空间。

教师的课堂讲解时长占比与课堂客观教学效果评价各维度的相关性分析结果(见表 6.5)表明:教师讲解用语的时长占比与课堂师生口语互动率以及学生互动话语率都存在显著负相关关系(r 分别为 -0.481 和 -0.480,p 均 < 00.05),教师讲解时间越长,课堂的师生话语互动性就越弱。由此可见,过度讲解会挤压课堂互动空间,而合理控制讲解时长、优化讲解策略,有助于实现知识传授与学生参与的动态平衡。

表 6.5 教师讲解语与客观教学效果相关性分析结果

	师生口语互动率	学生多模态活动率	学生总话语率	学生互动话语率	学生回答正确率	学生主动发言频率
讲解时长占比	-0.481^*	0.009	-0.147	-0.480^*	0.178	-0.192

综上所述,视频直播课堂上教师提问语、指令语和反馈语的时长占比及频率均高于优秀线下课堂,虽然教师提问语带来的课堂互动性不太强,但教师指令语反映出课堂师生关系具备平等和谐的特质,教师反馈语兼顾了学生的认知和情感需求,而且教师讲解语表明视频直播课堂上教师并非课堂的绝对中心。此外,教师的提问语、反馈语和指令语的时长、频率及类型与学生话语输出质量和数量、学生多模态活动率以及师生口语互动率之间存在一定程度的显著正向关联,而讲解语正好相反。

6.1.2 教师身体动作模态效果

根据 5.1.1.2 小节,外语视频直播课堂中每节课教师平均使用手势 110.6 次,即平均每分钟 4.3 次。不过,教师间的手势使用频率存在显著个体差异,使用手势最多的教师一节课可达 275 次,最少的仅为 20 次。张亚婷(2021)与张爱莲(2021)的研究表明,优秀小学英语教师课堂手势频率分别为 7.7 次/分和 5.0

次/分,邱洁怡(2019)发现普通小学英语教师课堂手势频率为 2.1 次/分。对比可知,视频直播环境下的少儿英语教师的平均手势频率相较于国内线下小学英语教师有一定差距。

张爱莲(2021)及张亚婷(2021)的研究表明,在优质线下小学英语课堂里,教师使用频率最高的手势是指示手势,占比分别为 56.6% 和 48.2%;而节拍手势使用最少,占比分别为 7.2% 和 1.9%。与之形成鲜明对比的是,在外语视频直播课堂中,教师指示手势占比仅 11%,远低于优质线下课堂。不过,节拍手势占比 3.6%,与线下课堂存在一定相似性。在线课堂中教师指示手势频率较低,原因或在于视频直播一对一的教学模式。在这种模式中,教师无须像传统线下面授课堂那样,频繁用手指向学生以邀请其发言,也不必经常用手指向黑板或幻灯片上的文字、图像来吸引学生的注意力。

此外,值得一提的是,在视频直播少儿英语课堂中,教师的手势频率显著高于学生。可能的原因如下。其一,受教学需求的驱动,教师更擅长运用手势来传达附加意义,辅助组织思维过程,将抽象的内在意象具象化,进而提升语言输出的准确性。相较之下,低水平学习者由于受自身语言和认知能力的局限,难以像教师那样自如地运用手势,从而导致其手势使用频率较低。其二,由于当话语交际受阻时(谈话对象给予明确否定话语表述时),说话者会使用更多的语伴手势(Hoetjes, Krahmer & Swerts,2015)。本书中的中国小学生英语水平尚不足以与教师全程通过英语进行顺畅沟通,因此教师需要通过手势来补充、澄清、强化语言所表达的意义。

对教师的手势频率与客观教学效果维度进行相关性分析,结果(见表 6.6)显示,教师的总手势频率与学生总话语率、学生互动话语率之间存在显著的负向关联(r 分别为 -0.341 和 -0.269,p 均 < 0.05);规约手势频率与学生总话语率、学生互动话语率之间也存在显著的负向关联(r 分别为 -0.286 和 -0.103,p 均 < 0.05);拟物手势频率与学生总话语率、学生互动话语率之间也存在显著的负相关关系(r 分别为 -0.290 和 -0.411,p 均 < 0.05)。这说明教师的手势尤其是规约手势和拟物手势对学生的课堂话语输出数量产生负面的影响,教师手势特别是规约手势和拟物手势越频繁,学生的总话语率和互动话语率反而更低。这意味着教师手势在一定程度上抑制了学生的话语表达和互动参与。也许是教

师的手势尤其是规约手势和拟物手势运用不当,如手势过于复杂或频繁,分散了学生的注意力,导致学生无法专注于课堂交流;或者是因为手势与教学内容不匹配,让学生感到困惑,从而影响了他们参与课堂互动的积极性。

表 6.6　教师手势频率与客观教学效果相关性分析结果

	师生口语互动率	学生多模态活动率	学生总话语率	学生互动话语率	学生回答正确率	学生主动发言频率
手势总频率	-0.340	-0.06	-0.341*	-0.269*	-0.106	-0.115
规约手势频率	-0.293	-0.007	-0.286*	-0.103*	-0.127	-0.126
拟物手势频率	-0.307	-0.081	-0.290*	-0.411*	-0.011	-0.227
隐喻手势频率	0.049	-0.010	-0.164	-0.201	0.077	-0.047
节拍手势频率	-0.067	-0.169	-0.080	0.158	-0.100	-0.020
指示手势频率	-0.239	-0.016	-0.325	-0.438	-0.013	-0.048

　　尽管教师在运用手势辅助教学方面相对不够积极,而且手势在教学中未能发挥积极作用,甚至对学生的话语表达和互动产生了一定的阻碍,但通过访谈发现,家长、专家、教师以及学生都更青睐手势频繁的教师。首先,专家认为手势特别是拟物手势更多的教师显得备课更加充分,讲课更有条理,似乎具有更高的教学能力,是更好的教学信息提供者,因此,可以说教师手势在一定程度上彰显了教学魅力。其次,在本书中,小学低年级学生平均注意力集中时间为 15～20 分钟,而少儿英语在线课程时长约 25 分钟,因此学习者在学习过程中难免会产生疲劳感,教师手势特别是指示手势的加入可以帮助学习者快速将注意力转移至重点学习内容上,减少其视觉筛选信息的认知消耗,从而促进其对学习内容的记忆加工。此外,随着视频时长的增加,教师手势的不断出现能使学习者在视频学习过程中一直感知到教师的存在,从而增强其学习动机与学习兴趣,进而促进其学习效果。访谈中,学生也表示,手势频繁的教师更加活泼、课堂氛围更加快乐、轻松,尤其是使用积极评价反馈的规约手势,如竖起大拇指手势、击掌手势、鼓掌手势、爱心手势能有效拉近他们和教师的心理距离,上课和教师口语交流就不会那么紧张而且会怀着愉快的心情完成课堂的学习。最后,不同于杨九民、杨文蝶和陈辉等人(2022)关于在教学视频中混合手势、指示性手势、描述性手势的促进作用显著大于节拍手势的结论,也不同于 Macoun 和 Sweller(2016)关于学习者

对节拍手势的敏感度更低,即教学视频中的节拍手势更容易被学习者忽略的结论,笔者发现,虽然节拍手势本身不含语义信息,但在视频直播少儿英语课堂上,学生更喜欢节拍手势使用频繁的教师。可能的原因是节拍手势能够调节教师言语表达的节拍与速度,也能够强调教师讲授内容中的重要部分(So, Chen-Hui & Wei-Shan, 2012),还有可能的原因是低小学段的儿童对音乐节拍比较敏感,如在儿歌听唱环节,教师借助节拍手势,能引导学生深刻感受英语语言独特的节奏感与韵律美,让课堂氛围瞬间活跃起来。此外,在词汇、句型讲解中,节拍手势可将抽象的韵律特征具象化,助力学生加深记忆,还能在潜移默化中提升学生语言输出的流畅性与有效性。

6.1.3 教学工具模态效果

根据 5.1.1.3 小节,教师巧妙利用视频直播教学环境的技术优势,借助虚拟贴纸、实物教具以及音频、视频等教学工具来辅助构建丰富的教学多模态话语意义。为深入剖析这些工具的实际效果,我们对教师每节课使用虚拟贴纸、实物教具和音频、视频等数字媒体的频率与课堂客观教学效果评价的六个维度展开相关分析,结果如表 6.7 所示。从数据来看,各类教具工具的使用频率,与课堂师生口语互动率、学生多模态活动率、学生总话语率、学生互动话语率、回答正确率以及学生主动发言频率等客观教学效果指标并未展现出显著关联。

表 6.7　教学工具使用频率与客观教学效果相关性分析结果

	师生口语互动率	学生多模态活动率	学生总话语率	学生互动话语率	学生回答正确率	学生主动发言频率
虚拟贴纸频率	−0.137	0.200	−0.293	−0.200	−0.387	−0.125
实物教具频率	0.024	−0.399	−0.437	−0.102	−0.151	−0.075
数字媒体频率	−0.315	0.103	−0.276	−0.278	−0.22	−0.212

然而,通过访谈我们发现,专家教师、学生及家长均认为这些教学工具能够助推教学效果的提升。教师运用虚拟贴纸,特别是奖励性质的虚拟贴纸,能够有效激发学生的学习兴趣,提升学生的课堂参与度;实物教具,如玩具、工具等直观物品,不仅能生动形象地辅助语言,阐释知识点,帮助学生加深对知识的理解与记忆,还增添了课堂乐趣;儿童喜爱看动画视频,学生普遍对教师播放的音频和视频,尤其是英文儿歌音频和视频青睐有加。不过,家长也提出了顾虑,鉴于这

类课程多为付费形式,他们不希望教师在授课期间过度播放音频和视频,而是期望学生与教师有更多实时口语互动。此外,受访各方均指出,教学工具特别是实物教具,能侧面反映教师的教学态度与敬业程度。那些精心准备卡片、玩具、工具等实物教具的教师,往往备课更充分,教学态度也更为认真。

6.1.4 教学物理环境模态效果

由 5.1.1.4 小节可知,在视频直播环境下,多数教师会通过设计教学物理背景以及佩戴个人头部饰品来营造良好的授课氛围。针对教师教学物理背景与客观教学效果的六个评价维度的相关性分析结果如表 6.8 所示。可以看出,教师授课空间的物理背景有无修饰图案以及教师是否佩戴耳机或头饰,与课堂师生语言互动率、学生多模态活动率、学生总话语率、学生互动话语率、学生正确回答率和学生主动发言频率等客观教学效果维度均无显著关联。

表 6.8 教师教学物理背景与客观教学效果相关性分析结果

	师生口语互动率	学生多模态活动率	学生总话语率	学生互动话语率	学生回答正确率	学生主动发言频率
修饰背景	−0.074	−0.082	−0.302	−0.049	−0.037	−0.298
无修饰背景	0.074	0.082	0.302	0.049	0.037	0.298
有饰品	−0.059	0.183	0.05	0.387	0.214	−0.155
无饰品	0.067	−0.257	0.039	−0.387	−0.144	0.188

但在访谈中,专家、学生及家长反馈,他们会留意教师身后背景墙的布置。因为教学物理背景会影响他们对教师专业性和教学态度的判断。比如,他们觉得那些精心布置身后物理空间,贴上英文字母表、所属教学平台宣传画,甚至是与教学内容相关的卡通卡片的教师,显得更敬业、更专业,教学态度认真,而非敷衍了事。另外,受访学生表示,他们认为佩戴头戴式耳机的教师的教学态度更认真。

6.2 教师不同教学环节意义建构模态配置效果

5.1.2 小节介绍了一对一视频直播少儿英语课堂上教师在问候、主题介绍、提问、发布指令、知识点讲解、拓展反馈、引导反馈、纠错反馈、积极评价反馈和道别十个主要教学环节的意义建构中对口语、文字、图像、手势、实物教具等模态的配置特征,下文以这些不同教学环节的主要模态配置方式为例来分析这些模态是如何独立或协同表达不同环节教学意义的,并结合这些主要模态配置方式的频率与六个课堂客观教学效果维度的相关性分析结果及不同模态的功能及模态间的互动关系来探索各环节教学效果较好的模态配置方式。

6.2.1 问候环节意义建构模态配置效果

问候环节是课堂教学的第一个步骤,是沟通师生情感的第一道门槛,是拉近师生关系的桥梁。根据 5.1.2.1 小节,问候环节常用的模态配置方式包括"口语 + 身体动作""口语 + 身体动作 + 文字"和"口语 + 身体动作 + 教具"模态组合,以下结合实例具体分析教师的口语、手势、文字、实物教具等模态是如何独立或协同表达问候环节的人际意义的。

"口语 + 身体动作"模态组合是教师在视频直播课堂中传递问候人际意义和概念意义的首选方式,如在图 6.1(彩)中,教师一边自我介绍"Hi, I am teacher ×."并向学生问好"Nice to see you again!",一边对着屏幕连续做出摊开掌心并左右自然挥动的手势动作。在这种模态组合中,口语和手势协同配合来实现问候环节的教学目标,其中口语是不可或缺的模态,其通过听觉通道传递出教师身份、姓名等概念意义以及问候学生的人际意义。手势则通过学习者的视觉通道增强有声语言的积极情感传递力度。学生能从教师亲切的问候语、喜悦的笑容以及挥手动作中感受到教师的热情,自身积极情感状态得到激发,于是也一边挥手一边满心欢喜地回应"Hi, nice to see you too, teacher!"。

"口语 + 身体动作 + 文字"模态组合,是教师在建构问候意义时选用频率位居第二的模态配置形式,如在图 6.2(彩)中,教师人像窗口的上方会清晰显示教师的身份信息与名字"Teacher ×."以及欢迎词"Welcome to class!",而教师本人则面带微笑,向学生亲切打招呼"Hi, I am teacher ×. Welcome to Class!",与此同时,对着学生不停地挥手,用热情的肢体动作增强问候的感染力。在这一模态组合中,口语为主要的、必要的模态,通过听觉通道传递了教师名字、身份等概念意义以及欢迎学生上课的人际意义;文字突出强化了口语表征的问候概念意义和人际信息的重点信息并提供了相应的正确单词拼写形式;教师脸上开心的笑容和握手手势则对口语和文字所传达的人际意义进行了突显、强化,能有效拉近师生心理距离并有助于营造轻松、活泼的课堂氛围。学生被教师喜悦、热情的情绪感染,随即也兴奋地一边做出爱心手势,一边满脸笑意,开心回应"Hi, teacher,I am Emma."。

此外,部分教师还会巧用实物教具来配合口语与肢体动作以更好地表达问候意义。如在图6.3(彩)中,教师一边满脸笑意,向学生挥手并热情地口头问好"Hello,Emma,nice to see you again!",一边轻轻摇晃一只憨态可掬的大熊猫毛绒玩具。在"口语 + 身体动作 + 教具"这一模态组合里,口语无疑是传递欢迎上课这一人际意义的核心的模态。教师脸上的微笑表情以及挥手的手势,进一步强化了口头问候语,能够有效渲染气氛,为学生营造出轻松愉悦的学习氛围,发挥着重要的人际功能。值得一提的是,可爱的小动物毛绒玩具往往是孩子们心爱的玩伴,迅速拉近与学生之间的心理距离,助力构建起和谐良好的师生关系,也为课堂增添了不少趣味。在口语、身体动作以及毛绒玩具的协同作用下,学生的积极情感状态被瞬间点燃,对课堂的兴趣也愈发浓厚,于是他们也立刻微笑着回应"Hello!"。

对"口语 + 身体动作"模态组合、"口语 + 身体动作 + 文字"模态组合和"口语 + 身体动作 + 教具"模态组合这三种问候意义建构的模态配置方式的出现频率与课堂客观教学效果六个维度进行了相关性分析,结果如表6.9所示。可以看出,这三种模态配置方式的频率与课堂客观教学效果的各个维度之间,既未呈现出显著的正向关联,也未表现出明显的负向联系。

表6.9 问候意义建构模态配置方式的使用频率与客观教学效果相关性分析结果

	师生口语互动率	学生多模态活动率	学生总话语率	学生互动话语率	学生回答正确率	学生主动发言频率
口语 + 身体动作	−0.275	0.119	−0.012	−0.149	0.224	−0.183
口语 + 身体动作 + 文字	0.202	−0.068	0.041	−0.005	0.010	0.126
口语 + 身体动作 + 教具	0.147	−0.194	0.045	0.136	−0.102	0.213
口语	0.437	0.305	0.812	0.474	0.592	0.259

可见教师采用哪种模态或模态组合来问候学生不会对学生的课堂表现以及课堂话语互动性产生影响。但从上述分析可知,口语和身体动作(主要为手势和微笑)是教师问候意义建构的所有模态配置方式都涉及的模态(100%),是主要

且必要的模态;口语负责在听觉通道清楚直白地传递问候人际意义及概念意义;手势简便、易用,微笑感染力强,能在视觉通道增强有声语言的积极情感传递力度;口语和身体动作协同配合能有效传递问候的人际意义和概念意义,而且"口语 + 身体动作"模态组合也是优质教师选择频率最高的问候意义模态组合方式。因此可以说,"口语 + 身体动作"模态组合可以完成问候意义建构的核心功能。此外,文字模态能在视觉通道重复并突出强化教师姓名、身份和欢迎上课等口头问候语的概念意义和人际意义并提供相应的正确单词拼写形式,而玩具则能有效强化问候人际意义,有效拉近师生的心理距离,有助于构建良好的师生关系并给课堂增添乐趣。因此,口语、肢体动作这两种主要且必要的模态也可以与文字、实物玩具模态进行组合搭配,教师在通过口语和手势、微笑等模态建构问候意义的同时适当辅以文字或玩具,有助于拉近师生间的心理距离并营造轻松、活泼的课堂氛围。

6.2.2 主题介绍环节意义建构模态配置效果

视频直播环境下外语课堂的导入环节主要为教师借助口语、图像和文字等模态来呈现本单元主题信息以激发学习者的学习兴趣和对知识的好奇心,引导他们迅速且顺利地进入正式学习状态。从5.1.2.2小节可知,所有教师均选择了"口语 + 文字 + 图像"这一模态组合来实现主题介绍环节的教学目标。也就是说,图像模态和文字模态以及教师的口语模态协同合作来实现课堂导入环节的概念功能、人际功能和组篇功能。

以下结合实例具体分析口语、文字和图像模态是如何协同表征主题介绍的概念意义、人际意义和语篇意义的。如在图6.4(彩)中,直接覆盖在背景图上但与背景色彩形成鲜明颜色对比的蓝边白底颜色文字 Unit 1 Numbers 和位于白边蓝底多角形文本框中的白色文字 Lesson 1 不仅清晰表达了本课标题的概念意义,同时也展示了标题的正确拼写形式;教师口头表述的物质过程小句"Today we will learn Unit 1, Lesson 1—numbers."是对课件中的文字信息的重复和强化,同时也示范了标题文字的正确读音;课件画面中心位置的叙事图像中几名活泼可爱、形象逼真、色泽明亮的卡通表征参与者在车上挥手致意,虽然不和文字及口语内容产生语义关联,但表征参与者脸上开心的笑容以及与读者建立的虚拟目光交流似乎都在邀请学习者加入他们的快乐旅程,能有效激发学习者的学习兴趣和对学习内容的好奇心,也能营造出一种轻松、愉悦的学习氛围;此外,太阳、白云、马路等自然场景以及蓝白相间条纹构成了冷色调背景图,与红、黄色调的主体图像和白色文字构成鲜明色彩对比,方便年幼的学习者辨认教学重点,即最显著的视觉元素为位于画面中间的一组卡通造型儿童、两处文字 Unit 1 Numbers 和 Lesson 1 以及位于页面左侧的大太阳和长颈鹿。在这种"口语 + 文字 + 图像"模态组合中,口语和文字均为主要且必要模态,文字和口语所表征的部分信息重合,联合呈现课程标题信息的概念意义;图像虽然仅修饰和点缀页面,也能发挥一定的人际功能和组篇功能。

作为表征课程主题概念意义、人际意义和语篇意义时的唯一模态配置方式,"口语 + 文字 + 图像"模态组合中的口语、文字和图像均为必要模态,用以直接建构课程标题的概念意义;文字和口语所表征的信息部分重合,文字强化了口语中的核心信息并在实体层提供了标题信息的正确拼写形式,口语则在实体层体现了标题文字的正确发音;字号、文字呈现方式及与课件背景色彩的对比、图文版面空间布局都有助于突显标题文字信息,顺利引导学生抓住重点;图像主要有修饰页面的作用,少数图像与文字和口语具有紧密的语义关联,同时图像的卡通表征形式、明艳的色彩也能吸引学生的注意力并激发他们的学习兴趣。

6.2.3 提问环节意义建构模态配置效果

在语义层面,教师提问行为本质上是教师向学生索取信息的过程。它不仅是组织课堂教学的得力工具,更为学生创造了参与课堂互动、进行语言实践的宝贵机会,对提升外语课堂教学效果有着不可忽视的重要影响(杨雪燕,解敏,2012)。教师提问时所采用的模态配置方式是否恰当,会直接作用于学生对问题的理解程度,进而影响师生课堂话语互动的质量。毕竟,只有学生准确理解了教师所提问题,才有可能做出回答,进而实现后续高效的师生课堂互动交流。

从 5.1.2.3 小节可知,"口语 + 图像"模态组合、"口语 + 文字 + 图像"模态组合、纯口语模态、"口语 + 身体动作"模态组合以及"口语 + 文字"模态组合是教师建构提问意义的五种主要模态配置方式。以下结合具体例子分析这五种提问环节的主要模态配置方式中口语、文字、图像、手势等模态是如何独立或协同配合来实现提问功能的。

在表征提问意义时,教师最常采用的模态配置方式是"口语 + 图像"模态组合。通常情况下,教师会围绕与课文主题或知识点相关的图片进行口头提问,但课件上不会呈现与问题相关的文本信息。以图 6.5(彩)为例,课件展示的是一张写实照片,其色彩丰富,最大限度地还原了现实世界并包含诸多细节。照片的主体图像是并肩走在马路上的老人、青年夫妇和孩子。教师采用特殊疑问语气结构[疑问词^限定成分],并选择单数第二人称代词主格 you 作为主语,向学生提问"What can you see in this picture?"。从效果上看,口语清晰地传达了问题的概念意义,而以 you 为主语,直接将学生纳入交际互动之中,极大地增强了学生参与互动的可能性。同时,照片与口语中的 this picture 语义对应,为学生理解口头问题提供了极大的便利,让学生能够迅速领会问题要点。

在建构提问意义时,教师选用频率位居第二的模态配置方式是"口语 + 文字 + 图像"模态组合。在此组合里,口语通过听觉通道直接展现问题的概念意义与人际意义。一般来说,口语问题与课件上的文字问题在语义方面相互重复,口语问题既确认并强化了文字问题,还为其示范了正确发音;而文字则在实体层面给出了口头提问的正确拼写形式。图像与口语、文字存在紧密的语义关联,它为语言提供具体实例,或者呈现时间、地点、方式等环境要素,助力学生理解文字与口语传递的信息。而且,图像大多色彩丰富、风格活泼可爱,能够激发学生的学习兴趣和好奇心。在图 6.6(彩)中,教师为检查学生对 in、on、at 等介词的掌握程度进行提问。教师读出高语境化叙事图像中蓝色卡通形象(一只名为 Kobe 的考拉)投射在白色对话泡里的黑色文字问题"Where are they standing?",与此同时,课件中央高亮显示的、站在桌子上的可爱卡通形象——小鸭和小兔明确了抽象语言中 they 的指称范围,在一定程度上弥补了语言表达的不足。口语、文字和图像协同助力学生精准理解该问题的含义。

口语提问,即教师仅借助听觉通道向学生抛出问题,此时课件上的文字与图像和教师口语不产生任何语义联系。如在课堂正式开启前,教师运用口头问题"What did you eat for your dinner?"进行课堂热身。虽然该口头问题与课件上的文字、图像不存在语义关联,但这一真实日常生活问题有助于拉近师生距离;并且提问涉及单数第二人称代词主格卷入主语 you,成功将学生当作交际互动的主体直接融入具体信息交流中,提升了学生参与互动的可能性。

在"口语 + 身体动作"这一模态配置方式里,教师一方面会口头向学生提出问题,另一方面会借助身体动作,特别是手势,来突显并强化口语问题中的核心信息。在这一过程中,口语与身体动作相互配合,既增强了问题表述的准确性,又能有效激发学生在课堂上的参与度。以图 6.7(彩)为例,教师采用一般疑问语气,运用单数第二人称代词主格作为卷入式主语,向学生提出问题"Do you like cats?",与此同时,教师做出了一个形象的手势:食指和中指伸直,与大拇指分开,其余两根手指向内弯曲,然后将手放置在脸颊两侧,模拟猫儿捋胡须的动作。这一拟物手势精准地强化了语言表述中的核心信息 cats,让教师的提问变得更加生动、活泼,对吸引学生的注意力有着极大的帮助。

"口语 + 文字"模态组合常见于课文导入环节以及少数知识点操练环节的提问中。以图 6.8(彩)来说,教师直接读出课件右下角黄底文本框中用蓝色线条加以突显的特殊疑问语气 + 单数第二人称代词主格卷入主语问题"What can you get from your hobby?"。在这种"口语 + 文字"的提问模态配置中,口语与文字在语义上相互呼应。教师的口语表达,既对文字题目信息起到确认和强化的作用,其标准、地道的发音又为学生提供了正确的语音示范。文字信息有着长时保留、延时反馈的特性,当学生难以快速理解稍纵即逝的口头问题时,可通过视觉通道,借助文字来充分领会那些从口语中未能把握的含义。

针对提问环节中"口语 + 图像"模态组合、"口语 + 文字 + 图像"模态组合、纯口语模态、"口语 + 身体动作"模态组合以及"口语 + 文字"模态组合这五种常见的模态配置方式,与课堂话语互动率和学生多模态课堂表现的六个维度展开了相关性分析,结果如表 6.10 所示。从分析结果可知,"口语 + 图像"模态组合与学生互动话语率呈现中等程度的正向关联($r = 0.514$, $p < 0.05$)。"口语 + 文字 + 图像"模态组合在多个方面表现突出,与师生口语互动率($r = 0.538$, $p < 0.05$)、学生互动话语率($r = 0.582$, $p < 0.05$)以及学生主动发言频率($r = 0.534$, $p < 0.05$)均存在中等正向相关关系。纯口语提问同样不可忽视,它与师生口语互动率($r = 0.526$, $p < 0.05$)和学生互动话语率($r = 0.555$, $p < 0.05$)也分别呈现中等正向相关关系。相对而言,"口语 + 身体动作"模态组合以及"口语 + 文字"模态组合与课堂客观教学效果的各维度之间并未显示出显著关联。

表 6.10　提问意义建构主要模态配置方式的频率与客观教学效果相关性分析结果

	师生口语互动率	学生多模态活动率	学生总话语率	学生互动话语率	学生回答正确率	学生主动发言频率
口语 + 图像	0.413	−0.142	0.239	0.514*	−0.077	0.299
口语 + 文字 + 图像	0.538*	−0.200	0.293	0.582*	−0.105	0.534*
口语	0.526*	−0.208	0.215	0.555*	−0.047	0.463
口语 + 身体动作	0.034	−0.166	−0.352	−0.132	−0.080	−0.044
口语 + 文字	−0.180	−0.431	−0.111	−0.147	−0.188	0.136

　　通过对比"口语 + 图像"模态组合、"口语 + 文字 + 图像"模态组合以及纯口语模态与课堂客观教学效果各维度的相关性,我们发现"口语 + 文字 + 图像"模态组合对三个教学效果评价维度产生影响;纯口语指令影响两个维度;"口语 + 图像"模态组合则对一个维度产生影响。再结合提问环节不同模态配置方式及其占比来看,在所有提问中,99%都涉及口语模态。这充分表明,口语在提问环节占据主导地位,是不可或缺的关键模态,它能在听觉通道迅速、精准地传递问题的语义信息。同时,64.5%的提问包含图像模态,图像能够明确口语中人称代词的语义范畴,还能提供具体实例,或是给出时间、地点、方式等正确答案的线索,助力学生准确理解问题并顺利找到答案。文字与口语在语义上相互呼应,不仅重复了口语问题,还给出了正确的拼写形式,其具备长时保留的特性,学生可通过视觉通道加深对转瞬即逝的口头问题的理解。另外,适量运用手势或实物教具能够对口语、文字提问,或是与核心语言相关的主体图像进行强化,这不仅能为课堂增添趣味,还能降低学生理解问题的难度。

　　综合上述,从相关性分析结果以及各种模态在提问环节的可获取性、意义表达潜力及其相互关系中可以发现,在建构提问意义时,"口语 + 文字 + 图像"模态组合表现最优,其次考虑纯口语,随后依次是"口语 + 图像"模态组合、"口语 + 身体动作"模态组合以及"口语 + 文字"模态组合。

6.2.4　指令环节意义建构模态配置效果

　　教学指令行为是教师借助多种符号资源对学生提出要求、组织教学的行为,其对预测任务成功率、促进课堂互动意义重大。从5.1.2.4小节可知,纯口语、"口

语 + 身体动作"模态组合以及纯身体动作是教师选用频率较高的三种教学指令模态配置方式,以下将结合具体例子深入分析这三种教学指令模态配置方式中口语与手势是如何独立发挥作用,或是协同配合,从而向学生精准传递指令信息的。

由于口头教学指令能够迅速通过声音通道将教师的教学要求发布给学生,因此是最为直接、最省力的指令方式。正因如此,口头教学指令成为教师选用频率最高的指令方式。如教师通过主观可能式疑问语气指令语"Can you spell the word?"、赤裸式祈使语气指令语"Choose the correct answer."来直截了当地表达指令的人际意义和概念意义,即要求学生拼写单词、选择正确的答案。

除了口头指令语,身体动作尤其是手势也在发布教学指令中扮演着极为关键的角色。相关研究指出,手势在一定程度上具备独立交流性(张恒超,2018),如高度系统化、惯例化,有着稳定形式与恒定意义的规约手势,自身便蕴含完整内涵,甚至能够在缺乏语言的情境下,替代语言发挥其功能(Bezemer & Kress,2016)。在日常交流中,手势还可助力话轮的开展,比如邀请或选定下一位发言者,抑或是结束对话。此外,手势能够有效促使听者做出及时反应(Goldin-Meadow,2014),特别是学生往往会对教师的手势指示等非言语行为有所回应(Sime,2006)。就外语视频直播课堂的实际情况而言,根据表5.18,教师频繁借助手势来构建指令意义,平均每节课达17次,每分钟约0.7次,占比高达26.2%。以图6.9(彩)为例,教师以特殊疑问语气抛出问题"What time is it?"后,顺势将右手掌自然摊开,放置于耳后。这一动作便是典型的规约手势,其蕴含的意义十分明确,即想要聆听学生的回答。因此,即便没有额外的语言指令信息,学生也能迅速领会教师意图,即刻回应:"It's ten o'clock."。

"口语 + 身体动作"模态组合是中教师发布教学指令时的第三选择。在教学过程中,口语与手势相互协调、紧密配合,共同构建出完整的指令信息语义整体。这种模态组合能够帮助学生更好地理解并执行教学指令,显著提升课堂效果。如图6.10(彩)所示,教师在讲解完字母e的发音以及"Ren is a hen."这个句型后,以意愿式疑问语气"Do you want to draw a hen?"询问学生是否愿意自己画一下母鸡的样子,同时用右手食指指向课件屏幕方向。由于课堂上教师较少安排学生现场画画,学生起初对教师的口头指令内涵理解得并不充分。此时,指示手势发挥了关键作用,它有效弥补了抽象指令语语义信息的不足,消除了语言信息的符际多义带来的理解困扰,引导学生将注意力聚焦到课件上,让指令要求更加清晰明确,即让学生在课件上仿照已有的母鸡形象再画一只。

纯口语模态、纯身体动作模态和"口语 + 身体动作"模态组合这三种最常见的指令模态配置方式的使用频率和各客观教学效果维度的相关性分析结果见表6.11,可以看出,纯口语指令频率与学生总话语率之间存在显著的中等正相关关系($r = 0.275$, $p < 0.05$),纯身体动作、"口语 + 身体动作"模态组合与教学效果各维度得分均不存在明显的关联。

表6.11 教学指令意义建构的主要模态配置方式与客观教学效果相关性分析结果

	师生口语互动率	学生多模态活动率	学生总话语率	学生互动话语率	学生回答正确率	学生主动发言频率
纯口语	0.135	0.090	0.275*	−0.011	0.179	−0.092
纯身体动作	−0.417	−0.126	−0.265	−0.368	−0.304	0.093
"口语 + 身体动作"模态组合	−0.176	0.094	−0.146	−0.256	−0.020	−0.059

综上所述,纯口语模态在指令意义建构中展现出最大优势,因为口头教学指令是最为直接、最省力的指令方式,能够迅速通过声音通道将教师的教学要求发布给学生,且与学生总话语率呈显著正相关。其次是纯身体动作模态,尤其是各类形式稳定、意义恒定的规约手势,具备独立表意功能,可作为辅助选项。此外,"口语 + 身体动作"模态组合由于能够在听觉与视觉通道协同作用,构建起完整的指令信息语义整体,助力学生更好地理解指令内容,也具有一定的表意潜力。

6.2.5 讲解环节意义建构模态配置效果

在视频直播少儿英语课堂上,讲解是指教师通过口语、文字、图像、手势、虚拟贴纸、直观教具、音频、视频等模态来教授字母、自然拼读、单词、词组、句子以及简单语法结构等知识点。以下结合实例剖析"口语 + 文字 + 图像"模态组合、"口语 + 文字 + 图像 + 身体动作"模态组合、"口语 + 文字"模态组合以及"口语 + 图像"模态组合四种教师讲解环节最为常用的模态配置方式中口语、文字、图像、手势等模态如何相互协同、配合,以实现知识意义的有效传达。

"口语 + 文字 + 图像"是教师讲解知识点时的首选模态组合。在这一组合模式中,各模态各司其职又协同增效。从实体层面来看,口语能够精准示范字母、单词、词组乃至句子的正确发音;从语义层面出发,它又对文字内容起确认与强化的作用。文字则在实体层清晰展现字母、单词、词组或句子的标准书写形式,为学生提供书写参照。而图像,与口头语言、书面语言构建起紧密的逻辑语义关联,或是拓展二者的内涵,或是投射出相关情境。三者相互配合,共同表达知识点的概念意义、人际意义以及语篇意义。如图6.11(彩)中,右上角人像屏幕投射的课件呈现出浅蓝色纯色背景,其上分布着四幅概念图像,分别为一坨蓝色颜料、一只蓝色蝴蝶、一只蓝色小鸟以及三颗蓝莓。这些图像正是非衬线粗体大号蓝色文字"blue"的生动具象表达,文字与图像构建起抽象-具体的逻辑语义关系。文字直接覆盖在纯蓝色背景之上,尺寸足够大,且与四幅概念图像在视觉上分割显著,方便学生轻松辨认出重点文字信息。教师清晰读出课件上的"blue"一词,这一行为从语义层对文字进行确认强化,在实体层示范了单词的正确发音。而文字"blue"则在实体层提供了正确书写形式。在这一过程中,口语、文字与图像紧密协作,全方位、深层次地体现出知识点所蕴含的概念意义、人际意义以及语篇意义。

"口语 + 文字 + 图像 + 身体动作"模态组合是外语视频直播课堂中教师讲解课文时选择第二频繁的模态配置方式。在这一模态组合中,口语不仅在实体层示范了字母、单词、词组或句子的正确发音,而且在语义层对文字概念意义进行确认和强化,而文字则在实体层提供了字母、单词、词组或句子的正确书写形式,图像与文字形成拓展或投射关系,身体动作特别是手势则强化了口语、文字和图像中的核心信息,口语、图像、文字和身体动作模态协同配合表达知识点的概念意义、人际意义和语篇意义。如图6.12(彩)中,课件上高语境化农场背景图中有多处文字和多个表征参与者,红色圆形线框引导学生将注意力聚焦在洁白卷毛小绵羊卡通表征参与者和上方的橘色文本框内的白色非衬线中号文字"lamb"上;教师读出单词"lamb",口语和文字虽然在语义层重复,但口语不仅在实体层示范了单词的正确发音,同时也是对文字的确认和强化,而文字则在实体层提供了口语信息的正确书写形式;课件上的蓝天白云、青草红房以及两个卡通人物表征参与者让学生仿佛置身于农场,而且拓展了语言信息,生动、形象地展示了绵羊的形象、生活环境等额外信息;课件上可爱的小绵羊表征参与者以及教师头上的虚拟绵羊角则为单词"lamb"提供了具体的例证;此外,教师双手放在头顶,做出羊角的手势,生动地描述了绵羊的明显外部特征,不仅增强了语言的表达效果,也能提高学生的课堂参与度,学生一边跟读一边模仿教师也做出羊角手势。在这一模态组合中,口语、文字、图像和手势有机结合,形成了一个紧凑的信息整体,栩栩如生地解释了"lamb"一词的含义,同时增强了学生的理解和记忆效果。

"口语 + 文字"是教师讲解知识点时选用频率位居第三的模态配置方式。教师朗读课件上的文字信息,借助口头语言与书面语言两种模态,分别通过听觉通道与视觉通道传递语义信息。尽管二者在语义上存在部分重叠,但口语对文字内容起到确认与强化的效果,同时精准示范句子的正确发音;文字则在实体层面为口头表达提供标准书写形式。如在图6.13(彩)中,课件采用大面积纯深蓝色背景,上方黄色文本框内的黑色文字"They are sitting on the couch.",与文本框及课件背景图形成强烈的色彩反差,从视觉上便于学生辨认。教师清晰读出该句,在强化文字语义信息的同时,于实体层面准确展示了句子的正确发音。而文字本身不仅在实体层面呈现了教师口语的正确书写形式,反过来也对口语内容予以确认和强化,口语和文字协同配合,有效地促进了学生对知识的理解与吸收。

"口语 + 图像"模态组合同样是教师讲解知识点时常用的一种模态配置方式。在课堂教学时间有限的情况下,该组合能高效助力学生理解知识。如在图6.14(彩)中,教师先读出第一个示范句子"I am listening to music.",因时间紧迫,未让学生针对后面四幅独立黑边、浅绿色底文本框中的叙事图像进行句子作答,也未书写正确答案,而是直接口头示范了相应正确句子,如"I am watching TV.""I am playing football.",并要求学生跟读。在此过程中,教师借助听觉通道,为学生提供了图像所对应句子的准确发音,实现明确指导;而图像则为教师口头讲述的知识点提供了具体实例。口语与图像相互配合,使学生在有限时间内,快速理解并熟悉了 I am doing sth 这一句型。

将上述四种讲解环节常见的模态配置方式的频率与课堂客观教学效果各维度进行了相关性分析,结果如表6.12所示。从表中数据可知,上述四种模态配置方式,与课堂客观教学效果的各个维度之间,均未呈现出显著的正向或负向关联。

表 6.12　讲解意义建构主要模态配置方式与客观教学效果相关性分析结果

	师生口语互动率	学生多模态活动率	学生总话语率	学生互动话语率	学生回答正确率	学生主动发言频率
口语 + 文字 + 图像	0.619	0.041	−0.036	0.544	0.324	−0.242
口语 + 文字 + 图像 + 身体动作	0.610	−0.002	−0.104	0.590	0.165	−0.271
口语 + 文字	0.200	−0.055	−0.001	0.369	0.009	−0.142
口语 + 图像	0.483	0.001	−0.041	0.546	0.176	−0.291

　　尽管如此,但通过对 5.1.2.5 小节里教师知识点讲解环节不同模态配置方式的频率及占比进行分析,可以发现,在知识讲解过程中,口语模态的参与度极高,几乎涵盖了所有(98.6%)的讲解方式;文字模态同样占据重要地位,在绝大部分(87.8%)的讲解方式中有所涉及;图像模态的应用比例也相当可观,接近 3/4(73.2%);身体动作模态尤其是手势,在近 1/3(29.3%)的讲解中发挥作用。与之形成对比的是,音频、实物以及虚拟贴纸模态的使用频率则非常低。由此可见,口语和文字是知识讲解环节的核心必要模态。从教学意义潜势来看,口语在实体层面能够精准示范字母、单词、词组或句子的正确发音,于语义层面则对文字信息起到确认与强化的效果;文字在实体层面为学生提供了字母、单词、词组或句子的标准书写形式。图像、身体动作以及实物教具属于可选模态。其中,图像与语言构建起拓展或投射的逻辑语义联系,既能为语言信息提供具体示例,又能补充时间、地点、方式等环境要素,还可借助卡通表征形式、色彩以及背景语境的对比来吸引学生的注意力。适量的手势等身体动作,不仅能够强化核心语言信息,帮助学生理解与记忆关键知识点,还能传达一些难以通过语言表述的信息,进而引导学生的注意力。实物教具以直观、形象的方式展现知识点的语义内容,同样能有效吸引学生的目光。音频则可独立表达意义或者与教师口语协同,营造听觉层面的教学意义。在实际教学中,口语和文字这两种主要模态,常与图像、手势这两种辅助模态进行搭配组合。所形成的"口语 + 文字 + 图像""口语 +

文字 + 图像 + 身体动作""口语 + 文字"等模态组合,在传递教学信息方面效果较好。

6.2.6 拓展反馈环节意义建构模态配置效果

扩展反馈是教师以学生的回答为基础,通过补充新信息或延伸所讨论话题的方式来加深学生对相关知识点理解的一种教学手段。以下结合具体例子分析在"口语 + 文字 + 图像"模态组合、"口语 + 图像 + 身体动作"模态组合以及"口语 + 文字 + 图像 + 身体动作"模态组合这三种拓展反馈环节的主要模态配置方式中,教师是如何协同搭配口语、文字、图像、手势等模态来补充新信息或延伸所讨论的话题以增强学生对相关知识点的理解的。

"口语 + 文字 + 图像"是教师在拓展反馈时最常使用的模态配置方式。如在图 6.15(彩)中,在学生完成对课件右下角潜水图像下方单词"diving"的学习后,教师通过口语进行知识拓展"I remember I tried diving when I was 15, and that was really horrible."。在这一模态组合中,口语所传达的信息涵盖了文字中的关键内容,而文字上方的潜水图像,又与文字及口语中的核心信息构建起紧密的语义联系。在此过程中,口语、文字与图像相互配合,形成合力。口语强化了单词的发音,文字明确了书写形式,二者助力学生巩固对词汇的掌握;图像与拓展的口语内容相结合,拓展了学生的知识边界,丰富了学生对"diving"一词相关情境及背景的认知。

"口语 + 图像 + 身体动作"模态组合是教师在拓展知识点时的第二选择。如在图 6.16(彩)中,教师在讲解完课件右边"Jack can not."这个句子后,随即进行口头拓展"Because he is short."与此同时,教师做出双手摊开,右手在上、左手在下且掌心相对、中间留出较小空间的手势,以此形象地表示个子矮小。在这一过程中,口语里的"he"与右侧图中的小男孩在语义上相互对应,而教师所做的隐喻手势,不仅强化了口语中的关键信息"short",还成功吸引了学生的注意力,激发了学生的学习参与热情。于是,学生立刻重复了老师补充的新信息"short",并且纷纷模仿老师做出相应的手势。

"口语 + 文字 + 图像 + 身体动作"组合是教师在拓展知识点时的第三选择。在这种模态组合中,口语、图像和身体动作相辅相成,形成一个完整的语义整体,有力地传达了新信息的概念意义、人际意义和语篇意义。如在图 6.17(彩)中,教师在讲解单词"tiger"时进行了知识拓展。她一边口头陈述"The tiger lives in the den",一边将双手举过头顶,模仿搭出房子的形状。与此同时,课件中间的红色线条圈出了图中的老虎及其居住的洞穴。课件上的红色线条作为一种物理线索,能够引导学生将注意力聚焦于高语境化的森林背景图中位于页面正中心的老虎所居住的洞穴。圈出的洞穴为教师口语中提到的"the den"提供了具体例证。而教师做出的拟物手势,不仅在语义上强化了图像和口语中的核心信息"the den",还成功吸引了学生的注意力。

将"口语 + 文字 + 图像""口语 + 图像 + 身体动作""口语 + 文字 + 图像 + 身体动作"这三种常见的拓展意义建构模态配置方式的频率与课堂教学效果各维度得分进行了相关性分析,结果如表 6.13 所示。可以看出,这三种模态配置方式与客观教学效果各维度之间都不存在显著的正向或负向关联。

表 6.13　拓展反馈意义建构主要模态配置方式频率与客观教学效果相关性分析结果

	师生口语互动率	学生多模态活动率	学生总话语率	学生互动话语率	学生回答正确率	学生主动发言频率
口语 + 文字 + 图像	0.414	−0.203	0.294	0.348	0.111	0.618
口语 + 图像 + 身体动作	0.388	−0.195	0.259	0.307	0.050	0.565
口语 + 文字 + 图像 + 身体动作	0.191	0.030	0.268	0.173	0.146	0.369

尽管教师在拓展反馈环节选用的模态配置方式与实际教学效果并未呈现出显著的正向或负向关联,但结合 5.1.2.6 小节中教师在该环节不同模态配置方式的频率及占比情况,我们仍能发现一些规律。在所有(100%)的拓展反馈方式中,口语模态均有涉及;图像模态占比颇高,达 70%;文字模态超过半数,为 60.6%;身体动作模态占比超过 2/5,即 43.1%;而直观教具模态的使用频率则极为稀少。由此不难看出,在拓展反馈环节,口语是主要且必要的模态。它能够清晰、迅速地通过听觉通道直接展现新信息,或者对讨论话题加以延伸。图像则为拓展的语言信息提供具体实例以及时间、地点、方式等环境要素。文字则在实体层面给出核心口头表达的正确书写样式,强化口语中的关键信息。另外,适度的手势,也可对核心语言信息起强化或补充作用,助力学生更好地理解新信息。口语这一主要且必要模态与文字、图像、手势等模态搭配形成的模态组合(如"口

语 + 文字 + 图像""口语 + 图像 + 身体动作""口语 + 文字 + 图像 + 身体动作"),皆能有效地拓展学生的认知范畴,引导学生更踊跃地参与到课堂之中。

6.2.7 引导反馈环节意义建构模态配置效果

引导反馈是指当学生不能回答某一提问或没有给出问题的正确答案时,教师会用另外一种方法来提问或让学生填补相关内容或信息,以引导学生自己找到正确答案。以下结合具体例子分析在"口语 + 图像"模态组合、"口语 + 文字"模态组合和"口语 + 图像 + 身体动作"模态组合这三种引导反馈环节意义建构的主要模态配置方式中口语、文字、图像、手势、实物教具等模态如何协同合作来实现引导学生认真思考以找出题目正确答案的目的。

"口语 + 图像"模态组合是教师在引导反馈时的首选模态配置方式。如在图 6.18(彩)中,课堂上教师向学生提问"How old is he?",在学生给出了错误回答"He is six."后,教师并没有直接给出正确答案,而是巧妙地利用课件上的图像资源,与学生一同仔细清点蛋糕上的蜡烛数量,通过口语逐个数出"One, two, three, four, five, six, seven"。这种将口语引导与图像观察紧密结合的方式能有效吸引学生关注图片细节,激发其主动思考,助力学生在思考过程中自行领悟正确答案,实现对知识的有效理解。

"口语 + 文字"同样也是教师在引导反馈时常用的一种模态配置方式。如在图 6.19(彩)中,在课堂上,教师为引导学生用英语说出特定交通工具的名称,先是在课件左上角圈出交通工具的轮廓,并加注了一个五角星,同时清晰地读出问题"Which vehicle do you see?"然而,由于该交通工具被阴影覆盖,学生难以迅速识别,于是教师拿出一张写有字母"f"的卡片,同时给予口头提示"It's a f... f..."。这种结合了听觉与视觉的双重提示,有效地帮助学生克服认知障碍,让学生迅速反应过来,成功给出了正确答案"Firetruck",达成了引导反馈的教学目标。

在"口语 + 身体动作 + 图像"模态组合的教学实例中,如图 6.20(彩)所示,教师为引导学生巩固所学的动物英语名称,将虚拟放大镜置于某一动物的图像上,并提出问题"What animal is this?"。由于该动物仅呈现部分轮廓,学生起初难以做出判断,面对提问陷入沉默。几秒后,见学生仍无法作答,教师巧妙运用身体动作进行提示引导。教师双手模拟爪子形状,同时脸部做出张嘴吼叫的表情。这些拟物手势与表情,形象地传递了特定动物的特征信息。学生经过对教师身体动作所蕴含意义的思考,迅速给出正确答案"It's a tiger."。这种口语提问、身体动作示意以及图像呈现协同作用的模态配置方式成功助力学生突破认知难点,实现知识的有效输出。

为探究引导反馈环节三种常见模态配置方式的使用频率与课堂教学效果各维度得分的关系,我们开展了相关性分析,结果如表 6.14 所示。从表中可知,在这三种模态配置方式中,仅"口语 + 文字"模态组合的频率与师生口语互动率存在显著正相关($r = 0.610, p < 0.05$)。而"口语 + 图像"模态组合以及"口语 + 图像 + 身体动作"模态组合,与客观教学效果的各个维度均未呈现出显著的正向或负向联系。

表 6.14　引导反馈意义建构的主要模态配置方式与客观教学效果相关性分析结果

	师生口语互动率	学生多模态活动率	学生总话语率	学生互动话语率	学生回答正确率	学生主动发言频率
口语 + 图像	0.619	0.041	−0.036	0.544	0.324	−0.242
口语 + 文字	0.610*	−0.002	−0.104	0.590	0.165	−0.271
口语 + 图像 + 身体动作	0.200	−0.055	−0.001	0.369	0.009	−0.142

从 5.1.2.7 小节可知,在引导反馈方式中,口语模态的应用极为广泛,占比高达 95.3%,这充分表明口语是该环节主要且不可或缺的模态。在教学实践中,教师凭借口语,借助听觉通道,直接引导学生探寻正确答案。不仅如此,口语模态还能与图像、文字以及身体动作模态相互配合,形成互补或强化关系,从听觉与视觉双通道给予学生更多语义提示,引导学生找到正确答案。其中"口语 + 文字"这一模态组合在构建引导反馈意义方面优势显著。在这一组合中,口语能够直接传递丰富的听觉语义引导信息,而文字则通过呈现部分视觉线索,对口语中的关键内容进行强化与重复,二者形成紧密的语义协同关系,能有效引导学生深入思考,进而找出正确答案。

6.2.8　纠错反馈环节意义建构模态配置效果

纠错是指当学生口头回答或书面练习出错时,教师直接指出学生的错误并提供正确的答案。明确纠错在纠正学生错误方面省时、高效(林正军,周沙,

2011),是英语教师课堂反馈的一个重要方式。以下结合实例具体分析在"口语 +
图像"模态组合、"口语 + 文字 + 图像"模态组合和"口语 + 文字 + 身体动作"
模态组合这三种纠错反馈意义建构的主要模态配置方式中教师如何协同口语、
文字、图像、手势和实物教具等模态来纠正学生的错误表现。

　　首先,在视频直播的教学环境里,"口语 + 图像"模态组合是教师最为常用
的纠错方式。当学生犯错时,教师会直接通过口头表述纠正错误并给出正确答
案,同时,借助以线条勾勒或者高亮颜色标注的图像,从视觉层面强化正确的口
头答案。如在图 6.21(彩)中,教师为检验学生对介词"on"的掌握程度,向学生
提问"Where is the pencil case?"。学生给出"in the desk"的错误回答。随即,教
师在课件的高语境化背景图中,用粉色线条圈出桌子上的红色文具盒,并口头给
出正确答案"on the desk"。这一操作让学生瞬间意识到自己的错误,进而迅速跟
读教师的正确答案"on the desk"。

　　在"口语 + 文字"模态组合中,教师运用口语直截了当地指出学生的错误
回答,而文字则清晰呈现正确答案里关键信息的拼写形式,使正确答案在听觉
通道和视觉通道都得到了强化,有助于学生加深记忆与理解。以图 6.22(彩)为
例,课堂上教师向学生提问"Is there a garden in your house?"学生在回答"No, I
don't have a guard. "时,出现发音错误,将"garden"最后的"en"音遗漏,说成了
"guard",并且还通过两手臂交叉做出否定手势,进一步强调"no"的意思。面对
这一情况,教师面带微笑,立刻用口语纠正学生的发音错误"not guard",并进行
正确发音示范"g-u-a-r-d-e-n, garden, garden. "。与此同时,教师用红色矩形线框
圈出课件中两处"garden"的文字。这样,学生能迅速将注意力聚焦在该单词的
正确拼写形式以及准确发音上,及时意识到错误并纠正错误。

　　在"口语 + 文字 + 身体动作"模态组合中,教师一旦发现学生的错误回答,
会立即口头纠正错误并给出正确答案。与此同时,利用文字呈现正确答案中关
键信息的准确拼写形式,再借助手势来引导学生关注正确发音的嘴型,或是补充
口语、图像、文字等其他模态未能完整传达的信息。口语、文字与手势的协同发
力切实有效地纠正学生的语言错误。以图 6.23(彩)为例,课堂上教师在课件的
日历图中,用矩形红框圈出表示星期三的大写字母 W 及其对应的日期,向学生
提问"What day is it today?"。学生由于对日期的英文表达掌握不够到位,回答道

"It's Thursday."。教师当即口头纠正错误并给出正确发音"No, it is Wednesday. Wednesday. Wednesday."。为了让学生更好地掌握该词汇的读音,教师同步在课件上写下"Wednesday"这个单词,随后伸出左手食指指向嘴巴,从视觉层面引导学生留意单词的正确拼写以及发音时的嘴型,帮助学生全方位认识并纠正错误。

笔者对这三种常见的模态配置方式的出现频率与课堂教学效果各维度得分进行了相关性分析,结果如表6.15所示。可以看出,在课堂教学效果的各个维度上,这三种模态配置方式与之均未呈现出显著的正向或负向联系。

表6.15 纠错反馈意义建构主要模态配置方式与客观教学效果相关性分析结果

	师生口语互动率	学生多模态活动率	学生总话语率	学生互动话语率	学生回答正确率	学生主动发言频次
口语 + 图像	0.619	0.041	−0.036	0.544	0.324	−0.242
口语 + 文字	0.610	−0.002	−0.104	0.590	0.165	−0.271
口语 + 文字 + 身体动作	0.200	−0.055	−0.001	0.369	0.009	−0.142

对5.3.8小节中教师在纠错反馈环节主要模态配置方式的使用频率及占比进行分析后不难发现:全部(100%)的纠错反馈方式均包含口语模态;图像模态占比55%,超过半数;文字模态占比42.2%,超2/5;手势模态占比近1/4,为24.6%;直观教具模态的使用频率则微乎其微。这表明,在构建纠错反馈意义的过程中,口语是核心且必要的模态。课堂上,教师依靠口语,借助听觉通道,直接纠正学生口头或书面练习的错误,同时示范核心语言表达的准确发音。图像模态借助线条勾勒或高亮颜色突出显示,与口语模态协同,进一步增强学生对正确答案的认知。文字模态呈现正确答案中关键信息的准确拼写,助力学生从视觉层面强化对正确答案的记忆。手势模态于视觉通道发挥作用,补充口语、图像或文字未能传达的信息,或引导学生留意教师的正确发音示范。"口语 + 图像""口语 + 文字""口语 + 文字 + 身体动作"等由口语与文字、图像、身体动作模态组合而成的形式,是教师在构建纠错意义时较为有效的模态配置范式。

6.2.9 积极评价反馈环节意义建构模态配置效果

积极反馈是教师针对学生学习表现所给予的正向回应,它不仅能够让学生明晰自身是否正确完成任务,还能凭借表扬性话语有效激发学生的学习动力。从 5.1.2.9 小节得知,"口语 + 身体动作"模态组合、纯口语和"口语 + 身体动作 + 虚拟贴纸"模态组合是积极评价反馈意义建构的主要模态配置方式,以下结合实例具体分析在这三种常见的模态配置方式中不同的模态是如何独立或协同配合来体现积极评价反馈意义的。

"口语 + 身体动作"模态组合是教师使用频率最高的积极反馈方式,也是最常见的多模态积极反馈配置方式。在这种模态组合中,教师选择口头积极判断词汇资源如"yeah""OK"或正面鉴赏词汇资源如"awesome""good job""excellent"在听觉通道直截了当地表明对学生的认可或赞扬态度,微笑和手势等肢体动作则在视觉通道强化了语言所传递的积极评价态度。如在图 6.24(彩)中,教师面带微笑,用"yes"对学生给予口头认可,同时做出拇指和食指弯曲成圈同时伸直剩余三个手指的"OK"手势。口语和手势有机结合,形成了一个紧凑的信息整体,协同表达对学生的认可和表扬态度,有助于激发学生积极的情绪状态。

口头积极反馈语通过听觉通道清楚、快速地表达对学生的认可和赞许,是最便捷、最高效的反馈方式,因此,纯口语模态在教师的积极评价性反馈方式中,使用频率位居第二。如当学生准确回答教师的提问后,教师当即用"very good""excellent""good job""awesome""nice work"这类简单鉴赏词汇资源,或是"OK""yes""right"等简单判断词汇资源,或者是"Your pronunciation is great! That's a great answer. I like it."等具体且更具针对性的鉴赏表扬资源用语进行口头积极反馈,或者使用语气词(如"Wow!")来表达积极反馈或是致谢(如"Thank you for answering this question.")。

"口语 + 虚拟贴纸 + 身体动作"是教师选择第三频繁的积极评价反馈模态配置方式。在这种多模态积极评价反馈方式中,一方面,教师选择"yeah""right""good job""well done""awesome"等态度词汇资源通过听觉通道清楚明白地传递教师对学生的认可、表扬态度;另一方面,教师脸上的笑容以及击掌、鼓掌、碰拳、竖起大拇指等各类手势与奖杯、星星、玫瑰、气球、皇冠等虚拟贴纸在视觉通道呈现对学生的认可和表扬信息,是对口头积极评价反馈语所表达的积极评价态度的补充和强化。如在图 6.25(彩)中,教师选择口头判断、鉴赏词汇资源

"Bravo，very good!"来直白地对学生进行认可和赞扬，同时做出鼓掌手势，课件屏幕则同步出现灵动的绿色奖杯贴纸。口语、身体动作和虚拟贴纸联合表达了对学生的积极评价态度，营造了轻松、愉悦的学习环境，有助于激发学生积极的情绪，增强他们的学习成就感，进而促使他们更加积极地投入课堂活动中。

进一步针对"口语 + 身体动作"模态组合、纯口语模态、"口语 + 身体动作 + 虚拟贴纸"模态组合这三种主要的积极反馈方式与课堂语言互动率、学生多模态活动率、学生总话语率、学生互动话语率、学生回答正确率、主动发言频率这六个客观教学效果维度进行了相关性分析，结果如表 6.16 所示。从表中数据可知，纯口语积极反馈频率与师生口语互动率、学生多模态活动率、学生总话语率以及学生互动话语率之间，均呈现出显著的中等程度正相关（相关系数 r 分别为 0.121、0.269、0.324 和 0.164，且 p 均 < 0.05）。然而，"口语 + 身体动作"模态组合以及"口语 + 身体动作 + 虚拟贴纸"模态组合的频率与教学有效性的各个维度之间，基本不存在显著关联。

表 6.16　积极评价反馈意义建构主要模态配置方式与客观教学效果相关性分析结果

	师生口语互动率	学生多模态活动率	学生总话语率	学生互动话语率	学生回答正确率	学生主动发言频率
口语 + 身体动作	0.485	0.252	0.421	0.375	0.185	−0.146
纯口语	0.121*	0.269*	0.324*	0.164*	−0.027	0.139
口语 + 身体动作 + 虚拟贴纸	−0.059	0.149	−0.279	−0.133	−0.362	−0.099

从表 5.28 教师积极反馈评价模态配置频率及占比可以看出，93.9% 的教师积极反馈模态配置方式都涉及口语模态，59.8% 涉及身体动作模态，18.7% 涉及虚拟贴纸模态，而文字、直观教具、音频和视频则很少出现。可见口语是教师建构积极评价意义时的主要且必要的模态，而且上述相关性分析显示纯口语积极反馈与多个教学有效性维度之间存在显著正向关联，因此综合而言，纯口语模态是最便捷、最高效的积极反馈方式，通过听觉通道清楚、直白地表达教师对学生的认可和赞许。此外，口头积极反馈语可以和身体动作、虚拟贴纸进行搭配，形成"口语 + 身体动作""口语 + 身体动作 + 虚拟贴纸"等常见的模态组合。教

师喜悦、亲切的笑容和鼓励的眼神能营造出一种轻松、愉快的课堂氛围,大拇指、击掌等手势则具有努力型表扬语"good job"的含义,隐含着学生的努力和结果之间存在一定的关联(Goldin-Meadow,2011),这些身体动作在视觉通道强化口头积极反馈语所传递的积极评价态度,能营造轻松、愉悦的学习环境,有助于激发学生积极的情绪,增强学生的学习成就感,并促使他们更加积极地投入课堂活动。此外,学习平台系统自带虚拟贴纸,教师无须额外准备,鼠标轻轻一点就能发放,因此成了建构积极评价反馈意义的有效模态之一。在访谈中,专家教师和家长都表示虚拟贴纸能有效激发学生的好胜心,促使学生积极参与课堂,而且由于外部奖励具有能力评价与反馈功能,学生会认为得到贴纸这种外部奖励就代表着他们上课表现优异,进而产生一种满足感和成就感。因此,当虚拟贴纸与肢体动作和口语联合表达评价反馈意义时,学生的满足感和学习成就感就可能被有效激发出来。

6.2.10　道别环节意义建构模态配置效果

道别环节即教师通过口语、文字、图像、手势等模态告知学生课程即将结束并给予学生关怀、鼓励或祝福,让学生感觉课堂虽将结束但趣味无穷,产生对下一节课的期待。以下结合实例具体分析在"口语 + 身体动作"模态组合、"口语 + 文字 + 图像 + 身体动作"模态组合和"口语 + 文字 + 图像 + 直观教具"模态组合中教师的口语、手势、文字、实物等模态是如何协同表达道别环节的人际意义的。

"口语 + 身体动作"模态组合是教师在道别环节的首选模态配置方式。在这种模态组合中,口语为主要的、必要的模态,通过听觉通道传递了教师向学生表达感谢以及期待下次上课的人际意义,脸上的开心笑容和挥手手势则通过视觉通道对口语模态进行了突出强化。如在图6.26(彩)中,教师微笑着说"Thank you for today. See you next time!",同时做出左手掌心面向屏幕且自然挥动的挥手手势。口语和手势协同合作,清楚地传递了课程结束的信息,同时手势能让学生再次感受到教师的热情,让学生期待下次课堂尽早到来。最后,学生也边挥手边回复"Bye-bye,teacher!",给课堂画上一个圆满的句号。

在部分课程的道别环节中,教师借助口语、文字、图像以及手势等模态的协同作用,全面且深入地传达概念意义、人际意义和语篇意义。以"口语 + 文字 +

图像＋身体动作"这一模态组合为例,其中口语与文字在语义层面存在部分重叠,图像和文字之间则有着紧密的语义联系,而手势进一步强化和凸显了口语与文字所表达的内容。在图6.27(彩)中,活泼可爱且色泽明亮的卡通表征参与者们,脸上洋溢着灿烂的笑容,通过虚拟目光交流,瞬间抓住年幼学习者的注意力。舞台幕布紧闭的高语境化背景图,极具代入感,仿佛让学生置身于自己刚刚完成舞台表演的情境之中。此外,无论是卡通表征参与者,还是背景图像,均采用暖色调,营造出温暖、喜悦的氛围。与此同时,醒目的黄色大号文字"Goodbye",直接覆盖在高语境化背景图的大面积红色幕布之上,与卡通叙事图像在语义上完美融合,有力地突出了教师口语中"It's so nice meeting you today, goodbye."的核心概念信息。教师脸上洋溢的笑容以及挥手的手势,与课件中站在紧闭幕布舞台上的卡通表征参与者的开心表情和挥手动作相互呼应,共同强化和凸显了教师话语以及书面文字所蕴含的概念意义和人际意义。在这一系列模态的协同作用下,口语、文字、图像、微笑以及手势形成一股强大的合力,顺利达成了道别环节的教学目标,即清晰地告知学生课堂已结束,并传递出对下次见面的期待。在这样热情氛围的感染下,学生也边挥手边回应教师"Thank you teacher, goodbye!"。

少数教师采用"口语＋文字＋图像＋实物教具"的模态组合来达成道别环节意义建构目标。在这一组合里,课件上的图像与文字语义紧密相连,口语与文字部分语义重叠,清晰直白地告知学生课程即将结束。直观教具的运用则进一步拉近师生间的心理距离,让学生沉浸在意犹未尽的愉悦之中。以图6.28(彩)来说,课件呈现出大面积纯黄色与小部分纯粉色构成的低语境化背景图,上面三个色泽鲜亮、活泼俏皮的卡通表征参与者仿佛正以舞蹈的姿态道别,瞬间抓住学生的目光。黑色非衬线中号文字"See you!"醒目地覆盖在大面积纯黄色背景图上,与卡通叙事图像在语义层面融为一体,同时着重凸显了教师口语"That's the end of the class. See you next time!"里的核心概念。教师手中的毛绒玩具发挥着关键作用,它有效拉近了与学生的心理距离,助力构建融洽的师生关系,也让学生对下次课充满期待。受此感染,学生也拿出自己的毛绒娃娃,开心地回应教师"See you next time"。

将道别环节中"口语＋身体动作""口语＋文字＋图像＋身体动作"和"口

语 + 文字 + 图像 + 实物教具"模态组合这三种模态配置方式的使用频率与教学效果各维度进行了相关性分析,具体结果如表 6.18 所示。从表中数据能够清晰看出,在课堂教学效果的各个维度方面,上述这些模态配置方式既未呈现出显著的正向关联,也未表现出显著的负向联系。

表 6.17　道别意义建构不同模态配置方式与客观教学效果相关性分析结果

	师生口语互动率	学生多模态活动率	学生总话语率	学生互动话语率	学生回答正确率	学生主动发言频率
口语 + 身体动作	−0.275	0.119	−0.012	−0.149	0.224	−0.183
口语 + 文字 + 图像 + 身体动作	−0.338	−0.304	0.068	0.102	-.142-	0.139
口语 + 文字 + 图像 + 实物教具	0.081	0.258	0.169	0.302	0.33	0.027

从 5.1.2.10 小节可以看出,在道别环节的各类模态配置方式中,口语是主要且不可或缺的关键模态,通过听觉通道直接且明确地向学生传达课程结束的道别信息。而身体动作尤其是手势模态,以其简便易用的特性,在视觉层面发挥着重要作用。教师脸上绽放的笑容,同样能在视觉通道助力增强有声语言所承载的积极情感的传递力度,让学生更真切地感受到温暖与关怀。因此,总体来看,在外语视频直播课堂中,当需要建构道别意义时,"口语 + 身体动作"模态组合凭借其独特优势,成为效果较好的模态配置方式。

6.3　学生有声话语模态效果

首先,李满(2017)、苏翠英(2012)发现国内线下优质小学英语课堂中学生话语分别占课堂时长的 27.9% 和 36.4%,杨莉莉(2017)发现线下常态小学英语课堂中学生总话语率达 31.3%。相比之下,本书中视频直播少儿英语课堂的学生口语输出率(23.2%)低于国内线下优质小学英语课堂和线下常态小学英语课堂的学生总话语率。由此可见,视频直播环境下的少儿英语课堂中学生话语参与度不及线下英语课堂。

其次,在学生话语的构成中,43.2% 的学生话语用于回答教师提问;36.5% 为跟读;10.4% 是阅读课件上的字母、单词、词组、句子和段落等内容,仅有 9.9%

属于主动向教师提问或发表观点。从学生主动发言时长占比这一关键维度对比来看,李满(2017)研究中的线下优质小学英语课堂占比为 16.8%,而本书的视频直播少儿英语课堂仅为 9.9%。可见视频直播课堂上学生主动启动话轮的频率较低,在师生言语互动过程中,绝大部分时间里,学生处于被动回应状态,主动参与言语互动的积极性与能力有待进一步提升。

6.4　课堂互动性及教学模式

根据蒋立兵、毛齐明和万真等人(2018)的观点,当课堂互动率 ≥ 0.6 时,该课堂可被认为是互动性课堂。李满(2017)发现线下优质小学英语课堂的师生语言互动率为 55.3%。在本书中,视频直播课堂的平均语言互动率为 60.9%,超过互动型课堂的 60% 的边界并超过优质线下课堂的语言互动率。此外,根据 5.2.1 小节,反馈是视频直播少儿英语课堂上教师最主要的语言活动,学生最频繁的语言产出活动则为回答教师提问。因此可以说,视频直播环境下课堂师生语言互动较多。

外语视频直播课堂上学生多模态活动率为 31.8%,不足 1/3,而且他们在课堂上的大部分活动都是通过口语模态进行的(约占课堂时间的 1/5),同时他们进行书面练习以及通过身体动作来表达意义的时间和频率都不多,此外,他们的口语输出率不高(不如线下课堂),并且很少主动启动话轮,因此可以推断出,视频直播环境下的少儿英语课堂为教师主控型课堂,仍未摆脱"教师讲—学生听"的教学模式,听讲是学生在课堂上的主要学习活动,听觉模态是学生参与课堂的主要模态,学生并非课堂的中心,其主体地位未得到充分的体现。

6.5　课件图文模态效果

综合 5.4 小节课件制作者模态选择的总体特征,即图像为课件多模态话语意义建构的主模态,主体图像以多彩可爱的暖色调卡通概念图为主,大部分与文字信息产生紧密的语义关联,大部分背景图为语境化程度低的纯白色或纯彩色,以冷色调为主;文字简明扼要、颜色丰富,圆润可爱的中号非衬线文字通常直接覆盖在背景留白部分或大面积纯色背景上;课件图文并茂,以图文互补型空间布局为主,背景图像、主体图像和文字的色彩对比鲜明。可以发现,视频直播课堂教学课件制作者对图像和文字模态的选择精准贴合低小阶段学生具象化、直观化的认知和思维水平,有效降低了信息获取难度。生动形象的卡通图像、明快活泼的色彩搭配以及简洁清晰的文字排版,不仅能够迅速吸引学生的注意力,激发学习兴趣,还能帮助学生在轻松愉悦的视觉体验中高效理解和吸收知识,显著提升学习效果,为低小阶段外语教学带来优质且适配的阅读与学习体验,充分展现出此类课件在该年龄段外语教学场景中的实用性与专业性。

6.6　小结

本章从多个维度分析了外语视频直播课堂多模态话语的教学效果,可以得出以下结论。

一方面,就教师多模态话语而言:① 教师平均话语率非常接近优质线下小学英语课堂,在一定程度上能够促进师生间的口语互动,但也会对学生的多模态参与空间产生压缩作用;教师提问语时长和频率高于优质课堂标准,本应在一定程度上更能激发学生的课堂参与度,而且教师提问语在时长、频率、语气和主语的选择上有符合促进互动的条件,但实际提问互动性不强;教师指令语时长与频率高于优质课堂标准并且在时长维度对学生多模态活动率有一定正向作用,指令语较为礼貌,营造了良好的课堂氛围,但教师在指令频率把控上存在不足,整体指令语效果尚未达到最佳状态;教师反馈语时长与频率高于优质课堂标准并且在频率、时长、类型以及满足学生需求方面都呈现出积极效果,能有效促进师生互动和学生课堂参与,整体教学效果良好,对课堂教学起到了有力的推动作用;教师讲解语占比低于"以教师为中心"的课堂且与课堂的师生话语互动性产生显著负向关联。② 教师在使用非言语模态来建构意义时效果不够理想,如运用手势表达意义相对不够积极,而且手势在教学中未能发挥积极作用,甚至对学生的话语表达和互动产生了一定的阻碍,但专家教师和学生都更为认可手势更为频繁的教师;教学工具以及教学物理背景都没有和客观教学效果产生显著关联,但都得到了专家教师、学生和家长的认可。③ 口语、文字、图像、身体动作、教学工具在外语视频直播课堂的多模态话语意义建构中发挥着不同的意义潜势,相互配合来共同表达意义。口语是绝大多数教学环节主要且必要的模态,直截了当地通过听觉通道传递信息;文字、图像、手势、直观教具、虚拟贴纸等模态通过视觉通道对口语主模态起强化、互补等作用,通常处于辅助地位。文字与口语所表征的信息部分重合,文字强化了口语中的核心信息并在实体层提供口语信息的正确拼写形式;口语则在实体层体现了文字的正确发音,在语义层对文字概念信息进行了确认和强化。大部分课件图像对口语或文字信息进行强化或补充,如限定语言中人称代词的语义范围、为语言提供具体例证或时间、地点、方式等环境因素,同时图像还能通过卡通表征形式、明艳的色彩以及背景语境对比来吸引学生的注意力和激发他们的学习兴趣;文字的字号、颜色、呈现方式也能发挥吸引学生兴趣的人际功能和引导学生注意力分配的语篇功能;身体动作尤其是手势能对口语或文字信息或与核心语言相关的主体图像进行强化、互补或拓展,还可以脱离语言而独立传递指令或积极反馈信息,不仅能增加课堂乐趣,还能引导学生的注意力,提高学生对知识点的理解力和记忆效果;各类教具不仅能生动、形象地体现知识点的语义信息,还能吸引学生的学习兴趣和注意力。此外,值得一提的是,在主题介绍环节,口语、文字和图像均为主要且必要的模态,在知识讲解环节,口语和文字都是主要且必要的模态。

另一方面,就视频直播环境下外语课堂中学生的有声话语效果、课堂的言语互动性和教学模式以及课件质量而言:① 学生言语输出率不及线下课堂,而且在言语互动的大部分时间里处于被动地位,学生主体地位未能得到充分体现;② 课堂的平均语言互动率超过互动型课堂及优质线下小学英语课堂,而且反馈是教师最主要的语言活动,学生最频繁的语言产出活动则为回答教师提问,可见课堂的言语互动较好;③ 课堂仍未摆脱传统的"教师讲—学生听"教学模式,学生的主体地位未能得到充分体现;④ 课件的文字样式、图像和版面布局契合学生的认识规律,能取得较好的教学效果。

第 7 章

视频直播环境下中教课堂和外教课堂多模态话语对比分析

如第 4 章所述,视频直播外语课程提供多元化的外语师资,包括母语为英语且拥有相关专业从教资质并符合我国教育部门规定的外籍英语教师和拥有我国英语教学资格证书的中国籍英语教师。在一定程度上,视频直播课堂成了中外教师教学理念、教学风格和多模态教学行为相互碰撞的舞台。本章分析中教授课的一对一视频直播少儿英语课堂(以下简称"中教课堂")和外教授课的一对一视频直播少儿英语课堂(以下简称"外教课堂")多模态话语的异同之处,聚焦中外教师在有声话语模态和身体动作、教学工具和背景环境等非言语模态的选择和主要教学环节的模态配置方面的共性与特性,学生在两类课堂上模态选择的相似性与差异点,以及课堂的互动性与教学模式的共通点与不同之处,旨在推动中外教师教学方法的多元交融与相互借鉴,完善视频直播环境下外语课堂教学模态的应用策略,进而提升外语课堂教学的有效性。

7.1 中外教师多模态话语对比

7.1.1 中外教师有声话语模态对比

在课堂教学中,教师的有声话语是传递知识、引导学习和促进师生互动的关键媒介。为深入了解中外教师在课堂上的有声语言模态使用差异,我们首先针对中外教师的平均有声话语率进行了独立样本 T 检验,结果如表 7.1 所示。

表 7.1　中外教师有声话语率对比

项目	组别	均值	p	t	平均差
有声话语率(%)	中教组	53.9	0.570	-0.571	-1.4
	外教组	55.3			

总体来看,中教在课堂上的平均有声话语率为 53.9%,外教的平均有声话语率为 55.3%,均与国内线下优质小学英语课堂的教师话语率(56.5%,李满,2017;50.5%,张锁红,2021;51.45%,张亚婷,2021)较为相近。独立样本 T 检验结果(见表 7.1)表明,中外教师在课堂话语率方面不存在显著差异($p > 0.05$,$t = -0.571$,平均差 = 1.4)。尽管两者之间的差距看似不大,却反映出不同国家教师在言语运用方面的细微差异:外教可能在课堂上更倾向于主动输出话语,多通过言语引导学生,展现出更为活跃、积极主导课堂言语节奏的教学风格;而中教有声话语率稍低,或许更注重留出时间让学生自主思考、实践,自身言语表达更精炼,在言语运用上呈现出相对沉稳、注重留白的风格特点。

进一步对不同类型教师话语活动时长占比及频率进行了独立样本 T 检验,可以发现一定的共性与差异。

在课堂教学的互动环节中,提问是激发学生思维、促进师生交流的重要手段,能够有效激发学生的好奇心与求知欲,促使学生主动思考并积极参与课堂学习。教师口头提问的时长、频率以及提问方式的选择,在很大程度上影响着课堂互动的效果。视频直播课堂上中外教师提问语总时长、总频率、提问语涉及的一致式疑问语气、隐喻式语气、卷入类主语和非卷入类主语频率的独立样本 T 检验结果如表 7.2 所示。

表 7.2　中外教师提问语对比

项目	组别	平均值	p	t	平均差
提问语时长占比(%)	中教组	15.6	0.366	-0.910	-1.8
	外教组	17.4			
提问总频率(次/分)	中教	1.8	0.836	0.419	-0.1
	外教	1.9			
一致式疑问语气频率 (次/分)	中教	1.7	0.742	0.628	-0.1
	外教	1.8			

续表

项目	组别	平均值	p	t	平均差
语气隐喻频率（次/分）	中教	0.1	0.216	0.112	0.0
	外教	0.1			
卷入类主语频率（次/分）	中教	0.8	0.649	0.303	0.1
	外教	0.7			
非卷入类主语频率（次/分）	中教	1.1	0.398	0.262	−0.1
	外教	1.2			

一方面，从提问语时长占比和频率来看，中教提问语时长在整个课堂教学时长中的占比为 15.6%，外教提问语时长占比则达到 17.4%。独立样本 T 检验结果（见表 7.1）表明，中外教师的提问语时长占比不存在显著差异（$p > 0.05$，$t = -0.91$，平均差 $= -1.8$），均与线下优质课堂 16.2% 的占比（李满，2017）比较接近。就提问频率而言，中教的平均提问总频率为 1.8 次/分，外教平均提问频率为 1.9 次/分。与线下优质小学英语课堂的提问频率（0.7 次/分）相比（李满，2017），视频直播课上中外教师的提问频率都明显更高。独立样本 T 检验结果表明，中外教师的提问语频率不存在明显差异（$p > 0.05$，$t = 0.419$，平均差 $= -0.1$）。无论是中教还是外教，他们的提问语时长占比和频率均稍高于线下优质课堂，这可能是因为视频直播课这种特殊的教学形式，更需要教师通过频繁提问来吸引学生的注意力，弥补线上教学互动性相对不足的问题。此外，外教提问语时长占比和频率稍高于中教这一看似细微的差距，能反映出不同国家教师在课堂提问策略上的潜在差异：外教可能更频繁地通过提问调动课堂氛围，以言语互动引导学生探索知识，呈现出更为积极主动的提问风格；而中教提问语时长占比和频率稍低，或许更注重提问的精准性与启发性，在提问策略上体现出相对审慎、注重质量的风格特点。

另一方面，从提问语气和主语人称的选择角度看，中外教师提问语涉及的一致式疑问语气、隐喻式疑问语气、卷入类主语和非卷入类主语的频率都不存在显著差异（p 均 > 0.05，t 分别为 0.628、0.112、0.303、0.262，平均差分别为 −0.1、0.0、0.1 和 −0.1）。一致式疑问语气频率方面，中教为 1.7 次/分，外教为 1.8 次/分；隐喻式语气频率，中教和外教均为 0.1 次/分；卷入类主语频率，中教为 0.8 次/分，外教为 0.7 次/分；非卷入类主语频率，中教为 1.1 次/分，外教为

1.2 次/分。进一步分析发现,无论是中教还是外教,他们的大部分提问语都是通过局限于向听话人索取信息、无法带来较强互动性的一致性疑问语气来体现,而能提高学生参与互动可能性的语气隐喻仅占极小比例,同时,在主语人称选择上,中外教师都较少使用能显著增强其提供信息并参与互动的概率的卷入式主语。可见,中外教师都没有充分利用提问语气和主语人称的变化来增强与学生的互动感,提问语所带来的课堂互动性都不太强,可能会影响学生回应问题的积极性。

教师指令语承担着组织课堂活动、规范学生行为的重要职责,清晰明确的指令语能保障课堂教学有序推进。视频直播课上中外教师指令语总时长、总频率和不同礼貌程度指令语频率的独立样本 T 检验结果如表 7.3 所示。

表 7.3 中外教师指令语对比

项目	组别	平均值	p	t	平均差
指令语时长占比(%)	中教组	14.9	0.503	0.675	1.0
	外教组	13.9			
指令语总频率(次/分)	中教	1.7	0.649	0.404	−0.1
	外教	1.8			
礼貌程度高指令语频率(次/分)	中教	0.8	0.952	0.534	−0.1
	外教	0.9			
礼貌程度低指令语频率(次/分)	中教	0.9	0.348	0.503	0.1
	外教	0.8			

一方面,就指令语时长而言,中教指令语时长占比为 14.9%,外教指令语时长占比为 13.9%。中外教师的指令语时长占比不存在显著差异($p > 0.05, t = 0.675$,平均差 = 1.0),但都明显高于线下优质小学英语课堂 3% 的占比(李满,2017)。就指令语总频率而言,视频直播课上中教的平均指令语总频率为每分钟 1.7 次,外教平均指令语总频率为每分钟 1.8 次,两者不存在明显差异($p > 0.05, t = 0.404$,平均差 = −0.1),但都高于线下优质小学英语课堂每分钟 0.33 次的指令语总频率(李满,2017)。由此可见,视频直播课上中外教师指令语时长和频率差异不显著,但均高于线下课堂。可能是因为线上教学需频繁引导学生操作设备、维持注意力,因此教师需要通过更多的指令语来实现这一目标。当然,尽

管中外教师指令语总频率数值差距细微,背后也能折射出中外教师不同的教学风格:外教指令频率稍高,或许反映出其更频繁地给予即时反馈与引导,鼓励学生在动态互动中学习,营造活跃的课堂氛围;中教指令频率略低,但时长占比略高,可能意味着其更注重指令的精准性,倾向于在关键节点给出指令,同步考虑到学生的理解能力,他们会适当重复指令,稳步推进教学。

另一方面,从指令语的礼貌程度来看,中外教师礼貌程度高指令语频率和礼貌程度低指令语频率都不存在显著差异($p > 0.05$,t 分别为 0.534 和 0.503,平均差分别为 -0.1 和 0.1),中教课堂上教师所使用的礼貌程度低指令语(0.9 次/分)稍多于礼貌程度高指令语(0.8 次/分),而外教课堂上教师使用的礼貌程度高指令语(0.9 次/分)稍多于礼貌程度低指令语(0.8 次/分)。这表明,中外教师在指令语使用的礼貌程度层面,虽存在细微倾向差异,但整体兼顾了礼貌性与教学指令传达的实际需求,呈现出一定共性,即均能为学生提供足够的平等互动交流空间,营造平等融洽的师生互动氛围。

口头反馈是教师对学生学习表现的即时回应,它不仅能够帮助学生了解自己的学习情况,还能增强学生的学习动力和自信心。视频直播课上中外教师反馈语总时长、总频率和各类不同反馈语频率的独立样本 T 检验结果如表 7.4 所示。

表 7.4　中外教师反馈语对比

项目	组别	平均值	p	t	平均差
教师反馈语时长占比(%)	中教组	35.6	0.031	-1.046	-5.8
	外教组	41.4			
反馈语总频率(次/分)	中教	4.0	0.181	-0.135	-0.4
	外教	4.4			
内容型反馈语频率 (次/分)	中教	2.6	0.957	0.956	0.2
	外教	2.4			
评价型反馈语频率 (次/分)	中教	1.2	0.012	0.977	-0.6
	外教	1.8			
意义协商反馈语频率 (次/分)	中教	0.2	0.309	0.189	0.0
	外教	0.2			

一方面,从反馈语时长占比来看,口头反馈在两类教师的话语活动中都占据

了最重要的地位,中教口头反馈的时长占比达到35.6%,外教更是高达41.4%,均高于线下优质课堂19.7%的占比(李满,2017)。这表明无论是中教还是外教,他们都非常注重对学生的积极引导和鼓励,通过频繁的反馈来强化学生的学习行为。独立样本T检验结果表明,中外教师在反馈语时长占比方面差异较为明显。外教的反馈语占比明显高于中教($p < 0.05$,$t = -1.046$,平均差$= -5.8$),这表明了外教在课堂上更注重与学生的互动反馈,通过长时间的口头反馈,给予学生更为细致的指导与密集的鼓励,满足学生认知需求、情感激励和即时互动方面的需求。中教虽在反馈语时长占比上低于外教,但其反馈语时长占比同样显示出对学生积极引导和鼓励的重视,体现出中教注重通过反馈帮助学生了解学习情况、巩固学习成果,只是在反馈的频率和强度上与外教存在差异。这也反映出中教在教学中有着自身独特的节奏与策略,与外教形成了互补的教学特色。

另一方面,就反馈语总频率而言,在平均每分钟的教学过程中,中教进行4次口头反馈,其中,内容型反馈语出现2.6次,这表明中教较为注重对教学内容本身的阐释与回应,帮助学生理解知识要点;评价型反馈语为1.2次,一定程度上对学生的表现给予了评判和指导;意义协商次数为0.2次,体现了中教在引导学生进行意义沟通与探讨方面的努力。外教平均每分钟进行4.4次口头反馈,其中,内容型反馈语同样为2.4次,与中教在知识内容反馈的频率上保持一致;评价型反馈语达到1.8次,相较于中教更为频繁,显示出外教可能更倾向于对学生表现及时给予评价,激励学生积极参与课堂;意义协商反馈语为0.2次。总体来看,中外教师的反馈语总频率均高于线下优质课堂(2.1次/分;李满,2017)。独立样本T检验结果显示,中外教师的反馈语总频率、内容型反馈语频率、意义协商反馈语频率的p值均> 0.05,t分别为-0.135、0.977和0.189,平均差分别为-0.4、-0.6和0.0,意味着中外教师在整体反馈语总频率以及对知识内容的反馈和意义协商的重视程度上基本相当。然而,中教的评价型反馈语频率(1.2次/分)明显少于外教(1.8次/分),其$p < 0.05$,$t = 0.977$,平均差为-0.6,这一数据差异具有统计学意义,反映出外教在教学过程中可能在评价环节投入了更多精力,更注重通过及时评价来强化学生的学习动力与参与度,而中教在这方面的表现相对较弱。

讲解语是教师传授知识的核心方式,中教讲解语的时长占比为33.9%,外教为 27.3%,均低于线下优质课堂 50.8% 的讲解率(李满,2017)。独立样本 T 检验结果(见表 7.5)显示,中外教师在讲解语时长占比方面差异较为明显,中教的讲解语占比明显高于外教($p < 0.05$,$t = 1.212$,平均差 $= 6.6$)。中教相对较高的讲解语占比,或许意味着在教学过程中其更侧重于系统知识的传授,注重知识的逻辑性和完整性,通过详细的讲解帮助学生建立扎实的知识体系。而外教相对较低的讲解语占比,可能暗示他们更倾向于引导学生自主探索和思考,将更多的时间留给学生进行互动和实践。

表 7.5　中外教师讲解语对比

项目	组别	均值	p	t	平均差
讲解语时长占比(%)	中教组	33.9	0.026	1.212	6.6
	外教组	27.3			

7.1.2　中外教师手势模态对比

在课堂教学的动态交互过程中,教师的手势作为一种重要的非言语交际形式,承载着丰富的信息并发挥着独特作用。为深入探究中外教师在课堂上手势模态的选择差异,我们对相关数据进行了独立样本 T 检验,结果如表 7.6 所示。

表 7.6　中外教师手势频率对比

项目	组别	均值	p	t	平均差
教师交际手势总频率 (次／节)	中教组	90.8	0.020	−2.398	−39.5
	外教组	130.3			
教师规约手势频率 (次／节)	中教组	50.0	0.042	−2.086	−24.0
	外教组	74.0			
教师拟物手势频率 (次／节)	中教组	27.8	0.169	−1.391	−7.2
	外教组	35			
教师指示手势频率 (次／节)	中教组	9.9	0.141	−1.495	−4.5
	外教组	14.4			
教师节拍手势频率 (次／节)	中教组	2.5	0.040	−2.112	−2.9
	外教组	5.4			
教师隐喻手势频率 (次／节)	中教组	0.6	0.125	−1.568	−0.9
	外教组	1.5			

　　首先,从整体使用频率来看,平均每节课中教使用手势的次数为 90.8 次,而外教则达到了 130.3 次,这一数据初步显示出外教在课堂中对手势运用得更为频繁。进一步细分各类手势,中外教师在手势使用频率的排序上呈现出一定的共性,均按照规约手势、拟物手势、指示手势、节拍手势和隐喻手势的顺序,由高到低排列。规约手势,这类蕴含特定文化内涵且常常被用来替代语言的手势,在中外教师的课堂中都占据了较高的使用比例,但是以明确的指向动作在课堂教学中起到了精准定位和引导关注的作用的指示手势占比都远低于线下优质课堂(接近 50%)(张爱莲,2021;张亚婷,2021)。可能的原因在于,首先,规约手势因蕴含特定文化内涵且具备强大的语言替代功能,像鼓掌、点赞这类通用性极强的手势,不仅能跨越文化界限被普遍理解,还因其直观易操作的特性,使得教师可快速、便捷地使用,因而成为课堂中高效的辅助沟通工具。其次,在视频直播课堂中,教师与学生空间分离,指示手势难以像线下一样精准指向实物或具体位置,其定位和引导效果削弱,导致其频率降低。此外,线上教学时摄像头视角局限、画面清晰度不足,也会影响指示手势的使用频率。

　　为了进一步探究中外教师在各类手势使用频率上是否存在显著差异,我们进行了独立样本 T 检验。结果表明,外教在手势总频率、规约手势频率以及节拍手势频率上,均显著高于中教(p 均 < 0.05,t 分别为 -2.398、-2.086 和 -2.112,平均差分别为 -39.5、-24.0 和 -2.9)。这意味着在外教的课堂上,手势作为一种辅助教学手段,尤其是规约手势和节拍手势的运用,在频率上表现出明显的优势。外教与中教在规约手势和节拍手势使用频率上差异显著,主要源于文化表达习惯和教学风格的综合影响。一方面,就文化表达习惯而言,在西方文化体系中,非语言交际被视作重要的信息传递渠道,因此手势使用较为频繁。例如在欧美文化中,"V"字手势象征胜利,"OK"手势表示认可,"掌心向上摊开"用于表达困惑或无奈,外教常借助这些具备明确文化共识的规约手势,快速传递抽象概念,缩短与学生间的理解距离;而受儒家文化"含蓄内敛""敏于行而讷于言"等传统观念影响,中教在教学中更倾向于依靠精准、详尽的语言表述传递信息,对手势的使用较为克制,尤其在正式教学场景下,更注重以语言作为核心媒介,仅在强调重点或引导注意力时适度使用手势。另一方面,教学风格差异也是重要影响因素。外教多采用互动性强、活泼热烈的教学模式,常通过夸张且富有

节奏感的肢体动作营造沉浸式学习氛围。例如在教授英文儿歌时,外教往往会配合歌词节奏,用大幅度的节拍手势(如挥动手臂、跺脚、拍手)引导学生跟唱强化语言韵律;在讲解故事环节,也会借助频繁的手势模拟角色动作及表达情绪,带动课堂气氛。而中国英语教师的教学节奏通常更为稳健,课堂以知识的系统性讲解为主,更依赖板书、课件演示和清晰的语言逻辑推进教学,较少借助节拍手势维持课堂活跃度,即便使用手势,也多为指向黑板、示意学生回答问题等简洁、功能性的动作,侧重辅助语言表达而非主导课堂节奏。然而,在拟物手势、指示手势和隐喻手势的使用频率方面,中外教师之间并未呈现出显著差异($p > 0.05, t = -1.391$、-1.495 和 -1.568,平均差分别为 -7.2、-4.5 和 -0.9),说明在这些手势类型的运用上,中外教师保持着相对一致的使用程度。

7.1.3 中外教师教学工具模态对比

课堂上的教学工具具备辅助直观呈现知识、激发学生学习兴趣、支持多元互动交流、引导学生自主学习以及优化教学管理等功能,助力提升教学效果与学习质量。中外教师教学工具的选择差异相关信息如表 7.7 所示。从整体使用频率来看,平均每节课中教使用教学工具的次数为 14.9 次,而外教则高达 23.7 次。这一数据差异直观地表明,外教在教学过程中更倾向于借助多样化的教学工具来丰富教学内容和形式。进一步分析各类教学工具的使用情况,我们发现,虚拟贴纸因其色彩鲜艳、形式多样,能够吸引学生的注意力,在激发学生学习兴趣方面具有独特的优势,尤其是星星、花朵、钻石、奖杯等虚拟贴纸成为中外教师使用最为频繁的教学工具。中教使用虚拟贴纸的次数为 7 次,外教则达到了 13.7 次。外教较高的使用频率或许反映出他们更注重通过这类直观且有趣的模态来活跃课堂气氛,增强学生的学习积极性。除虚拟贴纸外,拍手玩具、动物玩偶和水瓶、盖子、卡片等实物教具,以及音频视频在教学中也发挥着重要作用。平均每节课中教使用实物教具的次数为 3.2 次,外教为 6.8 次;中教使用音频视频的次数为 3.4 次,外教为 3.2 次。实物教具能够让学生更直观地感受和理解知识,音频视频则可以营造丰富的语言学习环境,它们在教学中的合理运用有助于提升教学效果。

为了更准确地判断这些差异是否具有统计学意义,我们进行了独立样本 T 检验,结果如表 7.7 所示。可以看出,平均每节课中教和外教使用的教学工具总次数存在显著差异($p < 0.05$, $t = -3.248$, 平均差 $= -10.1$)。同时,中外教师在虚拟贴纸和实物教具的使用频率上也都出现了明显差异(p 均 < 0.05, t 分别为 -3.388 和 -2.204, 平均差分别为 -6.7 和 -3.6)。这表明外教比中教使用更多的教学工具,尤其是在虚拟贴纸和实物教具方面。这种差异主要原因在于中外教学理念与文化背景差异。外教多秉持开放式教学理念,注重通过多样化工具营造生动课堂,虚拟贴纸可活跃气氛,实物教具能增强直观感知;中教教学风格相对沉稳,更依赖传统教学方式,对教具依赖度较低。此外,西方教育文化鼓励创新表达,促使外教积极尝试各类教学工具,而中教受传统教育模式影响,在教具使用上更为谨慎,由此形成显著差异。

表 7.7 中外教师教学工具使用频率对比

项目	组别	均值	p	t	平均差
教具使用总频率(次/节)	中教	14.9	0.003	-3.248	-10.1
	外教	23.7			
虚拟贴纸使用频率(次/节)	中教	7.0	0.002	-3.388	-6.7
	外教	13.7			
实物教具使用频率(次/节)	中教	3.2	0.035	-2.204	-3.6
	外教	6.8			
音频视频使用频率(次/节)	中教	3.4	0.759	0.309	0.2
	外教	3.2			

7.1.4 中外教师教学物理环境模态对比

在课堂教学中,教学物理环境及教师个人形象的呈现方式,会对教学氛围和学生的学习体验产生潜移默化的影响。中外教师在这方面的数据差异如表 7.8 所示。

表 7.8 中外教师教学物理环境信息对比

项目	组别	人次	p	χ^2
装饰背景墙	中教	10	0.000	15.429
	外教	25		
不装饰背景墙	中教	20		
	外教	5		

续表

项目	组别	人次	p	χ^2
佩戴头饰	中教	6		
	外教	26	0.000	16.725
不佩戴头饰	中教	24		
	外教	4		

从教学物理背景环境的装饰情况来看,中教群体里有 1/3,即 10 名教师选择对教学背景墙进行装饰,他们会在背景墙上贴上字母、音标贴画或者可爱的装饰图等,以此来丰富教学环境的视觉元素。而在外教群体中,绝大部分,也就是 25 名教师都采用了类似的方式装饰背景墙。与之相对,有 20 名中教和 5 名外教并未对背景墙进行装饰。在个人头部饰品的选择上,1/5 的中教,也就是 6 名教师在授课过程中会佩戴耳机、卡通发箍、面具或虚拟动物头贴等作为头部饰品。而外教群体中,绝大多数,即 26 名教师会选择佩戴此类头饰。同时,有 24 名中教和 4 名外教不佩戴头饰。

为了判断这些差异是否具有统计学上的显著性,我们进行了卡方检验,结果(表 7.8)显示,中外教师在教学背景和头饰的选择上均出现了明显差异(p 均 $<$ 0.05;χ^2 分别为 15.429 和 16.725)。这清晰地表明,外教相对于中教,明显更倾向于装饰教学背景,并且在授课过程中佩戴头饰。这种差异可能源于多种因素。从文化角度来看,不同文化背景下对于课堂环境的营造以及教师形象的呈现有着不同的理解和偏好。外教所处的文化环境或许更强调通过丰富的视觉元素和个性化的装扮来营造活泼、开放的课堂氛围,以吸引学生的注意力和激发学生的学习兴趣。而中教可能受到传统教学观念以及教育文化的影响,在教学背景装饰和个人形象装扮方面相对保守。从教学理念层面分析,外教可能更注重通过这些方式来增强教学的趣味性和互动性,将其视为一种辅助教学的有效手段;而中教可能更侧重于通过教学内容本身和传统的教学方法来传递知识。

7.1.5 中外教师模态配置方式对比

在课堂教学过程中,提问、发布教学指令、讲解知识点以及进行反馈等环节是教学活动的关键组成部分,而教师在这些环节所采用的模态配置方式,对教学效果有着重要影响。为探究中外教师在此方面的异同,我们对相关数据进行了独立样本T检验,结果如表7.9所示。

表7.9 中外教师各主要教学环节的模态配置对比

环节	组别	模态配置方式数量	主要模态配置方式及频率(次/节)	p	χ^2
提问	中教	7	口语+图像(18.5)、口语+文字+图像(9.0)、纯口语模态(7.7)、口语+文字(5.4)	0.352	8.882
	外教	9	口语+图像(18.1)、口语+文字+图像(9.4)、纯口语模态(8.4)、口语+文字(6.0)		
发布指令	中教	7	纯口语(36.8)、口语+手势(4.9)、纯手势(10.9)、口语+手势(1.3)	0.083	3.000
	外教	8	纯口语(26.6)、纯手势(20.9)、口语+手势(13.1)、口语+文字(2.5)		
知识讲解	中教	8	口语+文字+图像(26.5)、口语+文字+图像+手势(9.7)、口语+文字(15.1)、口语+图像(7)	0.540	5.998
	外教	9	口语+文字+图像(20.6)、口语+文字+图像+手势(13.8)、口语+文字(10.6)、口语+图像(7.2)		
反馈	中教	11	口语(21.7)、口语+图像(17.6)、口语+文字(13.5)、口语+手势(10.3)、口语+文字+图像(7.9)、口语+手势+虚拟贴纸(4.3)、口语+图像+手势(2.1)	0.157	2.000
	外教	12	口语+手势(28.5)、口语(20.3)、口语+图像(8.7)、口语+文字(6.2)、口语+文字+图像(5.9)、口语+手势+虚拟贴纸(5.3)、口语+图像+手势(2.3)		

总体而言,两组课堂的模态配置方式比较相似,都呈现出明显的多样化和多模态的特点。一方面,中外教师在不同教学环节使用了多种不同的模态配置方式,如在提问环节分别使用了7种和9种不同的模态配置方式,在发布指令时分别运用了7种和8种不同的模态配置方式,在讲解知识点时分别采用了8种

和 9 种不同的模态配置方式,而在反馈环节使用的模态配置方式分别多达 11 和 12 种。另一方面,中外教师大多采用涉及 2 种及以上模态协同配合的配置方式。口语作为核心模态,在各个主要教学环节都是传递教学信息的主要且必要方式,它通过听觉通道直接传递教学内容。而文字、图像、手势、虚拟贴纸等非语言模态,则通过视觉通道对口语进行强化或补充。如在讲解知识点时,中外教师都对口语与其他模态进行了搭配,形成了"口语 + 文字""口语 + 图像""口语 + 文字 + 图像""口语 + 文字 + 图像 + 手势"等模态组合。

为判断中外教师在主要教学环节的模态配置方式是否存在统计学意义的差异,我们对相关数据进行了卡方检验,结果(见表 7.9)显示,在提问、发布指令、知识讲解和反馈这几个主要教学环节,中外教师的模态配置方式均没有显著差异(p 均 > 0.05,χ^2 分别为 8.882、3.000、5.9998 和 2.000)。这表明在教学模态配置的选择上,中外教师虽然在具体频率和细微组合上可能有所不同,但总体策略和倾向较为一致,都注重运用多种模态协同来优化教学过程,以更好地实现教学目标。

中外教师在教学模态配置方式上总体相似的原因主要涉及教学目标共性、技术环境趋同、多模态教学认知一致等方面。首先,尽管文化背景与教学风格存在差异,但中外教师在视频直播课堂中的核心教学目标一致,均需通过有效信息传递实现知识传授与能力培养,而多模态协同能优化教学效果,促使双方采用相似策略;其次,线上教学依托相同或相近的技术平台与工具,可选择的模态资源(如语音、图像、文字等功能)较为固定,客观条件限制下导致模态配置选择范围相似;最后,中外教师均意识到多种模态协同配合对增强教学吸引力、提升学生理解效率的重要性,由此形成了相近的教学认知与实践倾向。

7.2 中外课堂学生多模态话语对比

7.2.1 学生有声话语模态对比

在外语课堂上,学生有声话语是语言习得与能力提升的关键,既能巩固知识、强化运用,又能促进思维碰撞,培养跨文化意识,还能通过互动反馈助力教师优化教学,实现语言能力与综合素养共同发展。从独立样本 T 检验结果(见表 7.10)可知,学生在中教课堂与外教课堂上的口语活动表现并无显著差异(p

均 > 0.05, t 分别为 0.043、−0.707、0.700、−0.199 和 −0.157, 平均差分别为 0.8、−3.8、−0.3、5.9 和 −2.1)。具体来看, 中教课堂中学生总有声话语率为 23.6%, 外教课堂则为 22.8%, 均低于线下优质课堂的学生话语率(27.9%, 李 满, 2017; 36.4%, 苏翠英, 2012)。深入剖析学生有声话语输出内容后发现: 在中 教课堂中, 仅有 39.4% 的学生有声话语用于回答教师提问; 36.2% 的时间是在重 复或模仿教师话语; 用于阅读课件文字内容的时间占比为 16.3%; 主动提问或陈 述的时间占比更低, 仅为 7.8%。而在外教课堂里, 学生用于回答教师提问的时 间占比达 43.2%; 重复或模仿教师话语的时间占比为 36.5%; 阅读课件文字内 容以及主动发言的时间占比相近, 分别为 10.4% 和 9.9%。

不难看出, 无论是中教课堂还是外教课堂, 学生最常进行的言语活动都是回 答教师提问。其次则是阅读课件文字和跟读等受限话语表达。值得关注的是, 两类课堂中学生主动发言率均较低, 低于线下优质英语课堂中 16.8% 的主动发 言率(李满, 2017)。这表明在一对一视频直播少儿英语课堂上, 无论是中教授课 还是外教授课, 学生大多时候处于被动状态, 主动发起话轮的情况较为少见。由 此可以推断出, 学生在课堂上的口语参与程度高低, 似乎与教师是否以英语为母 语并无明显关联。

表 7.10 中外课堂学生有声话语对比

项目	组别	平均值	p	t	平均差
学生总有声话语率(%)	中教组	23.6	0.233	0.043	0.8
	外教组	22.8			
学生回答问题率(%)	中教组	39.4	0.384	−0.707	−3.8
	外教组	43.2			
学生跟读率(%)	中教组	36.2	0.666	0.700	−0.3
	外教组	36.5			
学生阅读率(%)	中教组	16.3	0.310	−0.199	5.9
	外教组	10.4			
学生主动发言率(%)	中教组	7.8	0.327	−0.157	−2.1
	外教组	9.9			

7.2.2 学生手势模态对比

学生的交际手势作为其参与课堂互动、表达自身观点与情感的非言语方式之一,对揭示课堂互动模式和学生的学习参与度有着重要意义。通过对相关数据的统计分析,我们得到了表7.11中关于两类课堂上学生手势频率的对比结果。数据显示,在中教课堂中,学生交际手势的平均频率为每节课9.1次,而在外教课堂里,这一数值为10.5次。从数值上看,外教课堂上学生的交际手势频率略高于中教课堂。为了判断这一差异是否具有统计学意义,我们进行了相应的统计检验。结果表明,两组课堂上学生的交际手势频率不存在显著差异($p > 0.05$, $t = -0.559$,平均差 $= -1.4$)。这意味着,尽管外教课堂上学生交际手势频率数值稍高,但从统计学角度而言,这种差异并不足以说明在实际的课堂情境中,中外教课堂里学生交际手势的使用存在实质性的不同。

表 7.11 中外课堂学生手势频率对比

	组别	均值	p	t	平均差
学生交际手势频率 (次/节)	中教组	9.1	0.578	-0.559	-1.4
	外教组	10.5			

与此同时,与前文提及的教师手势频率相比,无论是在中教课堂上还是在外教课堂上,学生的交际手势频率明显偏低。教师平均每节课手势使用次数,中教为90.9次,外教为130.3次,而学生最多仅为10.5次/节。这一显著差距反映出在课堂互动中,教师更多地依赖手势来辅助教学表达、引导学生注意力和传递信息,而学生则相对较少运用手势进行交际互动。这种现象或许与师生在课堂中的角色定位、教学模式以及文化背景等多种因素相关。例如,教师作为课堂教学的主导者,更善于通过丰富的手势来强化教学内容的呈现和讲解;而中国学生通常比较内敛,在课堂中多被定义为知识接收者,以倾听和记录为主,更注重用语言回应教师提问或完成任务,在手势运用上相对保守。

7.3 中外课堂师生言语互动性和教学模式对比

对表7.2、表7.3、表7.4和表7.10的数据进行换算可以得出中教课堂的师生语言互动率为(15.6% + 14.9% + 35.6%)× 53.9% + 23.6% = 59.2%,接近互动型课堂所界定的60%边界(蒋立兵,毛齐明,万真,等,2018),外教课堂的师生语言互动率为（17.4% + 13.9% + 41.4%）× 55.3% + 22.8% = 63.0%，明显高于60%的互动型课堂标准，如表7.12所示。无论是中教课堂还是外教课堂，师生言语互动率均超越了优质线下课堂的55.3%的语言互动率（李满，2017）。通过独立样本T检验发现，尽管外教课堂在数值上略高于中教课堂，但两组课堂的师生语言互动率差异不显著（$p > 0.05$；$t = -0.436$，平均差 = -3.8），说明二者在师生语言互动率层面无本质性区别。

表 7.12　中外课堂教师生言语互动率对比

项目	组别	平均值	p	t	平均差
师生口语互动率（%）	中教组	59.2	0.195	-0.436	-3.8
	外教组	63.0			

从 7.1.1 小节可知，在直播课堂情境下，无论是中教还是外教，口头反馈是教师最主要的语言活动，这体现出教师对学生学习情况的高度关注，也反映出在课堂互动中，语言交流仍是教师传递鼓励、纠正偏差、深化学生知识理解的核心方式。此外，从表7.10的数据来看，中教与外教课堂中学生最多的语言产出活动均是回答教师提问，表明学生积极响应教师引导，积极参与语言互动。因此，可以说无论是中教课堂还是外教课堂，师生语言互动性都较好，中教课堂积极尝试促进师生语言互动并取得良好成效，外教课堂也在激发互动方面优势突出，营造出更活跃的语言交流氛围。这是因为，一是课程教学目标明确，中外教师均重视通过师生互动提升学生语言应用能力；二是直播课堂的教学形式发挥推动作用，线上教学突破时空限制，为增强学生学习参与感，教师倾向于以频繁互动维持学生注意力与学习积极性。

就差异而言，外教课堂在师生语言互动率数值上高于中教课堂，虽然统计学意义上差异不显著，但也反映出外教课堂在语言互动活跃度上更具优势。这一差异背后，教学风格的影响不容忽视。外教多采用沉浸式教学，更强调语言的实际运用和情境模拟，课堂氛围轻松自由，能够充分调动学生的积极性，促使学生更主动地参与互动；中教则更注重知识体系的构建和语言规则的讲解，在互动环节的设计和引导上相对保守。此外，文化背景的差异也发挥作用。外教所代表的西方文化更鼓励学生表达自我、展现个性，这种文化理念渗透到课堂中，使得学生在课堂上更敢于发言；而中教受传统教育文化影响，课堂互动的节奏和形式相对较为规范,一定程度上限制了学生互动的自由度。

综上所述,我们可以得出结论:无论是中教授课还是外教授课,在视频直播少儿英语课堂中,师生之间都能够较为频繁且有效地进行语言交流。教师通过多样的提问、及时的反馈和明确的指令积极引导,学生也以一定比例的话语输出率给予回应,其中回答教师提问、参与课堂互动等表现突出,显示出师生双方在课堂中都较好地参与语言互动,共同构建起具有较高互动性和活力的教学环境,语言互动性呈现出良好的态势。

中教课堂和外教课堂的教师多模态活动率和学生多模态活动率对比结果如表 7.13 所示。

表 7.13　中外课堂师生多模态活动率对比

项目	组别	平均值	p	t	平均差
教师多模态活动率(%)	中教组	60.3	0.892	0.574	-1.6
	外教组	61.9			
学生多模态活动率(%)	中教组	32.8	0.467	0.673	2
	外教组	30.8			

根据对视频教学的多模态标注,在中教课堂上,教师在 6.4% 的课堂时间里仅依靠身体动作来传达意义,因此中教的多模态活动率 = 53.9% + 6.4% = 60.3%;学生在 1.3% 的课堂时间里通过身体动作独立完成交际任务,在 7.9% 的课堂时间里独立通过信息技术来完成书面练习,因此学生的多模态活动率 = 23.6% + 1.3% + 7.9% = 32.8%。在外教课堂上,教师在 6.6% 的课堂时间里仅依靠身体动作来传达意义,因此外教的多模态活动率 = 55.3% + 6.6% = 61.9%;学生在 1.8% 的课堂时间里通过身体动作独立完成交际任务,在 6.2% 的课堂时间里独立通过信息技术参与课堂,因此学生的多模态活动率 = 22.8% + 1.8% + 6.2% = 30.8%。

通过独立样本 T 检验发现,中教课堂与外教课堂的教师多模态活动率差异不显著($p > 0.05$;$t = 0.574$,平均差 = -1.6),均超过 60%;学生多模态活动率同样不存在明显差异($p > 0.05$;$t = 0.673$,平均差 = 2),均不足 1/3。两类课堂上,教师有声话语均占课堂的一半以上时间,学生有声话语占约 1/5,而且师生很少通过身体动作来独立完成交际任务,同时学生也很少独立通过信息技术来完成书面练习。这表明无论是中教课堂还是外教课堂,都是教师主控型课堂,仍未摆脱"教师讲—学生听"的教学模式,听讲是学生主要的学习方式,听觉模态是学生参与课堂的主导形式,学生在课堂中的主体地位未得到充分凸显。深入探究背后原因,就教学目标而言,中教和外教在少儿英语教学中,都以提升学生综合语言素养为目标,而教师多模态输出尤其是有声话语的合理输出与学生的积极回应是达成这一目标的重要环节,因此在课堂上对教师与学生的话语量把控有相似之处。另一方面,线上直播课堂的特性也产生了影响。线上环境使师生交流在一定程度上受限,教师难以全面兼顾学生多模态活动,学生也因空间和设备等因素,开展多模态活动的机会减少,更多依赖听觉接收信息。

就差异而言,外教课堂教师多模态活动率(61.9%)略高于中教课堂(60.3%),学生多模态活动率则是中教课堂(32.8%)稍高于外教课堂(30.8%)。这种细微差异背后,教学风格因素不可忽视。外教常采用活泼开放的教学风格,课堂上肢体语言丰富,更注重营造轻松自由的氛围,促使学生通过多种模态参与课堂;中教相对更侧重知识的系统讲解,在引导学生运用信息技术辅助学习方面可能更具优势,使得学生在信息技术参与的时间占比上略高。此外,文化背景差异也发挥了作用。西方文化鼓励学生大胆表达、展现自我,外教将这种理念融入课堂,学生更愿意尝试通过身体动作等多模态方式参与;中教受传统教育文化熏陶,课堂节奏相对规整,一定程度上限制了学生多模态活动的多样性。

综上所述,可知在视频直播少儿英语课堂中,中教和外教课堂在师生多模态活动率方面共性明显。尽管师生能进行一定程度的交流互动,但学生主体地位的充分体现及多模态学习的有效开展仍有提升空间,后续教学可据此进一步优化。

7.4　小结

从上述统计结果及分析可以总结出一对一直播环境中少儿英语中教课堂和外教课堂在教师多模态话语、学生多模态话语以及课堂的互动性与教学模式方面的相似性与差异点。

一方面,中外课堂在课堂互动与模态运用方面存在诸多共性。首先,中外教师在课堂总话语率、指令语及提问语时长占比上较为接近,且均保持较高互动水平,师生言语互动程度都超越线下优质课堂的平均水平;在教学模态配置上,均呈现多模态协同特征,以口语为核心,搭配文字、图像、手势等非语言模态实现信息互补,提升知识传递效率。其次,无论在中教课堂上还是在外教课堂上,学生的课堂参与度受到一定的限制。学生的多模态输出表现趋同,均以有声话语为主要参与方式,话语输出整体活跃度低于线下优质课堂,反映出直播环境下学生主体地位仍待强化;同时,学生对手势、教学工具等非语言模态的使用频率较低,显示出课堂互动中师生模态参与的不均衡性。

另一方面,受教学理念、文化背景及个人特质等因素的影响,中外教师在课堂多模态话语方面也呈现出明显差异。总体而言,外教更注重课堂互动反馈,口头语言反馈更为频繁,更善于通过高频互动给予学生即时鼓励;在非语言表达上,外教更擅长运用手势尤其是规约手势和节拍手势来传递信息和交流情感;在教学工具使用上,外教对虚拟贴纸、实物教具的运用更为频繁;在教学环境营造方面,外教明显更倾向于装饰教学背景、佩戴头饰,通过视觉元素创设活泼氛围。相比之下,中教更侧重于知识体系的系统讲授,口头讲解时间占比相对较高。此外,虽然学生在两类课堂的话语输出总量无显著差异,但外教课堂更能激发学生回应的积极性,学生回答教师提问和主动发言的比例相对较高;而中教课堂中学生重复模仿教师话语的情况略多,反映出不同教学模式下学生语言实践的差异。

综上所述,外教课堂的强互动性、多模态融合及情境化营造策略,对激发学生语言实践具有借鉴价值;中教课堂严谨的知识讲解体系则利于夯实基础。中外教师可相互吸收经验,如中教可适度增加反馈频率、创新教学工具运用,外教可优化知识系统性讲解,共同推动直播外语课堂教学质量的提升。

第8章

视频直播环境下的外语课堂多模态话语
设计原则

设计是多模态交际中的一个重要概念,是多模态交际能否成功的一个关键问题(张德禄,2012)。多模态话语的设计过程由一套原则来控制(张德禄,胡瑞云,2019)。本章立足交叉学科视域,深度整合第4章视频直播环境下的外语课堂多模态话语设计制约因素、第5章和第6章视频直播环境下的外语课堂模态选择和配置的特征及效果以及第7章中教课堂和外教课堂多模态话语共性和特质的研究结论,融合多模态话语分析理论、二语习得、多媒体学习理论以及认知心理学等多学科的理论精华,系统推导视频直播环境下的外语课堂多模态话语设计原则,发现除了受意识形态、体裁结构、教学内容和目标、师生特点和教学条件等语境因素以及修辞目的、教学目标和内容、师生特点以及体裁结构成分这几个交互影响因素的制约外,视频直播环境下的外语课堂的交际者尤其是教师和课件制作者还需要遵循分层化的多模态话语设计原则,包括模态选择和模态配置两个方面,即课堂交际者在选择模态资源时需要遵循趣味性原则、前景化原则和可及性原则,同时在模态配置时需要遵循适配原则、主次原则、经济性原则和动态调整原则,如图8.1所示。

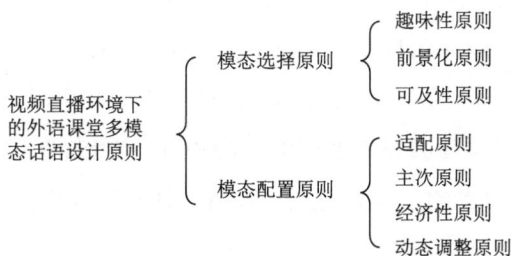

图 8.1　视频直播环境下的外语课堂多模态话语设计原则

8.1　视频直播环境下的外语课堂模态选择原则

除了受意识形态、体裁结构、教学内容和目标、师生特点和教学条件等语境因素的制约外,视频直播环境下的外语课堂的交际者尤其是教师和课件制作者在选择模态时还需要遵循趣味性原则、前景化原则和可及性原则。

8.1.1　趣味性原则

根据 Bourne 和 Jewitt(2003)的观点,教师在课堂上对模态的选择并非随意之举,也不单纯取决于个人教学风格,而在很大程度上受到教学目的和教学重点的影响。就视频直播环境下的外语课程而言,其核心教学目标包括激发学生对外语学习的兴趣和培养学生运用外语进行基本日常口头交流的能力。兴趣是学生学好外语的关键前提课,课堂是否充满趣味,直接关系到他们对外语学习的兴趣,进而对学习成效产生深远影响。除了课堂本身的话题内容、练习形式(如游戏)这些相对固定的影响学生学习兴趣的因素外,教师和课件制作者在激发学生英语学习兴趣方面也大有可为。他们可以精心设计课堂多模态话语,充分运用契合不同年龄段认知特性的生动图像、富有表现力的手势以及多样化的教学工具,营造出充满趣味的课堂氛围,以此来有效激发学习者的学习兴趣,提高他们的课堂参与度。

首先,课件制作者在选择图像时应当充分考虑不同年龄段学习者的认知特点,增添课堂趣味性,以此提升学习兴趣。对于年轻学习者,他们思维活跃、对新鲜事物充满好奇,喜欢富有想象力和趣味性的内容,因此,可利用色彩鲜明、生动有趣甚至稍显夸张的图像所具备的人际功能,来吸引他们的注意力。例如在设计课程主题信息呈现环节的课件时,打造大自然探险、奇幻故事场景等充满想象力的高语境化背景图来增强代入感,把学习者带入一个个奇妙世界,极大地激发他们的好奇心,进而提升他们对外语学习的兴趣,促使他们主动投入学习。而对于成年学习者,他们更注重知识的实用性和逻辑性。因此,在保证图像吸引力的同时,融入一些与实际应用场景相关的元素,如商务会议、家庭理财等画面作为背景图,能让他们快速理解知识与实际生活或工作的联系,让学习变得更具目标性和价值感,从实用层面激发起他们的学习兴趣。同时,在色调选择上,明快暖色调能吸引年轻学习者的注意力,营造活泼积极的氛围,让他们在愉悦心情中提升兴趣;沉稳冷色调适用于成年学习者,传递冷静专注的感觉,帮助他们更高效地投入学习,强化对知识的兴趣。在设计主体图像主色调时,针对年轻学习者可以选用明亮色彩以调动他们的热情,使学习兴趣持续升温;针对成年学习者的专业性内容宜采用稳重简洁色彩,凸显可信度与专业性,助力其理解吸收知识的同时保持学习兴趣。

其次,教师尤其是中教要强化手势模态的合理运用来吸引学习者的注意力并提升他们的学习兴趣。在视频直播环境中,教师与学习者空间分离,缺乏面对面的直接互动与即时监督,且学习场景充斥着电子设备弹窗、周边环境干扰等多重因素,导致学习者极易出现注意力不集中的情况。而教师手势的不断出现能使学习者在视频学习过程中一直感知到教师的存在,从而增强其学习动机与学习兴趣,进而提升其学习效果。此外,在学习者眼中,手势频繁的教师显得更加活泼而且能创造更加快乐、轻松的课堂氛围,而且用于积极评价反馈的规约手势,如竖起大拇指的手势、击掌手势、鼓掌手势、爱心手势等能有效拉近他们和教师的心理距离,降低他们在课堂上用英语交流时的焦虑感并增强课堂学习的愉悦感。此外,节拍手势能强化节奏感知,活跃课堂氛围,如在歌曲听唱环节用节拍手势可以帮助学习者感受英语语言的节奏感和韵律美并提升课堂的趣味性。

最后,基于前文的研究结果,虚拟贴纸,特别是奖励性质的虚拟贴纸,对提升学习者学习兴趣与课堂参与度具有积极作用,而且玩具、工具等直观教具不仅能够生动形象地辅助语言讲解,助力学习者更好地理解与记忆知识点,还能为课堂增添乐趣。此外,音视频资源,尤其是节奏明快、旋律动听且歌词简单易懂的歌曲,能够活跃课堂氛围,从而提高学习者的学习兴趣与课堂参与度。因此,在视频直播环境下的外语课堂中,教师尤其是中教应充分发挥视频直播的技术优势,合理选用虚拟贴纸、音视频等数字媒体教学工具,同时借助摄像头展示生动有趣的实物教具以丰富课堂内容,增添课堂乐趣,激发学习者的学习兴趣,为学习者打造更具吸引力与活力的在线学习环境。

8.1.2 前景化原则

在多模态话语设计过程中,交际者可以根据自身及受众的利益、修辞目标对不同的模态进行前景化,因为被前景化的符号通常会提供最大的信息量,功能负荷最高,最能引起受众的注意力(Kress,2010)。此外,依据多媒体学习理论中的提示结构原则(signaling principle),在多媒体学习场景下,若向学习者提供特定的学习提示,诸如突显主要学习材料的组织结构,学习者特别是认知技能尚不完善的学习者,将收获更为理想的学习成效(Mayer,2009)。基于此,在设计视频直播环境下的外语课堂的多模态话语时,教师与课件制作者可根据教学目标的指向以及教学内容的重要程度,对部分模态和符号予以突显,以推动教学信息的高效传递,引导学生将注意力聚焦于重点信息,助力他们构建起内在连贯、逻辑一致的心理表征体系,以此提升教学效果与学生的学习质量。

首先,课件设计者可以通过背景图像、主体图像与文字的色彩对比、文字颜色、字号和文本框的合理使用以及图文空间的科学布局来优化图文混排页面的版面布局,进而提升课件中教学信息传递的有效性。具体来说,知识呈现和语言操练环节的课件可以用语境化程度低的柔和、纯净冷色调背景,使之与暖色调主体图像及文字形成较强的视觉对比,以提高主体图像和文字的视觉显著性和可分辨性;文字信息应简明扼要且醒目易读;可在冷色调的背景图上使用大号或中号黑色、白色等中性色彩非衬线文字,同时可以多使用混合色彩文字来引导学生抓住学习重点如重点字母、单词或词组,而且可将文字覆盖在大面积纯色背景上面或利用各种文本框来突显文字,但尽量少将文字直接覆盖在与文字颜色相近的图像上面且要少用小号字体以免影响文字的屏幕阅读效果。此外,在图文空间布局上,可将学习者熟悉的图像放置在他们相对陌生的文字上方或左边,构建图上文下或图左文右的布局模式,方便他们借助图像来理解文字所蕴含的概念意义,提升学习效果。

其次,在授课过程中,教师可借助教学平台所提供的五彩虚拟画笔来绘制线条、箭头、方框、圆圈等几何图形以突显课件内的关键文字或图像信息,也可将重点知识通过高光效果予以突出显示,助力学习者筛选繁杂信息,引导他们将注意力精准聚焦于突出显示的关键内容,从而减少在信息检索过程中认知资源的损耗,最终实现学习速度的提升。

最后,在课堂教学过程中,教师应充分挖掘手势尤其是指示手势和节拍手势所蕴含的语篇功能,因为在教学场景里融入手势特别是指示手势和节拍手势,能够高效突显重点信息,助力学习者迅速将注意力集中于关键学习内容,减少在筛选视觉信息时产生的不必要的认知消耗,切实降低学习过程中的认知负荷,有效促进对学习内容的记忆加工。有研究发现,教师手势相对于加粗、箭头、画横线和变颜色等其他具有注意引导功能的物理线索而言能更有效地引导学习者注意分配,能够引导学习者注意视觉和听觉通道的特定信息(皮忠玲,杨仪,杨九民,2019)。特别是教师的指示性手势能够更有效地引导学习者分配更多的注意资源于被提示的教学内容(Pi, Hong & Yang,2017)。此外,节拍性手势作为一种节律性手势,会随教师言语语调的变化而改变,能够有效引导学习者关注言语表达中的重点内容,如当教师讲到重点内容时,可以伴随使用一个节拍性手势以强调这部分的内容(So, Chen-Hui & Wei-Shan,2012)。

8.1.3　可及性原则

由于不同模态具有不同的供用特征,所以不是在任何情境和场合中都能顺利获取所有的模态,但在视频直播环境中,教师应充分发挥网络平台所提供的技术优势,促使更多以往处于幕后的环境成分、工具元素以及技术元素走向台前,甚至可创造一些符号资源,使其转化为建构意义的有效模态。对于外语视频直播课堂来说,虽然口语通常是课堂的核心且是不可或缺的模态,而且课件文字与图像模态相对固定,但是教师可以充分利用视频直播环境带来的技术便利,借助教师窗口,将背景环境、衣着装饰等物理环境语境因素以及各类实物教具元素,转化为参与意义建构的模态。同时,还要全面利用平台的虚拟贴纸、特效、音频、视频、虚拟画笔、打字工具等技术支持,辅助教学信息的传递,增进师生间的情感交流,增添课堂趣味性,从而提升学生的学习兴趣与课堂参与度。

首先,与线下课堂所处相对固定的教学物理环境不同,视频直播环境赋予了教师自主选择授课物理空间的权利。这就要求教师投入时间与精力,精心设计教学物理空间中的各类符号资源,诸如背景墙的布置以及自身的发型、头饰和衣着搭配,使这些背景环境元素转化为参与意义建构的有效模态。依据前文的研究结果,教师的物理教学空间会对学生关于教师专业度和教学态度的判断产生影响,学生倾向于认为那些用心准备物理空间背景,如张贴英文字母表、所属教学平台宣传画甚至是与教学内容相关卡通卡片的教师,在教学上更为敬业、专业,教学态度也更为认真。基于此,教师尤其是中教可选用英文字母表、国际音标图、教学平台宣传画,搭配英语语法框架图、经典文学海报、商务场景示意图或与教学内容相关的画作,精心布置背景墙,传递专业敬业的教学态度。此外,教师人像窗口会展示教师上半身的穿着与妆容。因此,教师应确保穿戴整洁、得体、大方,避免奇装异服或浓妆艳抹,力求呈现出精神饱满、亲切自然、端庄大方、积极阳光且专业敬业的教师形象,从而在教学过程中给学生留下良好印象,助力教学效果的提升。

其次,教师要充分利用便利的居家工作环境去精心准备卡片、玩具、工具等表达意义的实物教具模态,使其成为表达意义的有效模态,以此激发学生的学习兴趣,助力教学语义信息的高效传递。前文的研究结果表明,卡片、玩具、工具这类直观的实物教具,能够以生动形象的方式辅助语言讲解,帮助学生更好地理解与记忆知识点,显著提升课堂的趣味性。在学生的认知里,教师对教学工具的筹备情况直接反映其教学态度与敬业程度。特别是实物教具的精心准备,如卡片、模型、工具等细节,往往被视为教师深入备课、治学严谨的重要标志,更易赢得学生对其专业性的认可。因此,在视频直播网络教学场景下,教师应充分发挥居家教学环境所提供的资源优势,审慎选择适配的实物教具模态,积极促进教学过程中的意义建构,切实提高教学质量与学生的学习成效。

最后,在视频直播环境中,教师需"激活"那些原本处于"隐匿"状态的符号资源,促使其转化为表达意义的有效模态。具体而言,教师可以充分运用平台所提供的虚拟贴纸、特效、音频、视频、虚拟画笔、打字工具等技术支持来以生动形象的方式辅助语言教学,助力学生更好地理解和记忆知识点,同时增添课堂趣味性,提升学生的学习兴趣与课堂参与度。这一举措与多元读写能力中对技术读写能力的要求高度契合。多元读写能力强调学生应具备现代媒体技术知识与能力(吴玲娟,2013)。同样,教师在设计在线外语课堂多模态话语时,也必须具备一定的技术读写能力。这意味着教师要掌握视频直播课堂的基础技术操作知识,深入了解不同技术模态诸如虚拟贴纸、特效、音频、视频、虚拟画笔、打字工具等的功能特性与应用场景,从而充分挖掘网络技术模态的潜在意义,实现教学效果的最优化。

8.2 视频直播环境下的外语课堂模态配置原则

在多模态话语设计中,交际者在语境因素的促动下从可及的符号资源系统中选择出需要的模态后,还需要在框定的时空内对所选的资源进行组合与安排,即配置模态(Bezemer & Kress,2016:77)。在视频直播环境下的外语课堂的模态配置过程中,除了需要考虑文化语境中的意识形态、情境语境中的教学条件这几个比较固定的因素以及修辞目的、教学目标和内容、师生特点以及体裁结构成分这几个交互影响因素外,交际者也需要遵循适配原则、主次原则、经济性原则和动态调整原则,以优化模态配置效果。

8.2.1　适配原则

虽然在多模态话语意义建构中,可供选择和配置的模态资源既可以是单模态资源,也可以是多模态资源(张德禄,2015),但是总体来看,课堂教学话语是典型的多模态话语,由多种模态来共同完成(Jewitt,2009)。这意味着,当一种模态的供用特征不能很好地体现意义时,交际者便要对多种模态进行搭配组合,让各种模态的供用特征相互补充、相互协同来共同体现交际者需要表达的意义(张德禄,2015)。依据前文的研究结果,在视频直播环境下的外语课堂场景中,除了在教学指令下达以及积极评价反馈环节中教师倾向于运用单一口语或身体动作来表意之外,其他教学环节的意义呈现以多模态组合形式为主。本书还发现,优秀教师经常使用且效果突出的模态配置,通常涉及 2～4 种模态的协同搭配。换言之,在视频直播环境下的外语课堂中,绝大多数教学环节的意义表征,均具备多模态特征,口语、文字、图像、手势等多种模态相互配合,共同构建课堂多模态话语意义。综上所述,多模态协同配合成为视频直播环境下的外语课堂多模态话语模态配置的关键原则。教师应当对口语、文字、图像、身体动作、教学工具以及物理背景等各类模态进行合理的搭配与组合,促使不同模态间形成正向协同效应,从而实现意义的最大化、最充分表达。

双编码理论(Dual Coding Theory)与多媒体学习理论(principles of multimedia learning)从不同维度为课堂多模态话语设计的多模态配合原则提供了理论支撑。首先,根据双重编码理论(Paivio,1986),人类大脑存在言语编码系统与非言语编码系统这两套相互独立又紧密关联的信息编码体系。其中,言语编码系统专门负责言语信息的加工,非言语编码系统则处理非言语信息。在信息的贮存、加工及提取过程中,这两个编码系统协同运作。当二者所承载的信息被整合加工时,能够显著加深信息加工的深度,大幅提升信息加工的效率与质量。在此基础上 Mayer(2009)提出的多媒体学习理论的双重通道原则(Modality

Principle)指出,人类主要通过听觉信息加工通道与视觉信息加工通道来处理信息。唯有学习者在听觉和视觉这两个通道中均留存相关信息,并分别构建起连贯一致的心理表征,最终将这两个通道的不同心理表征加以整合,学习才会切实有效。此外,当一种心理表征退化或被遗忘时,另一种心理表征仍能激活记忆,从而促进其对学习材料的识记效果(Sweller,2020)。因此,在多媒体学习情境中,应充分利用学习者认知系统中的视觉与听觉两个通道来呈现信息,避免仅依赖单一通道传递全部教学信息,防止单个通道因信息过载而不堪重负,同时确保在某一种心理表征被遗忘时,另一种心理表征仍可发挥激活记忆的作用。再者,依据多媒体认知学习理论中的多媒体原则(Multiple Representation Principle),当语词与画面同时呈现时,学习者特别是缺乏足够先前知识的学习者有机会形成言语和图像的心理模型并在图像和文字之间建立关联,学习效果比仅从语词中学习的效果更好。倘若仅以文字或图像单一形式呈现信息,学习者就只能构建起单一的言语或图像心理表征,难以在两种心理表征之间搭建桥梁,不利于知识的吸收与理解。

在视频直播教学场景中,教师的有声语言与音频资源能够有效刺激学生的听觉感官,而文字、图像、教师的身体动作以及实物教具等视觉模态,则能强化对学生视觉系统的刺激。学生在同时处理听觉与视觉两个信息通道的内容时,能够促使两个通道间的认知负荷趋于平衡,有效规避单一通道出现认知负荷过载的问题。因此,为切实提升教学成效,教师需全面考量课程的宏观意识形态、体裁结构、教学目标、教学内容、师生特质、教学条件、修辞目的,以及不同模态各自的供用特征、词汇语法体系及其相互间的协同关系,对口语、文字、图像、手势、直观教具、音频等多种模态进行科学合理的搭配,使学生能够同时运用言语形式与意象形式进行信息编码,全方位地刺激其听觉与视觉通道,促使有声话语与其他视觉模态构建起正向协同效应,进而实现意义的最大化表达。

8.2.2 主次原则

在多模态话语建构体系里,每个模态都构成一个独立的交际系统,从理论层面来看,各种模态拥有平等的重要地位。然而,实际上,在多模态话语建构中,不同的模态提供不同的具体资源来构建意义,不同模态对交际者的意义的贡献是不同的,有的是核心模态、主模态,有的则是辅助性模态、伴生模态(张德禄,

2023)。在外语语境下,教师有声话语既是教学手段,又是教学内容,同时还是学习者重要的语言输入来源和输出载(Nunan,1991:189)。不同于数学、美术、科学等课程侧重书面练习或实物操练,外语课堂侧重口语交际,因此有声语言通常占据统治地位,是主导课堂交际进程的主模态,其地位更应得到突显,应被置于中心地位(张德禄,丁肇芬,2013)。另一方面,在视频直播外语课堂上,虽然图像、文字、手势、实物教学工具等视觉模态十分突出,但它们通常处于辅助地位,只是在不同程度上对师生的有声话语进行强化、衬托或补充。因而,外语视频直播课堂的模态配置必须遵循主次有序的原则,即口语作为核心且必备的模态,在整个教学架构中占据主导地位,而文字、图像、手势、直观教具、虚拟贴纸以及音频等其他模态,主要围绕口语这一主模态发挥强化、补充效能,一般处于辅助性的从属地位。

综上所述,在视频直播环境下的外语课堂教学里,有声话语作为课堂交际的核心与重点模态,其质量至关重要,教师必须予以高度重视并精心设计。一方面,教师自身需着力提升外语口头表达能力,确保发音精准、语调地道、音量适宜、速度适中、重音凸显、口气亲和、连读自然;另一方面,教师应合理把控自身话语量,平衡讲解用语和互动话语时长,精心雕琢提问语、指令语与反馈语,为学生输送高质量的有声话语,活跃课堂互动氛围,为学生创造更多语言输出契机,引导他们投身自然且深入的语言交际,扭转学生被动听课的局面,切实强化其课堂主体地位。具体策略如下。

首先,在视频直播环境下的外语课堂中,教师可通过多进行口头提问、合理把控提问时长与频率的方式,有效提升课堂师生口语互动的活跃度,让学生更加积极主动地参与课堂。根据前文的研究结果,教师口头提问时间越长,课堂师生间的口语互动率、学生话语互动率以及主动发言的频率越高;口头提问越是频繁,课堂师生互动话语率和学生互动话语率也就越高。此外,教师还应适当增加卷入式人称主语问题与隐喻式主语问题的占比,以提高学生主动发言的积极性。依据杨雪燕和解敏(2012)的观点,在卷入式主语问题里,听话人会成为信息交换现场对信息有效性负责的一方,从而被深度卷入所索取的信息当中,如此一来,其提供信息、参与互动的可能性便会显著增大。而且,学生在回答这类问题时,需要提供与个人相关的信息,这有助于拉近师生间的距离,营造更为平等和谐的师生关系。同时,杨雪燕和解敏(2012)还指出,语气隐喻通过将提问直接指向听话人,赋予提问"显性主观取向"(Halliday & Matthiessen,2004;2014),能提升听话人参与互动的概率。因此,在一致式疑问语气和非人称主语为教师提问的主要语法体现形式的情况下,为促使学生更多地参与课堂互动,构建更加平等的师生关系,教师在提问环节可适当调整问题的语气和人称主语,适度提高语气隐喻式提问以及卷入式主语问题出现的频率。

其次,教师可优化指令语质量以推动学生更踊跃地参与课堂,同时可运用更多礼貌型指令语,以拓宽师生间协商与讨论的空间,构建起更为平等、民主且和谐的师生关系。一方面,前文研究结果表明,教师指令语在课堂时长中占比越高,学生参与多模态活动的频率就越高,而指令语频率却未能与教学效果产生显著关联。因此,教师需在保持合适时长的基础上,结合课堂节奏与学生需求优化指令频率,提升指令语的质量和有效性,提高学生的课堂参与度。另一方面,外语教师应当有意识地更多运用礼貌程度高的指令语,或者采用指令语的间接形式与策略,弱化自身权力,逐步营造平等、和谐的师生关系,促使师生默契协作,为学生创造更多互动学习的机会(Christie,2005;Ledema,1996)。具体实施方式上,教师可多采用包含礼貌用词"please"的缓和式祈使句,如"Please read the text aloud.";运用包含"now""all right""OK"等填充词的导语式祈使句,如"Now, let's start our new lesson.";使用包容式祈使句"Let us...",如"Let us discuss this problem together.";还有采用各类疑问语气指令语,如"Could you please close the window?"等较为间接、礼貌程度高且协商空间大的课堂指令语。

最后,在外语教学过程中,教师应高度重视对学生的口头反馈,特别是针对学生话语内容与意义的反馈。当然,考虑到中国学生因受文化环境影响易表现出内敛、畏惧犯错等特点性格特征,教师也需多给予他们积极评价反馈。根据前文的研究结论,教师反馈语在课堂总时长中的占比越高,课堂上师生间的语言互动率、学生互动话语率以及学生课堂满意度便越高;教师口头反馈越频繁,语言互动率也会随之提升;内容型反馈语出现的频率越高,课堂语言互动率、学生总话语率、学生话语互动率以及学生主动发言频率都会显著增加。学者胡定荣(2013)指出,指导性(内容型)反馈所提供的信息详尽细致,有助于学生改进学习。王雪、高泽红和徐文文等学者(2021)在研究视频学习时发现,相较于证实性反馈,指导性(内容型)反馈在激发学习者积极情绪方面更具优势,还能有效引导学习者将更多视觉注意力聚焦到关键区域。他们建议在教学视频的反馈设计中,更多采用指导性反馈,为学习者提供客观的正误判断,给出明确且精细的问题解释,实现对知识的有效引导,助力学习者深化对学习内容的理解与掌握。此外,依据 Nunan(1991)的观点,积极反馈能够更高效地改变学生的学习行为,增强其学习动机。因此,在视频直播外语课堂上,教师不仅要及时对学生的表现做出判断或给予表扬,还应对学生的话语内容和意义进行拓展、引导或纠正错误。通过这些举措,促使学生深入思考问题,引发多话步回合会话结构,开展有深度的外语语言交际,从而输出结构更为复杂、更贴近真实自然环境的话语,以此培养学生的高阶思维能力与现实情景中的外语交际能力(吴玲娟,2022)。

当然,在精心设计口语这一关键且核心的课堂交际模态时,教师同样要重视手势、图像、文字样式及版面布局、音频、视频、虚拟教具、实物教具、物理教学背景、头饰等非语言模态的表意作用,充分挖掘这些非语言模态的潜在意义,让它们与口语模态相互配合、协同作用,实现动态互补,从而优化信息传达,提升课堂意义表达的丰富性与多元性,为学生打造更高效、更生动的学习环境。

8.2.3 经济性原则

在外语视频直播课堂多模态话语设计中,交际者特别是教师与课件设计者还需要遵循经济性原则,即在确保意义得以充分表达的前提下,尽可能精简模态资源的选用。因为过多的模态易分散学生注意力,阻碍学生将学习内容构建成连贯统一的心理结构,进而对教学效果产生负面影响。张德禄和胡瑞云(2019)也曾提出,在模态选择时,设计者应遵循省力原则,即当仅需一种模态便能达成目的时,无须额外选用更多模态。韩艳方(2022)亦指出,模态协同需遵循时空省力原则,即在时间与空间维度上节约符号资源,以实现高效的多模态话语设计,助力教学活动顺利开展。

首先,教师应意识到,教学效果并非与模态使用数量成正比,过多不必要的模态重复可能带来冗余,甚至产生负面效应,因此并非任何教学环节的意义建构都要把所有模态运用上。从心理学层面剖析,人类工作记忆中信息加工的认知容量极为有限,无论是言语通道还是视觉通道,一次仅能同时处理 7 ± 2 个信息组块(毛伟,盛群力,2017)。如果把口语、文字、图像、身体动作、虚拟贴纸、实物教具等模态同时呈现,那么教师口语进入听觉通道,而文字、图像、身体动作、虚拟贴纸、实物教具都要通过视觉通道完成信息加工,这些视觉符号会在视觉通道中相互争抢有限的认知资源,就会造成视觉通道出现认知过载的现象。换句话说,学生既要注意教师口头话语传递的信息,同时又要关注屏幕上的文字、图像、手势、实物教具等模态,他们需要进行一些额外的认知加工来将每种非语言符号与有声语言匹配起来,从而影响了学习效率。多媒体学习理论中的控制冗余原则(redundancy principle)就明确表明,以画面、解说两种形式呈现信息的学习效果优于画面、解说、文本(非简短文字)三种形式(Mayer, 2009)。此外,有学者(Morell, 2018)研究发现,课堂上 3 ~ 4 种互补性模态协同运用,能有效组织并吸引学生参与活动,助力学生理解概念意义。依据前文的研究成果,少儿英语在线课程各教学环节中,经常使用且效果良好的模态配置方式,通常是 2 ~ 4 种不同模态紧密配合,而非每个教学环节的意义建构都要动用全部模态。

其次,课件制作者与教师应避免滥用那些虽看似趣味十足,实则与教学内容关联度欠佳的图像,以免分散学生注意力,对教学效率造成不利影响。多媒体学习理论的聚焦要义原则(coherence principle)明确指出,课堂上应当剔除与教学目标无关、却会占用学习者工作记忆中有限认知资源的学习资料(Mayer, 2009)。笔者发现少儿外语课堂知识内容呈现和练习相关的课件中也存在一些看似生动有趣,尺寸、色彩都非常突出但是和教学内容无关的图像,虽然这些图像能起到装饰页面、吸引学生注意力的作用,但也可能会转移学生的注意力,争夺学生有限的认知资源,让学生无法将注意力聚焦到知识要点上,导致他们产生更大的认知负荷,无法将学习内容搭建成一种连贯一致的结构,从而干扰知识的建构。所以,教师必须把控好屏幕上那些有趣却与语言无关且占据较大面积的图像数量,以此助力学生减少不必要的外在认知加工,将释放出的认知资源投入深层认知加工中,进而推动学习效率的提升。

接着,教师手势是教师形象设计的一个重要组成部分(皮忠玲,杨仪,杨九民,2019)。教师可以提前规划课堂上手势的类型与使用频率。虽然教师的交际手势具有解释歧义、澄清意义、辅助记忆、简化任务难度、促进交际双方话语产出等功能,而且在专家教师、家长和学员眼中教师手势事关教师的教学魅力、教学能力、教学态度以及课堂氛围、师生关系和学生的学习动机等,但是根据前文的研究结果,少儿英语教师手势在一定程度上与学生话语输出数量存在负相关关系,这表明不合适的手势类型和过量的手势会破坏交际效果。事实上,由于手势具有无意识性,教师在授课时极易出现手势滥用的情况。以本书为例,60 位教师的手势使用频率个体差异显著,部分教师在课堂上频繁使用手势,其频率是手势使用最少教师的 14 倍。在视频直播学习过程中,学生需通过视觉通道同时处理教师手势与课件中的学习内容,但是过多的手势会在有限时间内抢占学生的视觉通道,可能引发视觉通道竞争甚至认知超载(孙崇勇,2016),干扰学生构建学习内容的图式,徒增额外的认知负担。因此,在外语视频直播课堂中,教师运用手势表意时应确保频率适中,避免过于频繁而分散学生注意力。同时,手势的运用要紧密结合具体教学目标与教学内容,充分考量教学对象的年龄及心理特点,做到亲切自然、文雅大方、简练流畅,以实现手势与教学的有机融合,提升教学效果。

最后,教师务必审慎使用那些看似趣味盎然,实则与学习任务毫无关联的技术支持手段,尤其是特效和虚拟贴纸,以防分散学生的注意力,加重其认知负担。由于虚拟画笔、打字工具、虚拟贴纸、特效、音频等技术操作简便,教师与学生极易过度使用这些模态,进而对教学效果造成不同程度的负面影响。例如,一位教师在讲解"giraffe"一词时给学生头上添加了小猫虚拟特效,这使得学生一脸茫然,最终影响了学习兴趣和学习目标的达成。还有的教师喜欢用虚拟贴纸装饰屏幕,可若屏幕被大量与教学任务无关且杂乱无章的贴纸充斥,视频画面就会显得混乱不堪,极易分散学生的注意力。此外,教师还需合理借助直播平台的技术优势,强化课堂管理,提升教学效率。电子产品对学习者尤其是少年儿童具有难以抗拒的吸引力,部分自律性欠佳的学生可能会利用系统自带的画笔或打字工具在屏幕上随意涂画,严重影响教学效果。因此,教师可严格管理屏幕画笔或打字工具,待学生完成书面练习后,及时提醒他们关闭,防止学生沉迷于自由涂画,无法专注学习。在非一对一课程,特别是一对四授课模式中,教师应避免整节课都将所有学生人像同步投屏,因为学生的注意力极易被同伴屏幕吸引,从而降低学习效率。

8.2.4　动态调整原则

总体而言,在视频直播环境中,外语教师为达成更优教学效果,应借助多种模态的组合搭配来构建意义。然而,从经济层面考量,并非模态堆砌越多,交际成效就越好。因而在模态配置过程中,教师需依据不同的修辞目的、教学内容,结合不同模态的潜在表意能力,充分考量学习者的认知水平、思维特点以及外语基础,同时灵活参照学习者在课堂上的即时反应,适时增减模态,以实现意义的高效传达。依据前文的研究成果,少儿外语课堂不同教学环节的意义建构中常用且效果相对较好的模态配置方式一般涉及 2～4 种不同模态的搭配组合。但这些组合并非一成不变,教师可对参与意义建构的模态数量进行动态调控,适时增加模态以丰富表达层次,或是精简模态来聚焦核心内容,让意义表达更为精准有效。以教学指令意义建构为例,通常情况下,单一口语模态或手势模态,或是"口语 + 身体动作"的模态组合,便能较好地发挥指令的概念功能与人际功能。不过,当学习者注意力分散或学习兴趣缺失时,上述模态配置可能无法达成指令目的。此时,教师可敲响提前准备的桌面小锣,以其清脆且独特的声响吸引学习者注意力;或者播放一段节奏明快、与课程相关的简短音频,凭借灵动的旋律抓住学习者的心神,促使他们重新聚焦于课堂学习。再看纠错反馈意义建构,值得优先考虑的模态配置方式有"口语 + 图像""口语 + 文字"或"口语 + 文字 + 图像"的模态组合。但倘若学习者仅出现简单的发音错误,选用"口语 + 身体动作"模态组合,也就是教师口头示范正确发音,并借助食指指向嘴唇的动作,引导学习者关注正确发音的嘴型,同样能出色地实现纠错反馈的概念功能与语篇功能。

8.3　小结

综上所述,视频直播环境下的外语课堂多模态话语的设计需遵循一系列原则。

在模态选择方面,视频直播环境下外语课堂的交际者,尤其是教师和课件制作者,不仅受意识形态、体裁结构、教学内容与目标、师生特点及教学条件等语境因素的制约,还需遵循趣味性、前景化和可及性这三大原则。趣味性原则要求教师和课件制作者在设计多模态话语时,充分发挥图像、手势以及各类教学工具的人际功能,为课堂增添趣味,以此激发学习者的学习兴趣,提升其课堂参与度。前景化原则意味着,在设计视频直播环境下的外语课堂多模态话语时,教师和课件制作者可依据教学目标与内容的重要程度,将某些重要模态前景化,从而充分阐释语篇意义,吸引学生的注意力,助力教学信息的有效传递。可及性原则强调,教师应充分借助视频直播环境的技术优势,通过教师窗口将背景环境、衣着装饰等物理环境语境因素转化为参与意义建构的模态,精心筹备各类实物教具,并合理运用平台的虚拟贴纸、特效、音频、视频、虚拟画笔、打字工具等技术支持,辅助教学信息传递,促进师生情感交流,增添课堂乐趣,提升学生的学习兴趣与课堂参与度。

在模态配置方面,除需考量文化语境中的意识形态、情景语境中的教学条件等相对固定的因素以及修辞目的、教学目标与内容、师生特点、体裁结构成分等相互影响的因素外,交际者还需遵循适配、主次、经济性和动态调整这四大原则,以便优化模态配置效果。适配原则要求教师综合考虑课程的宏观意识形态、体裁结构、教学目标、教学内容、师生特点、教学条件、修辞目的以及不同模态各自的供用特征、词汇语法系统及其相互间的协同关系,对口语、文字、图像、身体动作、教学工具、物理背景等模态进行合理搭配组合,充分刺激学习者的听觉与视觉通道,最大程度地表达意义。主次原则表明,视频直播环境下的外语课堂的多模态意义建构中,口语是主要且必要的核心模态,而文字、图像、手势、直观教具、虚拟贴纸、音频等其他模态,主要对口语主模态起到强化、补充等辅助作用。教师必须高度重视作为课堂交际重点的口语质量,并有意识地对其进行重点、精心设计。经济性原则指出,在确保意义充分表达的前提下,模态资源的配置应尽量简化,避免因模态过多分散学生注意力,进而产生负面教学效果。此外,动态原则要求教师根据不同教学内容、学习者的认知水平、思维能力和外语水平,灵活结合学生的课堂即时反应,适时增加或减少模态,以更高效地表达意义。

第9章

结论与展望

本章总结本书的研究意义并指出本书的局限性以及未来的研究方向等。

9.1 研究贡献

本书兼具一定的理论价值和现实意义。

在理论意义方面,其一,本书从理论上深入剖析了视频直播环境下的外语课堂多模态话语意义建构的制约因素和模态协同机制,有力揭示了课堂上各种模态选择和配置的规律和特点,更加全面、深入地解构课堂话语的意义体现过程;其二,本书分析了视频直播环境下的外语课堂各类主要符号资源系统并在此基础上提出了各类主要模态的标注方法,为课堂的多模态标注提供了方法参考;其三,本书不仅从创作者如教师和课件设计者的角度考察课堂多模态话语的特征,同时也探索了学生受众的模态选择特征并多维度考察创作者多模态话语的效果,而且还从中外对比视角开展课堂多模态话语研究,丰富了教学多模态话语研究视角;其四,本书突破了以往研究语料规模过小的局限,数据驱动的多模态话语分析提高了研究结果的可信度;其五,本书推导、提炼出系列视频直播环境下的外语课堂多模态话语设计原则,能丰富和发展多模态话语理论的内涵并推动其向纵深方向发展。

在实际应用价值方面,首先,本书对视频直播环境下的外语课堂进行深入、细致的课堂多模态话语分析,全面、客观地反映教师多模态授课行为、学生课堂多模态表现以及教学课件的特征及质量,有助于我们从微观层面深入了解此类在线课堂的教学过程和效果;其次,本书提出的系列多模态话语设计原则有助于规范我国的在线外语教育特别是课件设计和教师的多模态教学行为并且对改善教学效果具有一定的实际参考价值;此外,本书揭示了优质视频直播外语教师的多模态话语特征和有效性,有助于打造更多的优质在线课程,为相关教育部门制定在线外语教育评价标准提供建议和参考依据,同时也提供了一个新的教师培训着力点。

9.2 不足之处及未来展望

当然,本书也存在一些不足之处。

首先,视频直播环境下的外语课堂多模态话语研究在资料获取与模态分析方面存在难题。一方面,该领域相关的可参考资料相对有限,难以从前人研究中汲取全面且深入的经验。另一方面,研究涉及口语、图像、手势等多种模态,各种模态不仅自身特点、功能各异,而且相互间的协同方式和表意关系极为复杂。这种复杂性致使在确定模态及组合的类型、时长时存在诸多困难,难以做到精准无误,而且在解读模态关系时也可能因缺乏足够的研究依据和统一标准而出现不准确的情况。

其次,本书在理论升华层面仍有一定的提升空间,尤其是视频直播环境下的外语课堂多模态话语设计原则。后续研究需要强化多学科理论的融合与应用,进一步完善理论体系,从而为在线教育的长远发展提供坚实的理论基础。

此外,在研究语料方面,本书存在一定的局限性。一方面,本书主要围绕低小阶段(1～3年级)的少儿英语一对一在线直播课堂的多模态话语展开研究,尚未涉及小学高学段(4～6年级)、初高中阶段以及成人的英语在线课程。同时,一对二、一对四等一对多小班化教学课堂也未在研究范围内。不同学段的学生在认知水平、语言基础和学习需求上存在差异,不同教学模式下的课堂互动和多模态话语运用也各有特点。另一方面,尽管本书力求突破传统多模态话语分析中以零散、主观性较强的个案研究为主的局限,采用了更为系统的实证研究方法,但受限于课堂多模态标注工作的高度复杂性和耗时、费力的特点,本实证研究的样本数量仅为60个。样本数量相对有限,可能无法全面涵盖所有相关的教学场景和影响因素。若能进一步扩大样本规模,纳入更多不同背景的教学案例,研究结果将更具精确性和说服力。

　　尽管本研究存在诸多不足,但这些局限并非只带来阻碍,反而为后续研究提供了明确的改进方向与创新空间。我们深知,理论创新与研究方法突破是推动学术发展的关键。因此,未来我们将聚焦这两个方向,投入更多精力探索新的理论视角,改进现有的研究方法,力求在该领域取得更深入的研究成果。同时,我们期望本书能发挥抛砖引玉的作用,引发更多学者对在线课堂多模态话语的关注。我们期待与同行携手,共同深入研究,为完善网络多模态话语分析理论、优化在线教学实践贡献力量,推动该领域的研究不断发展进步。

参考文献

[1] Airey, J. & Linder, C. A disciplinary discourse perspective on university science learning: Achieving fluency in a critical constellation of modes[J]. *Journal of Research in Science Teaching*, 2009, *46*(01): 27-49.

[2] Allday, R. A. , Bush, M. , Ticknor, N. , et al. Using teacher greetings to increase speed to task engagement[J]. *Journal of Applied Behavior Analysis*, 2011, *44*(02): 393-396.

[3] Allday, R. A. & Pakurar, K. Effects of teacher greetings on student on-task behavior[J]. *Journal of Applied Behavior Analysis*, 2007, *40*(02): 317-320.

[4] Allwright, R. L. The importance of interaction in classroom language learning[J]. *Applied Linguistics*, 1984, *5*(02): 156-171.

[5] Amundrud, T. Applying multimodal research to the tertiary foreign language classroom: Looking at gaze[C]// de Silva Joyce, H. , & Feez, S. (Eds.). *Multimodality Across Classrooms: Learning About and Through Different Modalities*. London: Routledge, 2018: 160-177.

[6] Amundrud, T. Multimodal knowledge building in a Japanese secondary English as a foreign language class[J]. *Journal of Multimodal Communication*, 2022, *2*(01):64-85.

[7] Argyle, M. , Salter, V. , Nicholson, H. , et al. The communication of inferior and superior attitudes by verbal and non-verbal signals[J]. *British Journal of Social and Clinical Psychology*, 1970(09): 222-231.

[8] Austin, N. , Hampel, R. , & Kukulska-Hulme, A. Video conferencing and multimodal expression of voice: Children's conversations using Skype for second language development in a telecollaborative setting[J]. *System*, 2017(64): 87-103.

[9] Baldry, A. P. *Multimodality and Multimediality in the Distance Learning Age: Papers in English Linguistics*[M]. Campobasso, Italy: Palladino Editore,

2000.

[10] Bannink，A. & van Dam，J. Voices，grins and laughter in the lecture room[J]. *Linguistics and Education*，2013，*24*（04）：572-584.

[11] Barnes，L. Fundamental questions on four-terminal networks[J]. *International Journal of Electrical Engineering Education*，1969，*7*（02）：165-176.

[12] Barthes，R. *Image-Music-Text*[M]. New York：Hill and Wang，1977.

[13] Bateman，J. A. Triangulating transmediality：A multimodal semiotic framework relating media，modes and genres[J]. *Discourse，Context & Media*，2017（20）：160-174.

[14] Bateman，J. A. & Schmidt，K. *Multimodal Film Analysis: How Film Means*[M]. London：Routledge，2012.

[15] Berglund，T. Ö. Multimodal student interaction online：An ecological perspective[J]. *ReCALL*，2009，*21*（02）：186-205.

[16] Bernad-Mechó，E. A multimodal discourse analysis of linking metadiscursive elements in two opencourseware lectures（MOOCs）[J]. *Procedia-Social and Behavioral Sciences*，2015（212）：61-66.

[17] Bernstein，B. *Pedagogy，Symbolic Control and Identity*[M]. London：Taylor and Francis，1996.

[18] Bezemer，J. Displaying orientation in the classroom：Students' multimodal responses to teacher instructions[J]. *Linguistics and Education*，2008，*19*（02）：166-178.

[19] Bezemer，J. & Kress，G. Writing in multimodal texts：A social semiotic account of designs for learning[J]. *Written Communication*，2008，*25*（02）：166-195.

[20] Bezemer，J. & Kress，G. Visualizing English：A social semiotic history of a school subject[J]. *Visual Communication*，2009，*8*（03）：247-262.

[21] Bezemer，J. & Kress，G. Changing text：A social semiotic analysis of textbooks[J]. *Designs for Learning*，2010（03）：10-29.

[22] Bezemer，J. & Kress，G. Touch：A resource for making meaning[J].

Australian Journal of Language and Literacy, 2014, *37*(02): 77-85.

[23] Bezemer, J. & Kress, G. *Multimodality, Learning and Communication: A Social Semiotic Frame*[M]. London: Routledge, 2016.

[24] Black, P. Formative assessment issues across the curriculum: The theory and the practice[J]. *Tesol Quarterly*, 2009, *43*(03): 519-524.

[25] Blum-Kulka, S. Playing it safe the role of conventionality in indirectness[C]// Blum-Kulka, S. et al. (Eds.). *Cross-cultural Pragmatics: Requests and Apologies. Norwood.* NJ: Alex Publishing Corporation,1989:18.

[26] Bourne, J. , Franks, A. & Hardcastle, J. , et al. *English in Urban Classrooms: A Multimodal Perspective on Teaching and Learning*[M]. London: Routledge, 2004.

[27] Bourne, J. & Jewitt, C. Orchestrating debate: A multimodal analysis of classroom interaction[J]. *Reading*, 2003, *37*(02), 64-72.

[28] Bowcher, W. L. & Zhang, Z. Pointing at words: Gestures, language and pedagogy in elementary literacy classrooms in China[J]. *Linguistics and Education*, 2020(55): 1-13.

[29] Brown, H. D. *Teaching by Principles: An Interactive Approach to Language Pedagogy*[M]. Englewood Cliffs, NJ: Prentice Hall Regents,1994.

[30] Brown, H. D. *Principles of Language Learning and Teaching*[M]. New York: Longman, 2000.

[31] Butterworth, G. Pointing is the royal road to language for babies[C]// Kita, S. (Eds.). *Pointing: Where Language, Culture, and Cognition Meet.* Mahwah: Lawrence Erlbaum Associates, Inc, 2003: 17-42.

[32] Caplan, D. & Rodger, G. The development of online courses[C]// Anderson, T. (Eds.). *Theory and Practice of Online Learning.* Edmonton: AU Press, Athabasca University, 2004: 245-263.

[33] Carney, R. N. & Levin, J. R. Pictorial illustrations still improve students learning from text[J]. *Educational Psychology Review*, 2002,*14*(01): 5-26.

[34] Chan, E. Integrating visual and verbal meaning in multimodal text

comprehension: Towards a model of intermodal relations[C]// Dreyfus, S., Hood, S. & Stenglin, M. (Eds.). *Semiotic Margins: Meaning in Multimodalities*. London: Bloomsbury Publishing PLC, 2011: 144-167.

[35] Chen, C. L. & Herbst, P. The interplay among gestures, discourse, and diagrams in students' geometrical reasoning[J]. *Educational Studies in Mathematics*, 2013, *83*(02): 285-307.

[36] Cheng, L., Rogers, T. & Hu, H. ESL/EFL instructors' classroom assessment practices: Purposes, methods, and procedures[J]. *Language Testing*, 2004, *21*(03): 360-389.

[37] Christie, F. *Classroom Discourse Analysis: A Functional Perspective*[M]. London: Bloomsbury Publishing, 2005.

[38] Ciekanski, M. & Chanier, T. Developing online multimodal verbal communication to enhance the writing process in an audio-graphic conferencing environment[J]. *ReCALL*, 2008, *20*(02): 162-182.

[39] Codreanu, T. & Combe Celik, C. Effects of webcams on multimodal interactive learning[J]. *ReCALL*, 2013, *25*(01): 30-47.

[40] Cook, C. R., Fiat, A. & Larson, M. et al. Positive greetings at the door: Evaluation of a low-cost, high-yield proactive classroom management strategy[J]. *Journal of Positive Behavior Interventions*, 2018, *20*(03): 149-159.

[41] Cullen, R. Supportive teacher talk: The importance of the F-move[J]. *ELT Journal*, 2002, *56*(02): 2.

[42] Dalton-Puffer, C. *Policy and practice of CLIL in Europe and beyond*[C]// Workshop given at Sophia University Tokyo, 2015(221).

[43] De Silva Joyce, H, & Feez, S. *Multimodality Across Classrooms: Learning About and Through Different Modalities*[M]. London: Routledge, 2018.

[44] Develotte, C., Guichon, N. & Vincent, C. The use of the webcam for teaching a foreign language in a desktop videoconferencing environment[J]. *ReCALL*, 2010, *22*(03): 293-312.

[45] Ding, A. C. E., Glazewski, K., & Pawan, F. Language teachers and multimodal instructional reflections during video-based online learning tasks[J]. *Technology, Pedagogy and Education*, 2022,31(03): 293-312.

[46] Djonov, E. & van Leeuwen, T. Between the grid and composition: Layout in PowerPoint's design and use[J]. *Semiotica*, 2013(197): 1-34.

[47] Feez, S. Multimodality in the Montessori classroom[C]// de Silva Joyce, H., & Feez, S. (Eds.). *Multimodality Across Classrooms: Learning About and Through Different Modalities.* London: Routledge, 2018: 30-48.

[48] Fernandez-Fontecha, A., O'Halloran, K. L., Wignell, P. et al. Scaffolding CLIL in the science classroom via visual thinking: A systemic functional multimodal approach[J]. *Linguistics and Education*, 2020(55): 100788.

[49] Flanders, N. A. *Analyzing Teaching Behavior*[M]. Boston: Addison-Wesley. 1970.

[50] Flewitt, R. Is every child's voice heard? Researching the different ways 3-year-old children communicate and make meaning at home and in a pre-school playgroup[J]. *Early Years*, 2005, 25(03): 207-222.

[51] Flewitt, R. Using video to investigate preschool classroom interaction: education research assumptions and methodological practices[J]. *Visual Communication*, 2006, 5(01): 25-50.

[52] Gall, M. D. The use of questions in teaching[J]. *Review of Educational Research*, 1970,40(05): 707-721.

[53] Gibson, J. J. The theory of affordances[C]//Shaw, R. & Bransford, J. (Eds.), *Perceiving, Acting, and Knowing*. Hillsdale, NJ: Erlbaum, 1977: 67-82.

[54] Gibson, W. J. Sequential order in multimodal discourse: Talk and text in online educational interaction[J]. *Discourse & Communication*, 2014, 8(01): 63-83.

[55] Goldin-Meadow, S. How gesture works to change our minds[J]. *Trends in Neuroscience and Education*, 2014, 3(01): 4-6.

[56] Goldin-Meadow，S.，Mylander，C.，& Franklin，A. How children make language out of gesture：Morphological structure in gesture systems developed by American and Chinese deaf children[J]. *Cognitive Psychology*，2007，*55*（02）：87-135.

[57] Goldin-Meadow，S.，Nusbaum，H.，Kelly，S. D.，et al. Explaining math：Gesturing lightens the load[J]. *Psychological Science*，2001，*12*（02）：516-522.

[58] Ghooshchi，S.，Yazdani，H.，Dowlatabadi，H. R.，et al. A multimodal discourse analysis of pictures in ELT textbooks：Modes of communication in focus[J]. *Jordan Journal of Modern Languages and Literatures*，2021，*13*（04）：623-644.

[59] Guichon，C.，& Wigham，M. A semiotic perspective on webconferencing-supported language teaching[J]. *ReCALL*，2016，24（01）：62-82.

[60] Ha，C. B. & Wanphet，P. Exploring EFL teachers' use of written instructions and their subsequent verbal instructions for the same tasks[J]. *Nordic Journal of English Studies*，2016，*15*（04）：135-159.

[61] Halliday，M. A. K. *Explorations in the Functions of Language*[M]. London：Edward Arnold，1973.

[62] Halliday，M. A. K. *Language as Social Semiotic: The Social Interpretation of Language and Meaning*[M]. London：Edward Arnold，1978.

[63] Halliday，M. A. K. & Hasan，R. *Language，Context，and Text: Aspects of Language in a Social-Semiotic Perspective*[M]. London：Oxford University Press，1989.

[64] Halliday，M. A. K. & Matthiessen，C. *An Introduction to Functional Grammar*[M]. London：Edward Arnold，2004.

[65] Halliday，M. A. K. & Matthiessen，C. M. I. M. *Halliday's Introduction to Functional Grammar*[M]. London：Routledge，2014.

[66] Hampel，R. & Hauck，M. Computer-mediated language learning：Making meaning in multimodal virtual learning spaces[J]. *The JALT CALL Journal*，

2006, *2*(02): 3-18.

[67] Hampel, R. & Stickler, U. The use of videoconferencing to support multimodal interaction in an online language classroom[J]. *ReCALL*, 2012, *24*(02): 116-137.

[68] He, Q. & Forey, G. Meaning-making in a secondary science classroom: A systemic functional multimodal discourse analysis[C]//Tang, K. S. & Danielsson, K. (Eds.), *Global Developments in Literacy Research for Science Education.* New York: Speringer, 2018:183-202.

[69] Hidayat, D. N., Fitri, K. R. N., Alek, A., et al. Multimodal discourse analysis of figures used in the English textbook "Get Smart Plus" [J]. *Linguistic, English Education and Art (LEEA) Journal*, 2023,7(01): 199-215.

[70] Ho, W. Y. J. & Feng, D. Orchestrating multimodal resources in English language teaching: A critical study of an online English teaching video[J]. *Pedagogies: An International Journal*, 2022, *17*(04): 368-388.

[71] Hoetjes, M., Koolen, R. & Goudbeek, M., et al. Reduction in gesture during the production of repeated references[J]. *Journal of Memory and Language*, 2015(79): 1-17.

[72] Hood, S. Body language in face-to-face teaching: A focus on textual and interpersonal meaning[C]// Dreyfus, S., Hood, S. & Stenglin, M. (Eds.). *Semiotic Margins: Meaning in Multimodalities*, London: Bloomsbury Publishing PLC, 2011: 31-52.

[73] Iedema, R. Save the talk for after the listening: The realisation of regulative discourse in teacher talk[J]. *Language and Education*, 1996, *10*(2-3): 82-102.

[74] Iedema, R. Multimodality, resemiotization: Extending the analysis of discourse as multi-semiotic practice[J]. *Visual Ccommunication*, 2003, *2*(01): 29-57.

[75] Jacobs, N. & Garnham, A. The role of conversational hand gestures in a

narrative task[J]. *Journal of Memory and Language*，2007，*56*（02）：291-303.

[76] Jaipal，K. Meaning making through multiple modalities in a biology classroom：A multimodal semiotics discourse analysis[J]. *Science Education*，2010，*94*（01）：48-72.

[77] Jewitt，C. Teachers' pedagogic design of digital interactive whiteboard materials in the UK secondary school[J]. *Designs for Learning*，2008，*1*（01）：42-55.

[78] Jewitt，C. *An Introduction to Multimodality：The Routledge Handbook of Multimodal Analysis*[M]. London：Routledge，2009.

[79] Jewitt，C. Multimodal approaches[C]// Norris，S. & Maier，C. D.（Eds.）. *Interactions，Images and Texts*. Boston/Berlin：De Gruyter Mouton，2014：127-136.

[80] Jewitt，C.，Kress，G，& Ogborn，J.，et al. Exploring learning through visual，actional and linguistic communication：The multimodal environment of a science classroom[J]. *Educational Review*，2001，*53*（01）：5-18.

[81] Jewitt，C.，Bezemer，J.，& O'Halloran，K. *Introducing Multimodality*[M]. London：Routledge，2016.

[82] Jones，J. Multiliteracies for academic purposes：A metafunctional exploration of intersemiosis and multimodality in university textbook and computer-based learning resources in science[D]. Sydeny：*University of Sydney*，2007.

[83] Kajamaa，A. & Kumpulainen，K. Students' multimodal knowledge practices in a makerspace learning environment[J]. *International Journal of Computer-Supported Collaborative Learning*，2021，*16*（4）：411-444.

[84] Kendon，A. Gesture：*Visible Action as Utterance*[M]. Cambridge：Cambridge University Press. 2004.

[85] Kotaman，H.，Tekin，A. K.，& Aslan，M. Impact of verbal teacher immediacy on child development students' course motivation and perception of their instructor[J]. *International Journal of Early Childhood Learning*，2016，

23（01）：72-79.

[86] Krashen，S. *Principles and Practice in Second Language Learning and Acquisition*[M]. Oxford：Pergamon. 1982.

[87] Kress，G. *Literacy in the New Media Age*[M]. London：Routledge，2003.

[88] Kress，G. *Multimodality: A Social Semiotic Approach to Contemporary Communication*[M]. Oxon/New York：Routledge，2010.

[89] Kress，G. & van Leeuwen，T. *Reading Images: The Grammar of Visual Design*[M]. London：Routledge，1996.

[90] Kress，G. & van Leeuwen，T. *Multimodal Discourse: The Modes and Media of Contemporary Communication*[M]. London：Arnold，2001.

[91] Kress，G. & van Leeuwen，T. Colour as a semiotic mode: Notes for a grammar of colour[J]. *Visual communication*，2002，*1*（03）：343-368.

[92] Kress，G. & van Leeuwen，T. *Reading Images：The Grammar of Visual Design*[M]. 2nd ed. London：Routledge，2006.

[93] Lannin，A.，Juergensen，R.，Harper，C.，et al. Multimodal text sets to use literature and engage all learners in the science classroom[J]. *Sci Scope*，2020，*44*（02）：20-28.

[94] Lazaraton，A. Gesture and speech in the vocabulary explanations of one ESL teacher: A microanalytic inquiry[J]. *Language Learning*，2004，*54*（01）：79-117.

[95] Lee，H.，Hampel，R.，& Kukulska-Hulme，A. Gesture in speaking tasks beyond the classroom: An exploration of the multimodal negotiation of meaning via videoconferencing on mobile devices[J]. *System*，2019（81）：26-38.

[96] Leech，G. *Principles of Pragmatic*[M]. New York：Longman，1983.

[97] Lemke，J. L. Resources for attitudinal meaning: Evaluative orientations in text semantics[J]. *Functions of Language*，1998，*5*（01）：33-56.

[98] Leung，C. & Moha，B. Teacher formative assessment and talk in classroom contexts：Assessment as discourse and assessment of discourse[J]. *Language*

Testing, 2004, 21(03): 335-359.

[99] Lim, F. V. Developing an integrative multi-semiotic model[C]// O'Halloran, K. L. (Eds.). *Multimodal Discourse Analysis: Systemic-Functional Perspectives*. London: Continuum, 2004: 220-246.

[100] Lim, V. F. Analyzing the teachers' use of gestures in the classroom: A systemic functional multimodal discourse analysis approach[J]. *Social Semiotics*, 2019, 29(01): 83-111.

[101] Lim, V. F. Investigating intersemiosis: a systemic functional multimodal discourse analysis of the relationship between language and gesture in classroom discourse[J]. *Visual Communication*, 2021, 20(01): 34-58.

[102] Lim, F. V., O'Halloran, K. L., & Podlasov, A. Spatial pedagogy: Mapping meanings in the use of classroom space[J]. *Cambridge Journal of Education*, 2012, 42(02): 235-251.

[103] Littleton, K., Twiner & A., Gillen, J. Instruction as orchestration: Multimodal connection building with the interactive whiteboard[J]. *Pedagogies: An International Journal*, 2010, 5(02): 130-141.

[104] Long, M. H. & Sato, C. J. *Classroom-Oriented Research in Second Language Acquisition*[M]. Rowley: Newbury House, 1983.

[105] Macoun, A. & Sweller, N. Listening and watching: The effects of observing gesture on preschoolers' narrative comprehension[J]. *Cognitive Development*, 2016(40): 68-81.

[106] Maher, D. Using the multimodal affordances of the interactive whiteboard to support students' understanding of texts[J]. *Learning, Media and Technology*, 2011, 36(03): 235-250.

[107] Markee, N. Giving and following pedagogical instructions in task-based instruction: An ethnomethodological perspective [C]//Pavlenko, A., Duff, P. A., & Young, A. (Eds.), *International Perspectives on English Language Teaching*. London: Palgrave Macmillan, 2015: 110-128.

[108] Martin, A. G. & Tyner, K. Media education, media literacy and digital

competence[J]. *Comunicar. Media Education Research Journal*, 2012, *20*(01): 31-39.

[109] Martin, J. R. *English Text: System and Structure*[M]. Amsterdam & Philadelphia: John Benjamins, 1992.

[110] Martin, J. R. & Rose, D. *Genre Relations: Mapping Culture*[M]. London/Oakville: Equinox, 2008.

[111] Martinec, R. Types of process in action[J]. *Semiotica*, 2000, *130*(3-4), 243-268.

[112] Martinec, R. & Salway, A. A system for image-text relations in new (and old) media[J]. *Visual Communication*, 2005, *4*(03): 337-371.

[113] Matsumoto, Y. Functions of laughter in English-as-a-lingua-franca classroom interactions: A multimodal ensemble of verbal and nonverbal interactional resources at miscommunication moments[J]. *Journal of English as a Lingua Franca*, 2018, *7*(02): 229-260.

[114] Matthiessen, C. M. I. M. The multimodal page: A systemic functional exploration[C]// Royce, T. & Bowcher, W. (Eds). *New Directions in the Analysis of Multimodal Discourse*. Mahwah, NJ: Lawrence Erlbaum: 2007: 1-62.

[115] Mayer, R. E. *Multimedia Learning*[M]. New York: Cambridge University Press, 2009.

[116] McArthur, J. A. From classroom to Zoom room: Exploring instructor modifications of visual nonverbal behaviors in synchronous online classrooms[J]. *Communication Teacher*, 2022, *36*(03): 204-215.

[117] McNeill, D. *Gesture and Thought*[M]. Chicago: University of Chicago press, 2005.

[118] Mestre-Mestre, E. M. The construction of meaning in the Second Language Classroom. A Multimodal discourse analysis[J]. *Procedia-Social and Behavioral Sciences*, 2015(173): 228-233.

[119] Morell, T. Multimodal competence and effective interactive lecturing[J].

System，2018（77）：70–79.

[120] Nass，C. & Brave，S. *Wired for Speech*：*How Voice Activates and Advances the Human-Computer Relationship*[M]. Cambridge，MA：MIT Press：2005.

[121] New London Group. A pedagogy of multiliteracies：Designing social futures[J]. *Harvard Review*，1996，*66*（01），60–92.

[122] Nikolajeva，M. & Scott，C. The dynamics of picture book communication[J]. *Children's literature in Education*，2000（31）：225–239.

[123] Nunan，D. *Language Teaching Methodology*：*A Textbook for Teachers*[M]. Englewood Cliffs，NJ：Prentice Hall Inc，1991.

[124] O'Halloran，K. L. Classroom discourse in mathematics：A multisemiotic analysis[J]. *Linguistics and Education*，1998，*10*（03）：359–388.

[125] O'Halloran，K. L. Towards a systemic functional analysis of multisemiotic mathematics texts[J]. *Semiotica*，1999，*124*（1-2）：1–30.

[126] O'Halloran，K. L. *Mathematical Discourse: Language，Symbolism and Visual Images*[M]. London：Continuum，2005.

[127] O'Halloran，K. L. The language of learning mathematics：A multimodal perspective[J]. *The Journal of Mathematical Behavior*，2015（40）：63–74.

[128] O'Halloran，K. ，& Smith，B. A. *Multimodal Studies: Exploring Issues and Domains*[M]. London：Routledge，2011.

[129] O'Toole，M. *The Language of Displayed Art*[M]. London：Leicester University Press，1994.

[130] Painter，C. ，Martin，J. R. & Unsworth，L. *Reading Visual Narratives: Image Analysis of Children's Picture Books*[M]. London：Equinox，2013.

[131] Paivio，A. *Mental Representations: A Dual-coding Approach*[M]. New York：Oxford University Press，1986.

[132] Pi，Z. ，Hong，J. & Yang，J. Effects of the instructor's pointing gestures on learning performance in video lectures[J]. *British Journal of Educational Technology*，2017，*48*（04）：1020–1029.

[133] Poggi，I. Iconicity in different types of gestures[J]. *Gesture*，2008，*8*（01）：

45-61.

[134] Qin，Y. & Wang，P. How EFL teachers engage students：A multimodal analysis of pedagogic discourse during classroom lead-ins[J]. *Frontiers in Psychology*，2021（12）：793495.

[135] Querol-Julián，M. Multimodal interaction in English-medium instruction：How does a lecturer promote and enhance students' participation in a live online lecture?[J] *Journal of English for Academic Purposes*，2023（61）：101207.

[136] Roth，W. M. ，Bowen，G. M. & McGinn，M. K. Differences in graph-related practices between high school biology textbooks and scientific ecology journals[J]. *Journal of Research in Science Teaching*，1999，*36*（09）：977-1019.

[137] Royce，T. Synergy on the page：Exploring intersemiotic complementarity in page-based multimodal text[J]. *Japan Association Systemic Functional Linguistics Occasional Papers*. 1998，*1*（01）：25-49.

[138] Royce，T. Multimodality in the TESOL Classroom：Exploring Visual-Verbal Synergy[J]. *Tesol Quarterly*，2002，*36*（02）：191-205.

[139] Royce，T. Intersemiotic complementarity：A framework for multimodal discourse analysis[C]// Royce，T. D. & Bowcher，W. L. (Eds.)，*New Directions in the Analysis of Multimodal Discourse*. Mahwah：Lawrence Erlbaum Associates，Inc. ，Publishers，2007:63-110.

[140] Samuelsson，R. Multimodal interaction for science learning in preschool：Conceptual development with external tools across a science project[J]. *International Journal of Early Years Education*，2019，*27*（03）：254-270.

[141] Satar，H. M. Multimodal language learner interactions via desktop videoconferencing within a framework of social presence：Gaze[J]. *ReCALL*，2013，*25*（01）：122-142.

[142] Satar，H. M. & Wigham，C. R. Multimodal instruction-giving practices in webconferencing-supported language teaching[J]. *System*，2017（70）：63-

80.

[143] Saussure, F. de. *Course in General Linguistics*（W. Baskin, Trans.）[M]. New York：Philosophical Library, 1959.

[144] Scheffel-Dunand, D. Bimodal communication over webcasts：From CSCL to CALL[J]. *Computer Assisted Language Learning*, 2006, *19*(4-5)：341- 355.

[145] Scollon, R. Levine, P. *Multimodal Discourse Analysis as the Confluence of Discourse and Technology*[M]. Washington：Georgetown University Press, 2004.

[146] Sime, D. What do learners make of teachers' gestures in the language classroom?[J]. *IRAL-International Review of Applied Linguistics in Language Teaching*, 2006, *44*(2)：211-230.

[147] Şimşek Tontuş, A. & Kuru Gönen, S. İ. Teachers' gestures in synchronous online language classrooms：embodied elicitation strategies for student participation[J]. *Social Semiotics*, 2025, *35*(1)：1-23.

[148] Sindoni, M. G. *Spoken and Written Discourse in Online Interactions: A Multimodal Approach*[M]. London and New York：Routledge, 2013.

[149] So, W. C. , Chen-Hui, C. S. , & Wei-Shan, J. L. Mnemonic effect of iconic gesture and beat gesture in adults and children：Is meaning in gesture important for memory recall?[J]. *Language and Cognitive Processes*, 2012, *27*(05)：665-681.

[150] Sung, Y. , Stephens, A. C. , Veltri Torres, R. , et al. Teacher use of multimodal signs to support kindergarten students' developing understanding of mathematical equivalence[J]. *Mathematics Education Research Journal*, 2024, *36*(04)：1-22.

[151] Swain, M. Communicative competence：Some roles of comprehensible input and comprehensible output in its development[C]// Gass, S. and Madden, C. (Eds.). *Input in Second Language Acquisition*. New York：Newbury House Publishers, 1985：235-253.

[152] Sweller, J. Cognitive load theory and educational technology[J]. *Educational Technology Research and Development*, 2020, *68*(01): 1-16.

[153] Tan, S., O'Halloran, K. L. & Wignell, P. Multimodal research: Addressing the complexity of multimodal environments and the challenges for CALL[J]. *ReCALL*, 2016, *28*(3): 253-273.

[154] Tang, K. S., Tan, S. C., & Yeo, J. Students' multimodal construction of the work-energy concept[J]. *International Journal of Science Education*, 2011, *33*(13): 1775-1804.

[155] Taylor, R. Meaning between, in and around words, gestures and postures-multimodal meaning-making in children's classroom discourse[J]. *Language and Education*, 2014, *28*(05): 401-420.

[156] Taylor, R. Negotiating voices through embodied semiosis: the co-construction of a science text[J]. *Linguistics and Education*, 2019(53): 100746.

[157] Todd, R. W., Chaiyasuk I. & Tantisawetrat N. A functional analysis of teachers' instructions[J]. *RELC Journal*. 2008, *39*(01): 25-50.

[158] Unsworth, L. Towards a metalanguage for multiliteracies education: Describing the meaning-making resources of language-image interaction[J]. *English Teaching: Practice and Critique*, 2006, *5*(01): 55-76.

[159] Unsworth, L. & Cleirigh, C. Towards a relational grammar of image-verbiage synergy: Intermodal representations[J]. *Semiotic Margins*, 2009, *2*(1):1-24.

[160] Ur, Penny. *A Course in Language Teaching*[M]. Cambridge: Cambridge university press, 1996.

[161] van Leeuwen, T. *Speech, Music, Sound*[M]. London: Bloomsbury Publishing, 1999.

[162] van Leeuwen, T. Multimodality, genre and design[C]// Norris, S. & Jones, R. H. (Eds.). *Discourse in Action: Introducing Mediated Discourse Analysis*. London and New York: Routledge, 2005: 73-94.

[163] van Leeuwen，T. Towards a semiotics of typography[J]. *Information Design Journal*，2006，*14*（02）：139-155.

[164] van Leeuwen，T. *Discourse and Practice*：*New Tools for Critical Discourse Analysis*[M]. Oxford：Oxford University Press，2008.

[165] Wigham，C. R. A multimodal analysis of lexical explanation sequences in webconferencing-supported language teaching[J]. *Language Learning in Higher Education*，2017，*7*（01）：81-108.

[166] Wignell，P. Picture books for young children of different ages[C]// O'Halloran，K. L. & Smith，B.（Eds.）. *Multimodal Studies: Exploring Issues and Domains*. New York & London：Routledge，2011：202-129.

[167] Wisniewski，B.，Zierer，K. & Hattie，J. The power of feedback revisited： A meta-analysis of educational feedback research[J]. *Front. Psychol*，2020（10）：30-87.

[168] Wood，J. T. *Interpersonal Communication: Everyday Encounters*[M]. Boston：Wadsworth Cengage Learning，2009.

[169] Wu，L. J. Exploring the multimodal features of courseware for children's live online English lessons：A multimodal discourse analysis[C]//. Evans，H.（Eds.）. *Proceedings of 2020 International Conference on Education and E-Learning*，2020：56-61.

[170] Yule，G. *Pragmatics*[M]. London：Oxford university press，1996.

[171] 白学军,梁菲菲,张涛,等. 不同获奖等级青年教师手势语的量化研究 [J]. 宁波大学学报：教育科学版,2009,31（04）:48-53.

[172] 毕继万. 跨文化非语言交际 [M]. 北京：外语教学与出版社,1999.

[173] 陈风华,弗朗西斯科·维勒索. 多模态话语研究的知识图谱演化分析—— 基于国内外核心期刊的研究 [J]. 华侨大学学报：哲学社会科学版,2017, 35（06）:154-166.

[174] 陈风华,弗朗西斯科·韦洛索. 多模态话语研究的过去、现在与未来——基 于国内与国际核心期刊的可视化分析 [J]. 西南民族大学学报：人文社会 科学版,2018,39（02）:234-240.

[175] 陈丽萍.小学英语优秀教师多模态话语分析——以第十届全国小学英语观摩课为例[D].宁波:宁波大学,2021.

[176] 陈瑜敏,秦小怡.教科书语篇多模式符号的介入意义与多声互动[J].外语与外语教学,2007,29(12):15-18.

[177] 陈瑜敏,王红阳.多模态语篇图像的概念意义与图文关系——当代教科书的多模态语篇分析[J].宁波大学学报:教育科学版,2008,30(01):124-129.

[178] 程瑞兰,张德禄.多模态语篇模态协同模式跨学科研究[J].外语电化教学,2017,45(10):3-8。

[179] 程晓堂,丛琳.英语教材编写中图像资源的设计与使用[J].课程·教材·教法,2020,40(08):78-85.

[180] 代树兰.多模态话语研究的缘起与进展[J].外语学刊,2013,35(02):17-23.

[181] 窦琳.中学英语课堂教学的多模态话语符号分析[J].开封教育学院学报,2014,34(01):225-226.

[182] 丰玉芳,沈丰丹.英语课堂话语多模态协同的意义建构——以一堂英语专业二年级精读教学公开课为例[J].外国语文,2018,34(06):23-27。

[183] 冯德正.多模态语篇分析的基本问题探讨[J].北京第二外国语学院学报,2017,39(03):1-11,132.

[184] 冯德正,张德禄,Kay O'Halloran.多模态语篇分析的进展与前沿[J].当代语言学,2014,16(01):88-99.

[185] 顾曰国.多模态感官系统与语言研究[J].当代语言学,2015,17(04):1-22.

[186] 郭红伟,杨雪燕.多模态视阈下教师元话语与手势语的符际关系研究[J].外语教学,2020,41(04):52-57.

[187] 国防.多模态语篇图文关系识解的对比研究——以中美读者阅读英文绘本为例[J].外语学刊,2017,39(06):14-18.

[188] 国家发展改革委等十三部门.关于支持新业态新模式健康发展激活消费市场带动扩大就业的意见[A/OL].(2020-07-14)[2025-04-07].https:

//www. gov. cn/zhengce/zhengceku/2020-07/15/content_5526964. htm.

[189] 国务院办公厅. 关于规范校外培训机构发展的意见[A/OL]. （2018-08-22）[2025-04-07]. https://www. gov. cn/zhengce/zhengceku/2018-08/22/content_5315668. htm.

[190] 韩艳方. 多模态话语中模态协同的多维分析：系统功能视角[J]. 外语学刊,2022,44（01）:35-40.

[191] 郝小斐. 系统功能语言学视角下外语慕课课程的多模态话语分析[D]. 上海:上海外国语大学,2017.

[192] 何芳,吴刚平. 课堂教学的行为指令与内容指令[J]. 基础教育,2015,12（05）:42-51.

[193] 洪炜,何文华,黄亿雯. 手势对初级汉语二语者声调感知与产出的影响[J]. 汉语学习,2019,39（06）:86-93.

[194] 胡定荣. 课堂反馈的学习理论视角与综合分类[J]. 上海教育科研,2013,31（03）:56-60.

[195] 胡学文. 教师话语的特征及功能[J]. 山东外语教学, 2003,24（03）:39-43.

[196] 胡勇. 概念意义视阈下多模态叙事绘本图文关系研究[J]. 江西社会科学,2021,41（06）:104-111.

[197] 胡壮麟,朱永生,张德禄,等. 系统功能语言学概论[M]. 第4版. 北京:北京大学,2017.

[198] 黄立鹤,张德禄. 多核并行架构:多模态研究的范式、路径及领域问题之辨[J]. 外语教学,2019,40（01）:21-26.

[199] 黄山. 课堂话语研究:学术史的考察[D]. 上海:华东师范大学,2018.

[200] 蒋立兵,毛齐明,万真,等. 智慧教室促进高校课堂教学变革的绩效研究——基于课堂教学行为的分析[J]. 中国电化教育,2018,382（06）:52-58.

[201] 教育部. 校外培训管理条例（征求意见稿）[A/OL]. （2024-02-08）[2025-04-07]. https://view. officeapps. live. com/op/view. aspx? src=http%3A%2F%2Fwww. moe. gov. cn%2Fjyb_xwfb%2Fs248%2F202402%2

FW020240208467434413784. docx&wdOrigin=BROWSELINK.

[202] 教育部等六部门 . 关于规范校外线上培训的实施意见 [A/OL]. （2019-07-25）[2025-04-07]. https：//www. gov. cn/xinwen/2019-07/15/content_5409334. htm.

[203] 教育部等十一部门 . 关于促进在线教育健康发展的指导意见 [A/OL].（2019-09-30）[2025-04-07]. https：//www. gov. cn/xinwen/2019-09/30/content_5435416. htm

[204] 康佳萍,姜占好 . 国外多模态研究热点与趋势(1999—2018) —— 基于 Bibliometrix 的可视化分析 [J]. 外语教学,2020,41（03）:29-35.

[205] 雷茜,张春蕾 . 英语课堂教学的模态调用研究——多模态教学文体学视角 [J]. 外语与外语教学,2022,44（03）:73-83,121,148-149.

[206] 李斌 . 用 Elan 建设单点方言多媒体语料库 [J]. 方言,2012,34（02）:178-179.

[207] 李华兵 . 多模态意义潜势与多元读写能力 —— 小学英语教材图文关系 [D]. 重庆:西南大学,2017.

[208] 李满 . 基于弗兰德斯互动分析系统的小学英语优质课师生互动研究—— 以 2014 年第七届全国小学英语课堂教学观摩研讨会优质课为例 [D]. 徐州:江苏师范大学,2017.

[209] 李美玉 . 多模态话语分析理论在中学英语听说教学中的应用研究 [J]. 海外英语,2022（18）:166-168.

[210] 李燕,姜亚军 . 多模态话语研究 —— 源流、视角与趋势 [J]. 中国外语,2022,19（02）:54-62.

[211] 李战子,陆丹云 . 多模态符号学:理论基础,研究途径与发展前景 [J]. 外语研究,2012,29（02）:1-8

[212] 李战子 . 多模式话语的社会符号学分析 [J]. 外语研究,2003,30（05）:1-8.

[213] 梁静 . 系统功能理论视域下英语慕课的多模态话语分析 [D]. 济南:山东大学,2019.

[214] 林正军,周沙 . 中学英语课堂教师反馈语的类型与特征研究 [J]. 外语教

学理论与实践,2011,29(03):15-23.

[215] 刘芹,潘鸣威. 多模态环境下中国大学生英语口语非言语交际能力研究初探[J]. 外语电化教学,2010a,28(03):38-43。

[216] 刘芹,潘鸣威. 理工科大学生英语口语多模态语料库构建研究[J]. 现代教育技术,2010b,20(04):69-72,119.

[217] 刘永兵,张会平. 基于语料库的中学英语课堂规约话语研究[J]. 外语与外语教学,2010,32(04):14-18.

[218] 刘玉梅,王晓峰. 国内多模态研究热点与趋势(2010—2020)——基于CiteSpace的可视化分析[J]. 外国语文,2021,37(06):66-74.

[219] 马利军,张积家. 语言伴随性手势是否和语言共享同一交流系统?[J]. 心理科学进展,2011(07):983-992.

[220] 马毅,刘永兵. 中国英语课堂话语研究——综述与展望[J]. 外语教学理论与实践,2013,31(02):42-47.

[221] 毛伟,盛群力. 梅耶多媒体教学设计10条原则:依托媒体技术实现意义学习[J]. 现代远程教育研究,2017,29(01):26-35.

[222] 宁建花. 大学英语教学大赛优秀教师的多模态话语特征——以第七届"外教社杯"全国大学英语教学大赛为例[J]. 山东外语教学,2019,40(03):62-67.

[223] 潘艳艳,李战子. 国内多模态话语分析综论(2003—2017)——以CSSCI来源期刊发表成果为考察对象[J]. 福建师范大学学报:哲学社会科学版,2017,223(05):49-59,168-169.

[224] 彭圆. 多模态语料库驱动的中国大学EFL教师课堂语伴手势的产出量研究[J]. 外语教学理论与实践,2016,34(02):62-69.

[225] 彭圆. 外语教师多元识读教学能力初探——以外语微课教学为例[J]. 外国语言文学,2016,33(03):200-207.

[226] 彭圆,何安平. 教学语伴手势与话语因素的协同模式研究[J]. 外语与外语教学,2017,39(02):70-82.

[227] 皮忠玲,杨仪,杨九民. 教师手势对视频学习的影响及其认知神经机制[J]. 电化教育研究. 2019,40(04):103-110/129.

[228] 邱佳佳. 在线英语一对一课堂师生言语互动特点研究 [D]. 桂林:广西师范大学,2020.

[229] 邱洁怡. 小学英语教师课堂教学中非言语行为的运用研究 [D]. 广州:广东技术师范大学,2019.

[230] 邱晴. 图文互补与意义建构——儿童绘本的多模态话语研究 [J]. 江西师范大学学报:哲学社会科学版,2020,53(03):129-136.

[231] 曲迪. 基于逻辑语义关系理论对大学英语阅读慕课的多模态话语分析 [D]. 深圳:深圳大学,2017.

[232] 瞿桃,王振华. 冲突性磋商话语的多模态设计研究 [J]. 现代外语,2022,45(06):780-793.

[233] 沈慧慧. 优秀高中英语教师课堂教学导入环节多模态话语分析 [D]. 贵阳:贵州大学,2024.

[234] 史兴松,徐文娟. 近十五年 SSCI 期刊网络多模态话语研究现状及发展趋势分析 [J]. 外国语:上海外国语大学学报,2020,43(03):55-66.

[235] 宋振韶. 教科书插图的认知心理学研究 [J]. 北京师范大学学报,2005,41(06):22-26.

[236] 苏翠英. 优秀小学英语教师课堂话语特征分析 [J]. 基础教育研究,2012(05):26-30.

[237] 孙崇勇. 英语多媒体学习中言语关联手势对认知负荷的影响 [J]. 心理与行为研究,2016,14(05):633-639.

[238] 孙鑫,王平平,洪雅妮. 内容语言融合型课堂中教师支架多模态研究 [J]. 中国外语,2021,18(01):63-71.

[239] 孙鑫,张丹. 不同英语水平的中国学习者手势使用实证研究 [J]. 现代外语,2018,41(06):829-839.

[240] 汤燕瑜,刘绍忠. 教师语言的语用分析 [J]. 外语与外语教学,2003,25(01):19-23.

[241] 陶玥. 高中英语阅读课中多模态课堂话语的模态协同研究 [J]. 南昌教育学院学报,2015,30(04):108-110,115.

[242] 汪晶晶. 多模态话语分析理论在初中英语阅读教学中的应用探析 [J]. 海

外英语,2024(09):175-177.

[243] 汪燕华.图文关系及图像元功能在多模态话语类型中的体现[J].湖北美术学院学报,2010,25(01):104-108.

[244] 王华,富长洪.形成性评估在外语教学中的应用研究综述[J].外语界,2006,108(04):67-72.

[245] 王可欣.视觉语法视角下的小学英语优质课堂多模态话语分析[D].大连:辽宁师范大学,2023.

[246] 王容花,江桂英.多模态外语教学:图文资源的整合——以人教版小学英语教材中故事部分为例[J].基础教育,2015,12(03):84-10.

[247] 王晓侠.法、英两种语言的比较研究与教学[J].外交学院学报,2003,90(04):94-100.

[248] 王雪,高泽红,徐文文,等.反馈的情绪设计对视频学习的影响机制研究[J].电化教育研究,2021,42(03):69-73.

[249] 王雪,王志军,李晓楠.文本的艺术形式对数字化学习影响的研究[J].电化教育研究,2016,37(10):97-103.

[250] 吴玲娟.多模态英语教学对大学生多元识读能力影响实证研究[J].现代教育技术,2013,23(10):82-86.

[251] 吴玲娟.多模态文本与大学生英语阅读理解效果研究[J].现代教育技术,2014,24(05):58-64.

[252] 吴玲娟.外语视频直播课堂的多模态教学行为研究及启示[J].现代教育技术,2022,32(10):53-60.

[253] 吴玲娟,张德禄.外语视频直播课堂模态设计研究[J].山东外语教学,2024,45(03):60-69.

[254] 吴婷.外语微课的多模态话语符际间性研究——以两则微课大赛视频为例[J].外语教学理论与实践,2017(01):52-57.

[255] 咸修斌,孙晓丽.自然模式抑或教学模式——基于大学英语优秀教师课堂话语语料的分析[J].外语与外语教学,2007,29(05):37-41.

[256] 胥国红.教师课堂上的"言"与"行"——对一堂大学英语精读课的多模态话语分析[J].北京科技大学学报:社会科学版.2010,26(04):7-11.

[257] 徐英. 外语课堂 i 教师礼貌情况调查分析 [J]. 外语教学与研究, 2003, 35(01): 62-68.

[258] 轩雅莉. 外语慕课教学视频中教师影像的多模态话语分析 [D]. 重庆: 四川外国语大学, 2019.

[259] 姚顺利, 朱晓东. 多模态协同在外语教学中的个案研究——以高中一堂英语竞赛课为例 [J]. 科教文汇(中旬刊), 2013(29): 117-118.

[260] 杨华, 文秋芳. 课堂即时形成性评估研究述评: 思考与建议 [J]. 外语教学理论与实践, 2013, 25(03): 33-38, 95.

[261] 杨九民. 在线视频课程中教师对学习过程与效果的影响 [D]. 武汉: 华中师范大学, 2015.

[262] 杨九民, 杨文蝶, 陈辉, 等. 教学视频中的教师手势起作用了吗?——基于2000—2021 年 40 篇实验和准实验研究的元分析 [J]. 现代远程教育研究, 2022, 34(01): 92-103.

[263] 杨莉莉. 小学课堂师生互动言语行为研究 [D]. 桂林: 广西师范大学, 2017.

[264] 杨信彰. 多模态语篇分析与系统功能语言学 [J]. 外语教学, 2009, 30(04): 11-14.

[265] 杨信彰. 学习型英汉双解词典中的图文关系 [J]. 北京科技大学学报(社会科学版), 2012, 28(04): 45-51.

[266] 杨雪燕. 外语教师课堂提问策略的话语分析 [J]. 中国外语, 2007, 4(01): 50-56.

[267] 杨雪燕, 解敏. 外语教师课堂提问的互动性分析 [J]. 当代外语研究, 2012, 3(03): 142-148, 162.

[268] 杨伊, 陈昌来. 多模态话语分析: 教师话语研究的一种新范式 [J]. 语言教育. 2022, 12(04): 144-153.

[269] 杨伊, 陈昌来, 陈兴治. 基于多模态语料库的教师话语分析: 缘起、内涵及效力 [J]. 教师教育研究, 2023, 35(02): 30-36.

[270] 叶起昌. 论后印刷时代话语中图像与文字的关系 [J]. 北京交通大学学报(社会科学版), 2005, 4(04): 61-65, 80.

[271] 应洁琼,谢朝群.英语教学支架语言与手势、身体姿势、表情的意义协同研究[J].中国外语,2024,21(02):58-66.

[272] 曾蕾.动态多符号语篇的整体意义构建[J].外语艺术教育研究,2006,4(03):42-48.

[273] 詹姆斯•马丁,米歇尔•扎帕维尼娅.(吴启竞、王振华译)副语言意义研究——系统功能语言学视角[J].当代修辞学,2018(01):2-33.

[274] 张爱莲.小学外语优质阅读课堂中教师的多模态话语分析[D].武汉:武汉大学,2021.

[275] 张德禄.语类研究概览[J]外国语,2002,25(04):13-22.

[276] 张德禄.多模态话语分析综合理论框架探索[J].中国外语,2009a,6(1):24-30.

[277] 张德禄.多模态话语理论与媒体技术在外语教学中的应用[J].外语教学,2009b,30(04):15-20.

[278] 张德禄.多模态外语教学的设计与模态调用初探[J].中国外语,2010,7(03):48-53.

[279] 张德禄.多模态符号资源及媒体系统探索[J].当代外语研究,2012,12(03):122-127,161-162.

[280] 张德禄.多模态话语分析理论与外语教学[M].北京:高等教育出版社,2015.

[281] 张德禄.多模态话语建构中的模态融合模式研究[J].现代外语,2023b,46(04):439-451.

[282] 张德禄,丁肇芬.外语教学多模态选择框架探索[J].外语界,2013(03):39-46.

[283] 张德禄,胡瑞云.多模态话语建构中的系统、选择与供用特征[J].当代修辞学,2019,46(05):68-79.

[284] 张德禄,李玉香.多模态课堂话语的模态配合研究[J].外语与外语教学,2012,34(01):39-43.

[285] 张德禄,瞿桃.多模态话语中的转译现象研究——以从大学英语课本到英语课堂教学的转译为例[J].外语电化教学,2015,36(06):17-23.

[286] 张德禄,王璐. 多模态话语模态的协同及在外语教学中的体现[J]. 外语学刊,2010,32(02):97-101.

[287] 张德禄,王正. 多模态互动分析框架探索[J]. 中国外语,2016,13(02):54-61.

[288] 张恒超. 交流手势的认知特征[J]. 心理科学进展,2018,26(05):796-809.

[289] 张立新. 基于ELAN的多模态话语研究——以大学英语教师课堂话语为例[J]. 现代教育技术,2012,22(07):54-58.

[290] 张青妹. 多模态微课:符号间关系与意义共建[J]. 现代教育技术,2015,25(09):65-69.

[291] 张青妹. 技术多模态语境下的话语研究:微课视频语篇的整体意义构建[M]. 天津:南开大学出版社,2019.

[292] 张锁红. 小学优秀英语教师新授课的多模态话语分析[D]. 呼和浩特:内蒙古师范大学,2021

[293] 张亚婷. 小学英语优质课堂中教师话语的多模态分析[D]. 桂林:桂林理工大学,2021.

[294] 张媛军. 外语微课的多模态意义解析——以第四届中国外语微课大赛特等奖作品为例[J]. 智库时代,2019,11(45):180,182.

[295] 中共中央办公厅,国务院办公厅. 关于进一步减轻义务教育阶段学生作业负担和校外培训负担的意见[A/OL]. (2021-07-24)[2025-04-07]. https://www.gov.cn/gongbao/content/2021/content_5629601.htm.

[296] 周星,周韵. 大学英语课堂教师话语的调查与分析[J]. 外语教学与研究,2002,34(01):59-66.

[297] 朱金兰,陈新仁. 优秀教师多模态英语课堂话语的语用分析[J] 山东外语教学,2015,36(01):44-49.

[298] 朱彦,杨红燕,束定芳. 外语课堂教学话语有效性的多维度评析——试析第四届"外教社杯"全国高校外语教学大赛教学案例[J]. 外语教学,2016,37(01):53-57.

[299] 朱永生. 多模态话语分析的理论基础与研究方法[J]. 外语学刊,2007,

35（05）：82-86.

[300] 朱永生．语域和语类研究综述［C］// 黄国文，辛志英．系统功能语言学研究现状和发展趋势．北京：外语教学与研究出版社，2012.